저자는 마가복음에 기술된 예수의 삶, 기적, 비유, 죽음과 부활 등을 당대의 사회적 갈등과 관련지어 해석하는 '정치적 읽기'를 시도한다. 성서 시대의 정치적 갈등을 '예수의 경계 허물기'라는 말로 표현하며, 예수를 요즘의 이민자, 난민, 성소수자, 타 종교인과 같이 사회에서 배제당한 경계선 바깥의 사람들을 새로운 공동체 안으로 끌어들인 존재로 평가한다. 이 시대를 사는 우리가 반드시 읽어야 할 책이다.

_ 김진호 | 제3시대그리스도교연구소 연구실장

박원일 박사는 정치신학적 관점에서 마가복음을 읽음으로써 2,000여 년 전 쓰인 말씀에 살아 숨 쉬는 생명력을 불어넣었다. 원숙한 신학지식과 세상과 사람에 대한 연민을 가진 저자는 독자로 하여금 기쁜 소식이 무엇이며, 이를 향한 희망을 품을 수 있는 근거가 무엇인지 살피게 한다. 이 책이 신앙인들, 특히 청년들이 넓고 깊은 복음을 맛보고 신앙생활에 생기를 되찾게 하는 통로가 될 것을 확신하며 즐거운 마음으로 추천한다.

_ 김학철 | 연세대학교 학부대학 교수

신학자들의 논의를 참고하여 원문의 뜻에 충실하게 일관된 논점으로 성서를 묵상하기 원하는 성도들이 점점 늘어나고 있다. 이 책은 그런 의문을 가진 교인들의 갈증을 풀어줄 만한 책이다. 제목에 붙은 '정치적'이란 표현에 너무 부담을 느끼지만 않는다면 이 책은 마가복음을 꼼꼼히 공부해보고 싶은 이들에게 매우 중요한 동반자 역할을 해줄 것이다. 평이하고 간결하게 쓰인 글이지만 탄탄한 지식과 폭넓은 독서에 바탕을 둔 내용이 가득하기에 일독을 권한다. 자기의 머리로 사고하고, 자신의 언어로 성경을 되새기고자 노력하는 모든 이들에게 복이 있을 진저.

_ 양희송 | 청어람 ARMC 대표

제목에서 알 수 있듯이 이 책은 마가복음에 담긴 예수의 가르침이 지배체제를 수호하기 위해 세상이 만들어놓은 인위적 경계선을 전부 허물라는 정치적 메시지였음을 일깨워준다. 이 책은 '신학 다시 하기' 혹은 '성서 다시 읽기'를 통해 성서의 교훈이 오늘날 우리의 삶에 구체적으로 어떻게 적용될 수 있을지 보여준다는 점에서 비단 그리스도인들뿐 아니라 현실 사회를 걱정하는 타 종교인 또는 무종교인들에게도 유익할 것이다. 이 책의 출간을 계기로 종교 간 대화의 물꼬가 트이기를 기대한다.

_ 오강남 | 캐나다 리자이나 대학교 종교학 명예교수, 『예수는 없다』 저자

이제껏 마가복음을 통해 1세기 팔레스타인 사회의 인습에 따른 차별과 분리에 저항했던 예수의 언행이 지닌 정치신학적 함의를 이처럼 생생하게 풀어낸 책은 없었다. 저자는 성서 본문을 공시적으로 탐색함으로써 신학이 어떻게 영적인 차원을 뛰어넘어 세상과 소통하고 변화를 이끌어가는 공공의 담론이 될 수 있는지를 여실히 보여준다. 이 책은 성서 시대보다 한층 더 교묘한 방법으로 국가 간 경계가 나뉘고 있는 오늘날 신학을 새롭게 정립하는 데 필요한 탁월한 지침을 준다.

_ 이상명 | 미주장로회신학대학교 총장

평소에 예사롭지 않던 그가 던진 '마가복음을 다시 읽자'는 제안은, 그닥지 않게 예사로와서 오히려 놀라왔다. 오래 된 같은 글을 이렇게나 다르게 읽을 수 있음을 함께 발견하면서, 앞으로 이어갈 그와의 대화에 높은 기대가 걸린다.

_ 장규열 | 한동대학교 언론정보문화학부 교수

마가복음 정치적으로 읽기

마가복음 정치적으로 읽기

지은이/ 박원일
펴낸이/ 김준우
초판 1쇄 펴낸날/ 2016년 9월 13일
초판 2쇄 펴낸날/ 2017년 8월 10일
초판 3쇄 펴낸날/ 2022년 2월 28일
펴낸곳/ 한국기독교연구소
등록번호/ 제8-195호(1996년 9월 3일)
경기도 고양시 일산동구 고봉로 32-9, 양우 331호 (우 10364)
전화 031-929-5731, 5732(Fax)
E-mail: honestjesus@hanmail.net
Homepage: http://www.historicaljesus.co.kr.
표지디자인/ 디자인명작 (전화 02-744-7538)
인쇄처/ 조명문화사 (전화 02-498-3017)
보급처/ 하늘유통 (전화 031-947-7777, Fax 031-947-9753)

The Gospel of Mark: A Political Reading

ISBN 978-89-97339-28-0 03230
값 14,000원

마가복음
정치적으로 읽기

박원일 지음

THE GOSPEL OF MARK A POLITICAL READING

한국기독교연구소

The Gospel of Mark

A Political Reading

by

Aaron W. Park, Ph.D.

이 책은 남가주 버뱅크에 소재한 새길크리스천교회
(제자회) 출판위원회의 후원으로 간행되었습니다.

2016

Korean Institute of Christian Studies

목차

서문

왜 하필 마가복음인가?

신앙생활에서 마가복음의 중요성

몇 해 전에 마가복음 독서토론을 하는 어느 그룹에 초대받아 참석한 적이 있었다. 당시 마가복음 5장에 나오는 군대 귀신들린 사람 이야기를 나누고 있었는데, 필자가 이것을 구약의 출애굽 사건과 연관해서 1세기 로마제국 하의 이스라엘의 정치적인 상황을 이야기 하자 발제자가 질문했다. "마가복음 어디에 정치적인 이야기가 나옵니까?" "처음부터 끝까지요"라고 필자가 대답했다.

아마도 질문자는 정치와 종교의 분리라는 선입견을 가지고 이런 질문을 했을 것이다. 교회에서 정치를 논하지 않는다지만, 우리들 삶 속에서 정치와 종교 이 둘은 분리될 수도 없고 또 분리되어서도 안 된다. 구약성서에서 족장이나 왕은 제사장 역할을 담당했다. 우리나라에서도 예전에 왕이 기우제를 드렸다. 이렇게 모든 제사는 공적인 행사 곧 정치적 행위였다. 그리스도인의 삶은 종교뿐 아니라 정치, 경제, 사회 전반에 그 모습을 드러낸다. 이 책은 마가복음을 정치신학적 관점으로 본 예수 이야기다.

현재까지 출판된 마가복음에 대한 주석과 연구 논문의 수는 헤아릴 수 없이 많다. 그만큼 많은 학자들이 이 복음서를 매우 중요하게 다루고, 여러 가지 다른 관점에서 해석하고 논쟁하고 있다는 뜻이다. 마가복음의 역사적 의의와 가치는 마가복음과 Q 복음의 관계를 설명하는 "두 자료설"(two source hypothesis)에서 잘 설명하고 있다. 이 가설은 마가복음이 서기 70년경 복음서들 중에서 가장 먼저 쓰인 경전으로 나중에 다른 복음서들을 저술하는 기초가 되었다고 주장한다.

마가복음보다 먼저 쓰인 초기 바울 서신이 예수 그리스도에 관한(about) 복음을 삼인칭 형식으로 전개하고 또 바울 신학이 당시 초대교회의 예수 이해에 결정적 영향을 끼쳤다면, 이후에 등장하는 마가복음을 비롯한 모든 복음서들은 예수의 삶과 가르침을 일인칭 이야기 형식으로 전한다. 바울 서신과 복음서는 분명 그 문학 형식과 전달 방법에서 큰 차이를 보인다. 마가복음이 비록 짧은 복음서일지라도, 예수의 삶에 대해 목격자 증언(eyewitness) 형식으로 기록하고 있다는 사실 하나만으로도 우리는 개인의 신앙과 신학적 취향을 떠나 이 복음서를 그냥 지나칠 수가 없다.

안타깝게도 이렇게 역사적으로 중요한 의의와 가치를 지닌 마가복음이 상대적으로 교회에서는 홀대받는 경향이 있다. 물론 초기 교부들은 마태복음이 먼저 쓰였고 그 후에 마가복음이 쓰였을 것이라는 생각에서 마태복음을 보다 중시했으나, 초기 한국교회에서 마가복음을 소홀히 했던 보다 근본적이고 실제적인 이유는 아마도 당시 유행했던 쪽복음의 영향이 아니었나 싶다. 유대교와 그리스도교 공동체에서와 마찬가지로 값비싼 성서를 아무나 소장하기는 어려웠을 것이다. 혹 그 일부라면 모를까? 한국에 처음 복음이 전해졌던 당시에는 마태복음 혹은 요한복음이 보다 많이 읽혔다. 그렇다면 마태복음이나 요한복음이 더 중요하다거나, 마가복음이 덜 중요하다는 식의 논리는 어떤 이유로 누가 정했을까? 이에 대한 답을 듣기 위해 우리는 더욱 더 마가복음을 눈 여겨 볼 필요가 있다.

무엇보다도 이 책을 쓰는 가장 절실한 이유는 마가복음이 예수를 배우고 따르고자 하는 사람들에게 훌륭한 교재 역할을 한다는 신념 때문이다. 교리를 중시하는 한국 그리스도교 전통에서 볼 때, 교회 내에서 복음서보다는 바울 서신의 역할이 두드러지는 것이 사실이다. 일반적으로 바울 서신은 이미 예수의 복음을 알고 있거나 전해들은 사람들을 전제하고 쓴 글이기 때문에 복음서에서처럼 예수의 말을 되풀이 하지 않고, 예수의 삶과 업적을 그들의 역사적 상황에 비추어 재해석하고 신학화하는 작업에 고심한 흔적이 보인다.

이와는 달리 복음서들, 특히 마가복음은 우리에게 예수 이야기를 저자의 의견을 전면에 나타내지 않은 채 사실 전달자의 입장에서 담담하게 서술적 형태로 전하는 것처럼 보인다. 그렇다고 마가복음이 역사적 사실을 동영상에 담아 보여주듯 있는 그대로를 전한다고 볼 수는 없다. 마가복음 역시 그 나름대로의 신학적 이해와 해석을 담고 있다. 어쨌거나 마가복음이 예수의 복음을 일인칭 형식으로 전한다는 사실만 놓고 보더라도, 그 내용을 되짚고, 다지고, 신학화하는 작업이 우리에게 늘 열려있는 셈이다. 남의 손을 빌리지 않고도 예수를 만날 수 있다는 점—최소한 그만큼의 자유와 희망이 독자들에게 주어진 것이 아닐까? 이것을 누리는 것이 모든 크리스천의 권리이자 의무다.

방법론

나는 이 책을 기술해 나가는 과정에 두 가지 전제 조건을 두고, 세 가지 방법론을 제시하려고 한다.

첫 번째 전제 조건은 그리스도교는 경전(성서)에 기초한 종교라는 것과 이 경전이 구전을 거쳐 글로 쓰였다는 점이다. 너무나도 당연해 보이는 이 말을 서문에 굳이 언급하는 이유가 있다. 그것은 그리스도교 이름을 내건 모든 신앙공동체와 단체는 그 뿌리가 성서와 전통에 기초해야 함을 강조하고 싶기 때문이다. 이 문제는 그리스도인의 정체성과 관련된 사항이기 때문에 앞으로도 여러 차례 반복해서 언급될 것이다.

초기 예수공동체 사이에서 예수에 대한 이런 생각들은 글로 남겨져 경전에 들기 훨씬 이전부터 이미 공동체 내에서 어떤 전통으로 자리잡아 구전되었을 것이라는 점은 쉽게 짐작할 수 있다(고전 15:1-3). 공동체가 인정하지 않는 전통은 그 공동체 내에서 자연히 소멸되기 마련이다. 오늘날 교회에서 레위기가 거의 읽히지 않는 것과 같은 이치이다. 그리고 공동체의 전통을 바로 이해하고 공유하기 위해서는 구성원들 간의 소통수단으로 사용된 글과 언어에 대한 공통된 이해를 전제로 한다. 따라서 올바른 성서해석을 하기 위해서는 성서 언어, 특히 마가복음에서는 헬라어에 대한 이해가 선행되어야 한다.

또 다른 전제 조건은 글이란 어떤 의미를 전달하기 위해 쓰인다는 점이다. 그렇기 때문에 문자에 사로잡혀 그 뜻과 의도를 살피지 못한다면, 올바른 의미전달이 이루어지지 않고, 따라서 글의 궁극적 목표인 소통(communication)도 온전히 달성되지 못한다.

모든 문서, 문학작품에는 이를 가능케 한 어떤 사건/실마리가 있으며, 아울러 이 작품을 통해 전하려는 의도(가치)가 있다. 독자의 으뜸된 임무는 저자의 의도를 살피는 일이다.

이 글에서는 마가복음을 이해하기 위해 위의 도표를 활용하려고 한다. 도표에서 볼 수 있듯이 글이란 어떤 사건, 경험을 기록하고 있지만 보다 깊은 차원에서는 그 안에 내재된 의미를 전달한다. 예를 들어, 예수가 물 위를 걷는 장면을 상상해 보자. 우리는 복음서의 글과 기록을 통해 이 이야기를 접한다. 이 글이 마치 사진을 찍듯 실제 사건을 기록했을 수도 있다. 혹은 저자의 경험을 토대로 나름대로 독특한 문학적 장르(genre)에 담아 전할 수도 있다. 사건의 진위(眞僞)를 떠나 본질적인 질문은 저자는 왜 이 사건과 경험을 독특한 형태에 담아 기록했을까? 그 안에 내재된 의도는 무엇일까? 이다. 저자는 무슨 메시지를 전하고자 하는가? 여기에 기록의 궁극적 목표가 있다. 따라서 독자는 그 의도를 살피고, 사건을 경험할 수 있어야 저자와 독자 간에 온전한 의사소통이 이루어졌다고 말할 수 있다. 독자는 글을 통해 사건을 재구성하고 더 나아가 저자의 의도를 유추한다.

물론 해석학적 입장에서 볼 때, 기록이 지닌 의미는 저자나 독자 어느 한쪽의 해석에만 치우치거나 머무르지 않는다. 역사적 저자가 어떤 의도로 문서를 작성했든지, 후대 독자들은 그 문서에서 자신들의 상황에 맞는 의미를 추구하게 된다. 그렇다면 독자가 그 글을 주관적으로 이해해도 좋은가? 원 저자의 역사적 상황에 대한 이해 없이 아무렇게나 해석해도 되는가? 라는 중요한 해석학적 문제가 제기된다. 본문에서 더 자세히 이야기하겠지만, 성서에 대한 독자의 이해와 해석은 좁게는 성서 자체에 그리고 보다 넓게는 그리스도교 전통에 부합해야 하며, 그것이 본인뿐만 아니라 다른 사람들에게도 공유될 수 있는 해석이라야 한다.

이는 더 나아가 성서와 전통이 갖는 시간과 공간의 제약을 넘어 비종교적 언어로도 접근 가능해야 한다는 뜻이다. 전자가 성서와 성서해석의 근간이 되는 전통성 또는 지속적인 정체성(stability)을 말한다면, 후자는 그 이해가 새로운 환경에 적용됨을 의미한다. 곧 성서의 적용능력, 적응성(adaptability)의 문제인 것이다. 다시 말하면 성서의 해석이 그리스도교인들 뿐만 아니라 모든 지구촌 이웃들에게도 공감을 일으킬 수 있어야 전도를 목표로 하는 예수의 정신에 부합하는 해석이 될 수 있다(막 3:13-15; 마 28:18-20). 이렇게 먼저 자신의 삶을 변화시킬 수 있는 해석이야말로 독자에게 유익한 해석이며, 또한 비그리스도인, 비종교인 이웃들에게도 긍정적으로 적용될 때 비로소 그 해석의 효능이 드러난다.

올바른 성서 해석을 위해 이 책에서 나는 문학적 이해, 역사적 접근, 신학적 해석이라는 세 가지 방법론으로 마가복음을 살펴 볼 것이다.

첫째로 **문학적 이해**란, 성서가 문자로 쓰인 기록이라는 점에 기초한다. 마가복음을 연구하는 사람은 마땅히 헬라어에 대한 이해와 해석 능력을 갖추어야 하고, 글이 갖는 독특한 기능을 염두에 두어야 한다. 성서가 문자로 쓰여졌지만 문자적(literal) 해석을 고집할 것이 아니라 문학 장르의 다양성으로부터 나타나는 은유적(metaphorical)이고 상징적(symbolic)인 의미를 파악하는 데 초점을 맞춰야 한다. 모든 소통에서 기록이 의도하는 의미를 찾는 것이 기록 자체보다 앞서며 보다 중요한 요소이기 때문이다. 여기서도 선택의 기준은 무엇보다도 성서의 기능에 기초해야 한다. 성서가 우리에게 궁극적 메시지를 전하는가? 우리의 삶에 긍정적인 삶의 변화를 가져오는 메시지인가?

오병이어 이야기를 예로 들어보자. 이것이 정말 문자적으로 가능한 사건이었다면, 지금도 여전히 굶주리고 열악한 환경에 처한 사람들에게 이보다 더 좋은 소식은 없을 것이다. 과거 역사상 단 한 번만 있었던 사건은 박물관에 전시된 박제된 동물처럼 생명이 없고 그런 이야기 또한 현재에는 무의미하다. 또 기적적 사건과 관련해 만일 그것이 예수이기 때문에, 혹은 예수는 신이기에 가능한 일이었다고 주장한다면, 그 메시지 역시 현재의 독자들에게는 공허하게 들릴 뿐이다. 단지 예수가 초인간적 존재였기에 풍부한 먹거리를 제공할 수 있었다고 말하고 있을 뿐, 예수의 제자는 그런 일을 할 수 없다는 결론이 된다. 이는 대단히 비성서적인 발상이다(요 14:12). 오병이어에 대한 보다 자세한 이야기는 본문 11장에서 하기로 한다.

둘째로 **역사적 접근**이란 성서가 쓰였던 역사적 정황 속에서 성서를 이해하려는 노력이다. 여기서 '역사적'이란 말은 비단 시간의 연속적인 흐름(diachronic approach) 속에서 어떤 사건을 다룰 뿐만 아니라 특정한 시간과 장소와 연계된 일련(synchronic approach)의 정치, 경제, 사회, 문화, 종교, 사상적 측면을 총체적으로 살핀다는 의미다. 역사 기록뿐만 아니라 편지와 소설을 포함한 모든 문학 작품은 독특한 시간과 공간 속에서 탄생한다. 그러므로 그 글이 탄생한 시대적 상황을 살피는 것은 그만큼 성서에 대한 이해의 폭을 넓히는 데 매우 유익하다. 예를 들어, 마가복음에 나타난 하느님 나라(혹은 천국)란 개념은 흔히 교회에서 생각하는 사후세계의 개념과는 큰 차이가 있다. 1세기 역사적 상황에서 볼 때, 하느님 나라란 당시의 로마제국에 상반되는 개념으로, 이를 현세(現世)과 내세(來世)의 이분법적 구도로 이해하는 것은 역사의 긴박감을 상실할 뿐만 아니라, 많은 경우 예수의 치열한 정치적 입장을 희석시키는 결과를 초래한다. 천국과 하느님 나라에 대한 이야기는 본문 3장에서 다룬다.

셋째로 **신학적 해석**이란 신앙에 도움이 되는 해석이라는 말이다. 오늘날 신앙인들 사이에 신학과 신앙을 분리하여 이해하(려)는 경향이 있다. 마치 신학은 학문의 경지고 신앙은 교회생활이라고 놓고, 이를 양분화하게 되면 본래의 그리스도교 신앙을 온전히 누리지 못하게 된다. 이것을 불교에 빗대어 설명하면, 신학은 교종(敎宗)에 해당하고 신앙은 선종(禪宗)에 비유할 수 있다. 안셀름(Anselm)의 "이해를 추구하는 신앙"(faith seeking understanding)이란 표현에도 나타나듯이, 학문과 믿음, 지식과 삶은 동전의 양면처럼 결코 분리될 수도 없고 또 분리해서도 안 될 것이다.

신학적 해석과 관련해 마지막으로 생각해 볼 것은 "신학 다시 하기"(Doing Theology Anew)이다. 신학이란 말 자체도 낯선 우리에게 "신학하기(Doing Theology)," 거기에 덧붙여 "신학 다시 하기"라는 생소한 개념은 우리에게 어떤 의미를 주며 여기서 비롯된 성서해석과 그리스도교 신앙과는 어떤 연관을 가지는가?

신학 다시 하기의 출발. 대부분의 독자들에게는 아마도 매우 생소한 말이겠지만, 신학하기(Doing Theology)라는 말은 신앙인으로서 우리의 삶을 한 마디로 요약한 것이다. 신앙인이 되면서 우리는 성서에 대한 이해를 토대로 내면에 새로운 의식과 함께 나름대로 가치 체계를 갖추게 된다. 하느님 혹은 성서의 권위가 내 삶에 미치는 영향, 또 그에 따른 가치 판단의 변화는 내가 이미 신학을 생활에 적용하고 있다는 증거이며, 곧 신학하기에 들어섰다는 의미다. 우리들 삶 속에서 우리가 매 순간 '정치적'인 가치판단이나 선택을 부인할 수 없는 것처럼, 어느 누구도 신앙인의 길에 들어서면서, '신학적' 가치판단이나 선택의 경험, 다시 말해 '신학하기'를 피할 수 없다.

신학(神學, theology = theos + logos)이란 두 헬라어의 합성어로 ① 신의 생각/이야기, 혹은 ② 신에 관한 생각/이야기를 뜻한다. 문제는 신의 이야기란 기껏해야 인간이 이해하고 그려낸 신의 모습이므로, 인간의 제한적인 상상력으로 신에 대해서 과연 얼마나 이해할 수 있는가 하는 점이다. 우리가 신을 창조자라고 고백할 때, 인간은 단지 피조물의 위치에 서 있을 뿐이다. 그와 동시에 신과 인간 사이에 건널 수 없는 강이 형성된다. 태초에 하느님이 인간을 창조했다고 기술하지만, 인간이 그려낸 신의 모습은 자신들의 모습이 투영된 태초의 신의 모습이었음을 의미한다. 슈퍼맨 그것도 울트라 슈퍼맨의 모습이다. 결국 신학을 통해 우리는 자신의 이야기를 하고 있는 셈이다. 신학을 통해 풀어낸 하느님 이야기는 우리들 이야기로 향하게 되며, 궁극적으로는 포이에르바하(Feuerbach)의 통찰처럼 신학의 인간학으로의 전환, 곧 사고와 초점의 전환이 일어난다.

신학하기, 무엇이 문제인가? 그 동안에는 신학을 공부한다(studying, learning)는 인식이 지배적이었다. 이것은 어떠한 주제에 대해 가르치는 주체와 배움의 대상 사이의 일방향적(one-way)인 도식으로 표현된다. 내가 모르는 무엇에 대해 선생, 교사가 일방적으로 가르치는 도식이다. 그러나 이 책에서 이야기하려는 것은 신학과 신앙은 삶으로 귀결되는 문제이기 때문에, 수학 공식처럼 외우고 이해하는 것으로 끝나는 것이 아니다. 안다는 것, 지식을 소유한다는 것만으로는 턱없이 부족하다. 신학은 배우기도 하지만 근본적으로 살아내는 것이다(doing). 하느님이 존재한다는 것을 안다? 지식 그 자체로는 귀신의 경우와 다를 바가 없다(약 2:19), 또는 도적과 다름없다(렘 23:30)라고 성서 기자들은 고발한다. 우리는 남미 해방신학의 도전으로 실천하는 신학, 프락시스(Gr. πρᾶξις, praxis)를 요구받게 되었다. 우리는 믿는 대로 살고 있는가?

신학 다시 하기. 그러면 왜 신학하기를 다시 하는가? 기존의 신학하기가 내게 긍정적인 모습을 보이지 못하기 때문이다. 우리를 감동시키고 변화시킬 메시지를 전하지 못한 채, 단지 구태의연한 지식과 답을 내게 주입시키려 하기 때문이다. 우리의 실존적 물음(아픔)에 무관심하기 때문이다. 신학을 한다는 것 혹은 신앙생활을 한다는 것은 단순한 사교모임이나 취미활동 혹은 불안한 미래에 대한 보험, 투자와는 사뭇 다르다. 오늘을 실존적으로 의미 있게, 책임 있게 살고자 하는 동기를 부여하는 것이 신학하기의 최종 목표이다. 내 삶을 올인(all-in) 하도록 만드는 삶의 디자인이 절실히 요구된다. 이것이 신학하기의 본질이며, 이 책에서 우리가 추구하는 신학 다시 하기이다.

이런 이해는 어디서 오는가? 성서와 전통의 일관된 가르침이다. 성서는 우리가 질문하지 않으면 답하지 않는다. 미드라쉬(מדרש)라는 말의 기본 의미는 '묻다, 질문하다, 구하다'라는 뜻이다(삼상 9:9). 무엇을 해야 영생을 얻겠느냐고 묻는 어떤 율법사에게 예수는 말한다. 성서에 무엇이라 쓰였으며, 너는 이것을 어떻게 읽느냐?(눅 10:25-26). 아무 생각이 없이 읽으면, 우리는 아무런 답도 얻지 못한다. 답(성서)이 없음이 문제가 아니라, 질문이 없음이 문제라는 말이다. 우리는 종종 교회에서 질문을 하면 믿음 없다고 몰아세우는 경향이 있는데, 실상 신학 다시하기의 출발은 나를 들여다보고 질문을 던지는 데에서 비롯된다.

1. 사색에서 행동으로
2. 수동적 배움에서 능동적 삶으로
3. 주입식 교육에서 맞춤형 신학하기로
4. 객관식에서 주관식으로
5. 남의 이야기에서 나의 이야기로

이 책의 구성

이 책은 3부로 이루어져 있다. 1부는 전반적이고 서론적인 이야기로 마가복음 이해에 기초가 되는 개념을 정리한다. 곧 '예수의 복음,' '죄와 회개,' '하느님 나라,' '성령과 더러운 영,' '기적과 병 고침' 등이다. 이 용어와 개념들은 마가복음 전체를 통해 꾸준히 등장할 뿐만 아니라, 분명하게 드러나지 않은 경우에도 그 이해를 전제하기 때문에 따로 다루었다.

2부에서는 예수가 갈릴리와 유대지방, 이방인 지역에서 행한 가르침과 삶의 모습을 다룬다. 피지배 지역을 대표하고 상징하는 갈릴리는 늘 지배체제를 대표하는 예루살렘의 감시하에 놓여있다. 예수와 유대 지도자들 간의 분쟁(2:1-3:6)은 마가복음의 나머지 이야기의 색채를 결정짓는다. 예수의 신학과 정신은 한 마디로 '경계선 없애기'다. 경계를 지어놓고 지배하려는 예루살렘의 지도자들과 그 배후 세력인 로마제국과 예수의 정면충돌은 이미 예견된 셈이다.

3부는 예수가 예루살렘에 들어서면서부터 고난, 죽음, 부활까지 이야기들을 모두 다룬다. 예수의 운명은 이미 그 첫 공생애 때부터 정해졌고, 이제 남은 길은 주어진 운명을 묵묵히 걸어갈 뿐이다. 고난과 죽음으로 이어지는 예수의 여정은 전혀 새로울 것이 없으며, 오히려 예수의 무모할 정도로 예루살렘 권위에 대한 도전은 차라리 그의 복음, 가치관이 내뿜는 가쁜 숨결의 연속이다.

이 책의 발단은 10여 년 전 남가주 샌프란시스코 신학교 졸업생들과 함께 헬라어로 마가복음을 통독하면서 시작되었다. 매주 한 번씩 모여 헬라어 성경을 읽으면서 보다 깊이 있는 토론을 하게 되고, 후에는 목회자와 평신도들을 대상으로 공개강좌를 갖게 되었다. 나중에는 5년 간격으로 두 차례 성경공부를 진행했는데, 마가복음을 보다 체계적으로 정리하기 위해 24개의 장으로 나누어 2014년 교회에서 금요모임을 가지게 되었다.

그러던 중 우리 주위에 생각하는 그리스도인들을 위한 적당한 성경공부 교재가 없다는 점을 절감하고, 신학과 신앙의 거리를 좁히기 위해 우리가 시도했던 여러 번의 공개강좌를 토대로 마가복음에 대한 이해를 정리해 본 것이다. 안타깝게도 한국 교회 내에서 여전히 교리 위주나 암기 위주의 구태의연한 성경공부를 답습할 뿐 성서를 보다 적극적으로 연구하고 생활화하는 작업이 좀처럼 이루어지지 못하고 있다. 그만큼 상아탑과 교회가 멀리 있다는 말이며, 교인들의 의식수준이 사회를 변화시키기에는 턱없이 부족하다는 것을 부정하기 힘들다. 이런 상황에서 예수의 삶과 가르침을 배우고 또 실천하길 원한다면 성서를 보다 깊이 연구할 필요가 있다. 이 책이 그런 생각을 하는 그리스도인들을 위한 길잡이가 되길 바란다. 다소 전문적인 지식이 도입되지만, 가능한 한, 실생활에 도움이 되는 말과 생각이 되도록 힘썼다.

나는 이 책에서 의도적으로 하나의 특정 번역본(version)을 선택해 사용하기를 피했다. 본문(text)의 뜻이 번역된 말에 갇힐 위험이 있기 때문에 가능한 여러 번역본을 본문과 비교하였다. 한 가지 양해를 구하는 점은 본문에 히브리어와 헬라어를 음역하지 않은 채 괄호 안에 실은 점이다. 필자의 생각에 음역된 말이 그 뜻을 모르는 독자들에게는 아무런 도움도 주지 못할 뿐 아니라, 헬라어를 읽는 사람들에게는 오히려 음역된 말이 본문을 읽는 데 방해가 되기 때문이다. 또한 각주를 달지 않고 필요한 정보를 저자와 책 이름 순으로 간단하게 본문에 포함시켰다. 보다 자세한 정보는 책 뒷부분에 실린 참고 서적을 통해 확인할 수 있다. 그리고 성경인용의 대부분이 마가복음이기 때문에, 이런 경우는 괄호 안에 (막 12:37)처럼 따로 성서를 표기하지 않고 (12:37)처럼 장절만 표기했다.

끝으로 매주 원고를 꼼꼼히 읽고 비평과 제안을 해 주신 편집위원들(조성철, 김영주, 장규열, 김경원, 박현숙)께 말로 다 할 수 없는 고마운 마음을 남긴다. 이 책이 21세기 다문화, 다종교의 지구촌 이웃들과 긴밀히 연계해 살아가는 우리들에게 새로운 성경공부의 패러다임을 여는 초석이 되기를 기대하며, 이 책을 기꺼이 출판해 주신 한국기독교연구소 김준우 박사에게 감사의 뜻을 전한다.

제1부

마가복음의 기본 개념들

제1장

예수의 복음

마가복음은 "하나님의 아들 그리스도 예수의 복음의 시작"이라는 말로 시작된다. 이 구절은 완전한 문장으로 되어있지 않지만, 구조상 마가복음 전체의 제목에 해당한다. 헬라어 원문을 몇몇 현대 번역본들과 비교해서 자세히 들여다보자.

막 1:1 하나님의 아들 그리스도 예수의 복음의 시작

GNT	Ἀρχὴ τοῦ εὐαγγελίου Ἰησοῦ Χριστοῦ [υἱοῦ θεοῦ]
NRSV	The beginning of the good news of Jesus Christ, the Son of God.
NIV	The beginning of the gospel about Jesus Christ, the Son of God.
개역	하나님의 아들 예수 그리스도 복음의 시작이라
표준새번역	하나님의 아들 예수 그리스도의 복음의 시작은 이러하다.
공동번역	하느님의 아들 예수 그리스도에 관한 복음의 시작

같은 헬라어 본문을 번역한 것이지만 각 번역본들은 약간의 차이를 보인다. 우리말 성경들은 일제히 '예수 그리스도의 복음'이라고 옮겨놓았다. 이를 우리말 어순에 따라 읽다 보면 '그리스도의 복음'이라고 이해하기 쉽다. 그런데 헬라어 문맥을 보면 예수, 그리스도, 하느님의 아들이 모두 동격(同格)으로 처리되어 있다. 여기에서 '그리스도'와 '하느님의 아들'은 모두 예수를 부연 설명하는 서술명사(predicate noun)이다. 곧 마가복음은 예수의 복음을 말하는데 예수는 그리스도이며 또한 하느님의 아들이라는 설명이다(The gospel of Jesus, Christ, the Son of God). 그러므로 마가복음이 전하는 것을 예수의 복음이라 하지 않고 그리스도의 복음이라고 읽고 이해한다면 독자는 처음부터 복음의 핵심을 놓칠 수 있다. 여기에서는 예수가 주인공이다. 누구의 복음인가를 묻는 질문에 예수의 복음이라고 답하고 있기 때문이다.

그렇다면 '예수 그리스도'라는 표현을 우리는 어떻게 이해하여야 할까?

예수는 고유명사로 사람의 이름(name)이지만 그리스도는 사장, 아버지, 대통령과 같이 직함(office)을 가리키는 일반명사다. 이렇게 볼 때 '예수 그리스도(Jesus Christ)'라는 말을 풀어 쓰면 예수는 그리스도라는 뜻이 되는데, 실은 그 이상의 의미를 가진다. "예수는 그리스도라고 하면, 이것은 일반적인 서술문이다. "이것은 꽃이다," "저 사람은 교수다," "그 여인은 디자이너다" 등과 마찬가지로 저자의 감정이나 의지가 담겨 있지 않는 사실적 진술이다. 그러나 마가복음에서 말하는 예수 그리스도란 "예수가 그리스도다!"라는 차별화 선언이다. 이 말은 어떤 상대를 염두에 두고 있다. 그리스도라고 불리는 어떤 사람이 저기에 있는데, 그 사람이 아니라 예수가 진정한 그리스도라는 정치적인 선언이다. 당시 로마제국의 시대적 상황에 비추어 볼 때, 이런 말을 드러내 놓고 한다는 것은 대단히 위험한 발상이다. 어쩌면 목숨을 내어 놓아야 할 만큼 엄청난 반역행위로 비춰질 수 있는 발언이다. 이렇게 마가복음은 시작부터 그 분위기가 범상치 않다.

헬라어 그리스도(Χριστός)라는 말은 히브리어 메시아(מָשִׁיחַ)를 번역한 말이다. 메시아란 "기름부음을 받은 자"란 뜻으로 수동형 의미에서 나타나듯 기름부음을 주는 이를 전제하고 있다. 제사장 또는 선지자를 통해 기름부음을 받는 예식—대관식(戴冠式)이 거행되지만 그 이면에는 하느님이 자리하고 있다. 그리하여 신(神)을 대신하여 신의 뜻을 행하게 되는 이가 바로 그리스도다. 기름부음을 받은 자의 대표적인 예는 왕이다. 시편 2:2에는 "열방이 **여호와와 그의 메시아(그리스도)**를 대적한다"는 표현이 나온다. 고대 근동의 신학사관에 의하면 신들이 세상을 분배해 다스리고(신 32:8-9) 각각의 신은 자신을 대신할 인간 대리통치자를 정한다. 이들이 '신의 아들'로 불렸는데, 시 2:7 "너는 내 아들이라, 오늘날 내가 너를 낳았도다"라는 표현 속에 잘 드러나 있다. 이런 사상은 예수가 세례를 받고 올라올 때 하늘로부터 들리는 음성을 통해서도 표출된다: "너는 내 사랑하는 아들이라 내가 너를 기뻐하노라"(막 1:11).

이스라엘의 역사를 돌아보면 바벨론 포로기 이후 오랫동안 왕정이 사라졌기 때문에 예수가 활동하던 당시 이스라엘에는 왕이 없었다. 물론 헤롯이 분봉왕(Tetrarch) 역할을 했지만, 그는 로마제국의 이익을 대변할 뿐 진정한 의미에서 이스라엘의 왕은 아니었다. 따라서 사람들은 메시아, 곧 다윗의 후손이 나와서 이스라엘을 외부의 침략으로부터 구원해 주고 이스라엘의 정치적 회복을 가져다주길 고대하고 있었다. 그런 상황에서 예수 그리스도—예수가 그리스도다—라는 선언은 예루살렘 전통신학에 대한 정면 도전이요 반역이다. 막 12:35에서 예수가 묻는다. "어째서 서기관들은 그리스도가 다윗의 후손이라 하느냐?" 전통적인 이해에서 보면, 그리스도(메시아)는 당연히 다윗의 후손이다. 그런데 예수의 반문 속에는 냉소가 엿보인다. "그 왕권체제가 너희에게 해준 것이 무엇이냐? 억압과 착취, 빈곤과 굶주림이 아니더냐?" 이어지는 문장이 흥미롭다. "백성들이 즐겁게 듣더라"(12:37). 이 구절은 마가복음에만 나온다. 곧 마가복음의 백성(ὄχλος)이 고대하고 있고 또 마가복음이 전하는 그리스도의 상(image)은 바로 나사렛 예수라는 말이다.

여기에서 다시 헬라어 원본을 살펴보자.

Ἀρχὴ τοῦ εὐαγγελίου Ἰησοῦ Χριστοῦ [υἱοῦ θεοῦ]

왜 헬라어 본문에는 "하느님의 아들[υἱοῦ θεοῦ]"이 괄호 안에 처리되어 있을까? 신약성서의 가장 오래된 사본인 시내 사본(Codex Sinaiticus) 속에는 이 구절이 등장하지 않기 때문이다. 아마도 서기 4세기 이후 니케아(325년), 칼케돈(451년) 공의회 등을 거치며 예수가 하느님의 아들로 자리매김하는 과정에서 "하느님의 아들"이란 표현이 후기 사본들에 반영된 듯하다. 여기서는 그 논쟁을 다룰 수는 없으니 우리는 현재 전해진 본문 그대로 "예수, 그리스도, 하느님의 아들"이 우리에게 주는 메시지가 무엇인지 파악하는 데 초점을 맞춰보기로 하자.

이미 언급했듯이 "하느님의 아들"은 고대근동 문화에서 신의 대리통치자를 일컫는 말이었다. 특히 로마제국 하에서 황제(캐사르, Caesar)는 신의 대리통치자를 넘어서 신격화되기까지 했다. "신," "신의 아들," "세상의 구세주" —이 모두는 로마황제에게 붙이는 직함이고 찬사다. 그런데 이것을 시골 갈릴리 출신의 목수(6:3) 예수에게 붙인다고 상상해 보자. 오싹한 전율이 느껴지지 않는가? 이것이 바로 마가복음이 시작부터 내건 정치적 슬로건이자 신학적 메시지다.

예수의 복음인가, 예수에 관한 복음인가?

어떤 번역은 '예수의 복음'이라고 이해하는 반면(NRSV, 개역, 표준새번역), 또 다른 번역은 '예수에 관한 복음'이라고 읽는다(NIV, 공동번역). 둘 다 문법적으로 가능한 번역이다. 이 중 보다 쉽고 자연스러운 번역은 "예수의(of) 복음," 곧 예수가 전한 복음이라는 이해다. 여기에는 복음의 출처와 소유권이 예수에게 있다는 의미가 내포되어 있다. 이와는 달리 "예수에 관한(about) 복음"이라고 번역했을 때 그런 이해를 하는 근거와 이유는 무엇일까? 역사적 관점에서 볼 때, 복음서 저자들이 예수를 전할 목적으로 복음서를 기록했다고 보고, 이것을 가리켜 예수에 관한 복음이라고 말할 수도 있다. 그러나 예수가 전한 것이 "하느님의 복음"(1:15)이라고 이해한다면, 똑같은 표현방식을 통해 마가복음이 전하고자 한 것은 "예수의 복음"이 되어야 마땅하다. 하느님의 복음, 예수의 복음, 마가복음(마가의 복음)—모두 같은 용법이다. 이렇게 보면 하느님의 복음은 예수를 통해, 그리고 복음서 기자와 교회를 통해 우리들에게 전해진다.

예수의 복음이 내포하는 또 다른 의미는 세상의 복음, 즉 로마제국이 전하는 복음과의 차별화 선언이다. 로마제국의 복음은 전쟁에서의 승리나 로마 황제의 방문을 의미했다. 탐욕과 약탈로 점철된 승리—그들은 그것을 '로마의 평화'(Pax Romana)라 불렀다. 자신들은 강자의 특권을 공고히 유지하는 한편, 피지배자들은 더 이상 로마제국에 항거하지 못하고 숨죽여 사는 모습이 지배자들 눈에는 '평화'로 보였기 때문이다. 지배체제의 복음이란 소수의 특권층에게는 좋은 소식인지는 몰라도 피지배계급인 대다수 군중들에게는 결코 좋은 소식이 아니다. 오히려 그들에겐 지배이데올로기에 의해 짓밟히고 고통받는 처절한 생존을 의미할 뿐이다. 그런데 예수의 복음은 전혀 다른 이야기를 하고 있다. 예수는 이런 세상이 주는 평화가 아닌 다른 평화(요 14:27)를 이야기한다. 무엇보다도 '예수의 복음'이라는 표현은 '예수에 관한 복음'들로부터 예수에게로 돌아갈 것을 촉구하는 메시지를 담고 있다. 이제는 예수가 직접 전하는 복음에 귀를 기울일 때다.

복음의 시작

그렇다면 복음의 시작이라는 말을 처음에 둔 마가의 의도는 무엇이었을까? 당시 초대교회에 현존하던 유일한 문서가 바울 서신이라고 볼 때, 바울의 복음—바울이 전하는 복음—의 내용은 예수의 죽음과 부활뿐이었다.

> 형제들아 내가 너희에게 전한 복음을 너희로 알게 하노니 이는 너
> 희가 받은 것이요 또 그 가운데 선 것이라 [2]너희가 만일 나의 전한
> 그 말을 굳게 지키고 헛되이 믿지 아니하였으면 이로 말미암아 구
> 원을 얻으리라 [3]내가 받은 것을 먼저 너희에게 전하였노니 이는
> 성경대로 그리스도께서 우리 죄를 위하여 죽으시고 [4]장사 지낸 바
> 되었다가 성경대로 사흘 만에 다시 살아나사(고전 15:1-4)

"그런데 이것이 복음의 전부일까?"라는 물음에서 출발한 마가복음에는 예수의 복음을 그 시작부터 살펴보자는 의도가 짙게 깔려있다. 복음을 말하려면 그리스도 예수의 죽음 이전에 예수의 삶, 곧 공생애(公生

涯)에서 출발해야 하지 않을까라는 질문이 마가복음에서 이야기하는 복음의 시작이고 출발점이다. 그리고 이것은 성경에 면면히 흐르는 하느님의 구원의 역사에 기초한다. 이것이 "기록된 것과 같이"(as it is written, 막 1:2)라는 말이 함축하고 있는 의미이다. 이사야 40장이 출애굽을 기초로 쓰였던 것처럼, 마가복음은 바벨론 포로의 귀환을 인용하면서 지배체제와 로마제국으로부터의 탈출을 꿈꾼다. 여기서 예수는 하느님의 대리자(그리스도)로서 행동한다. 이렇게 볼 때, 하느님의 구원은 단순히 예수를 믿음으로써 실현되는 것이라기보다는, 예수의 믿음(가치관)과 행동이 이를 가능케 한 것이다.

헬라어 아르케이(ἀρχή)는 '시작하다'(ἄρχομαι)는 뜻 외에 또 다른 의미를 가지는데 막 10:42에 등장하는 것처럼 '다스리다'(ἄρχω)라는 뜻이다. 이와 연관된 명사형의 뜻은 다스림, 잣대, 기준, 모범, 규범이 된다. 따라서 '복음의 시작'을 다르게 말하면 '복음의 규범,' '복음의 모범' 등으로 해석할 수 있다. 이런 관점에서 볼 때 복음의 기준, 잣대, 바른 이해는 예수의 삶과 가르침과 밀접한 관계가 있다는 말이다. 예수 이야기로의 회귀(回歸)—이것이 마가복음 공동체가 당면한 신학적 질문이며 바울의 신학과 근본적으로 다른 점이다. 마가복음 신앙공동체가 자신들의 정체성 확립을 위해 드러낸 또 하나의 '신학하기'(Doing Theology)이다.

복음의 내용

그렇다면 예수의 복음을 어떻게 정리할 수 있을까? 또 그 핵심은 무엇일까? 막 3:14-15, 예수가 제자들을 부른 장면을 통해 이렇게 유추해 볼 수 있다.

1. 자기와 함께 있게 하고
2. 전도를 하게 하며
3. 귀신을 내어 쫓는 권세도 있게 하려고 함이다.

첫째는 더불어 사는 새로운 공동체 형성이다. 이는 기존의 공동체가 그 기능을 제대로 하고 있지 못하다는 고발을 담고 있다. 둘째로, 전도를 한다는 것은 세상의 복음, 지배체제의 가치관(이데올로기)과는 확연히 다른 예수의 복음(道, Logos)을 전한다는 의미이다. 셋째로, 귀신을 내어 쫓는 것은 병자(피해자)를 돌본다는 말이다.

마가복음을 정치적 관점에서 분석한 체드 마이어스는 예수의 사역을 다음의 세 가지로 정리해 놓았다(Ched Myers, *Binding the Strong Man* (1988), "three major plot strands," pp. 120-121).

1. 메시아 공동체를 형성하여 공고히 하고("to create and consolidate a messianic community")
2. 가난하고 억압받는 자를 대상으로 병 고침과 귀신축출, 자유를 선포하며("Jesus' ministry of healing, exorcism, and proclamation of liberation, the subject being the poor and oppressed")
3. 지배체제의 상징적 사회질서에 대항하되, 이를 관리하는 서기관, 바리새인, 헤롯당원과 예루살렘의 고위층 성직자들을 대상으로 한다("Jesus' confrontation with the dominant socio-symbolic order, the subject being the stewards of that order: the scribes, Pharisees, Herodians, and ruling Jerusalem clergy").

이 세 가지를 기억하기 좋게 영어의 머릿글자를 딴 C.C.C.(Challenge, Care, Create)라는 단어를 가지고 접근해 보자. C.C.C 하면 한국 대학생 선교회(Campus Crusade for Christ)가 바로 떠오른다. 그들의 활발한 활동으로 인해 한국 내 그리스도인들 사이에서는 매우 친숙한 단어가 되었다. 단지 단체의 이름만 널리 알려진 것이 아니다. 창시자인 빌 브라이트(Bill Bright)가 주창한 사영리는 한국 교회에서 마치 기독교 신학의 기초인 것처럼 받아들여지게 되었다. 하지만 사영리의 내용을 살펴보면 심각한 문제점이 있음을 알 수 있다. 먼저 신학적으로 매우 빈약할 뿐 아니라 무엇보다 예수의 삶과 가르침이 전혀 포함되어 있지 않다. 사영리는 다음과 같은 4단계로 구성되어 있다.

1. 하나님은 당신을 사랑하시고 당신을 위하여 놀라운 계획을 가지고 계십니다.
2. 하나님과 우리 사이에 죄가 가로막고 있습니다. 그래서 우리는 하나님의 사랑을 알 수 없고 그의 계획도 알 수 없습니다.
3. 하나님과 우리 사이에 가로놓인 죄악을 제거하시고 하나님과 우리 사이를 다시 회복시키시고 화해시키신 분은 오직 우리 주 예수 그리스도뿐이십니다.
4. 우리는 주님을 '나의 주 나의 하나님'으로 영접해야 합니다.

어떻게 한국 교회에서 이렇게 단순한 전도전략이 성공할 수 있었을까? 그것은 자체적인 성령운동 때문이기도 하지만, 무엇보다 교회 신학의 부재, 성서에 대한 이해가 부족했던 것이 한 몫 톡톡히 했다고 본다. 성서에 대한 충분한 이해 없이 세워진 한국교회의 빈자리를 사영리가 차지하고 사람들의 마음을 사로잡았을 것이다. 다시 말하지만 사영리에는 예수의 삶과 가르침이나 공관복음서 이야기가 전무하다. 예수 이야기를 일인칭 형식으로 전하는 공관복음서에서 우리들의 최대 관심사는 '예수의 삶과 가르침'이다. 안타깝게도 사영리는 이러한 그리스도교의 핵심을 짚어내지 못하는 치명적인 약점을 갖고 있다. 그럼에도 불구하고 필자는 C.C.C.라는 이미 잘 알려진 머리글자를 다른 의미로 차용해서 C.C.C.의 사영리를 기초로 하는 일반 교회의 신학과 차별화하고 마가복음에 나타난 예수 정신을 새롭게 이해 하고자 하는 의도에서 C.C.C.에 복음의 새로운 의미를 담아 보았다.

Challenge. 지배체제에 저항하기(Challenge/confront the dominant imperial ideology/theology/gospel). 이것은 기존의 제국주의 신학과 지배이데올로기에 도전하는 자세다. 저항은 지적(知的)인 영역으로 자성(깨달음)의 영성을 바탕으로 한다. 세태를 보는 눈이고, 현재의 고통스런 삶의 원인을 분석하는 자세다. 예수는 이를 가르치고, 또 그 가르침을 몸소 꾸준히 생활화했다. 복음서 기자는 막 1:21에서 예수가 안식일에 회당에 들어가 가르치시는 장면을 미완료형(ἐδίδασκεν)으로 썼다. '가르치곤 했다'는 뜻으로 이어지는 이야기들에서 볼 수 있듯이, 예수는 예루살렘 지배체제의 감시 하에서도 개의치 않고 자신의 할 일을 꾸준히 습관화, 생활화했다는 의미가 된다.

예수와 지도자들 간의 대립은 "그들에게 증거하라"(εἰς μαρτύριον αὐτοῖς, 1:44; 6:11; 13:9)는 말 속에 잘 드러난다. 여기서 그들이란 예루살렘의 지배체제를 수호하는 사람들을 말하는데, 헬라어 제3격(dative case)은 우호적(dative of advantage)이거나 혹은 적대적(dative of disadvantage)으로 세분화해서 번역된다. 마가복음에 나오는 세 경우는 모두 적대적으로(against them) 해석되어야 하며, 모두 저항의 의미를 담는다. 문둥병자를 공동체에서 분리시킨 제사장에게 저항해 보이라는 말이고(1:44), 제자들의 말을 듣지 않는 사람들에게 신발의 먼지를 떨어버려 증거를 삼고(6:11), 회당에서 매질하는 권력자와 임금 앞에서 증언하는 몸부림이다(13:9).

Care. 병든 자 돌보기(Care the sick, poor and oppressed). 기존의 지배체제 하에서 신음하고 아파하는 사람들은 이미 체제의 경계선 밖으로 떠밀린 사람들이다. 이런 피해자들을 돌보는 일이 예수가 행한 병 고침 이야기의 핵심이다. 저항이 지적인 영역이라면, 돌봄은 정적(情的)인 영역으로, 측은지심의 감성적 마음이다. 예수가 불쌍한 마음을 품었다(σπλαγχνίζομαι, 1:41)는 표현의 어원을 살펴보면 아기가 여인의 자궁에서 움직일 때 느끼는 감정이다. 즉 여인이 잉태한 아기를 돌보고 보살피는 원초적인 본능과 같이 긍휼히 여기는 마음은 인간의 본성이다.

누군가의 신체가 병들었다는 것은 개인적인 불행의 차원을 넘어 사회와 공동체의 눈으로 판단하자면, 그 사회와 공동체가 병들었다는 말과 같다. 한 예로, 문둥병자는 그 개인의 불행이라기보다는 공동체 전체가 병든 하나의 증상(symptom)일 뿐이다. 개인의 문제—죄든 병이든—로 단순히 치부할 현상이 아니라는 말이다. 따라서 병자를 고치는 행위는 개인의 신체적 정신적 회복을 넘어, 사회 전체가 건강하게 됨을 의미한다. 복음서의 병고침 이야기는 표층적 증상보다는 심층적 원인에 초점이 모아지고, 그런 뜻에서 복음서의 병고침은 오늘날에도 우리에게 여전히 시사하는 바가 크다.

Create. 새로운 공동체 형성하기(Create the alternative community). 새로운 공동체를 이룬다는 것은 현재 체제의 비뚤어진 것을 고치려는 의지적인 행위의 발로다. 지 · 정 · 의(知 · 情 · 意)에서 의(意)에 해당한다. 말만 하는 것이 아니라 행동으로 옮기는 행함이 있는 믿음이다. 기억해야 할 것은 행함이 없는 믿음이 무용지물이듯(약 2:14-26), 깨달음 없는 행함 또한 대단히 위험하다는 사실이다. 무식하면 용감하다는 말이 있다. 지난 세월호 사건을 통해 보여준 일부 몰지각한 사람들의 피해자들을 향한 폭언과 비상식적 행동은 깨달음의 필요성을 여실히 보여준 예이다. 깨달음과 행함, 지 · 정 · 의는 늘 함께 가야 한다. 지배체제가 지배자들의 감시와 억압에 의해 유지된다면, 예수가 꿈꾸는 하느님 나라의 운영체제(operating system)는 감동과 설득력에 기초한다. 이것이 바로 상식적으로 이해가 되는 신학이 필요한 이유다.

예수 공동체의 생활방식은 한 마디로 경계선이 없는 '더불어 살기'다. 포용과 친교, 용서와 화합은 늘 축제와 잔치로 연결된다(6:30-44; 8:1-10; 14:12-25). 그리고 이런 생활은 지연, 학연, 혈연에 매이지 않고 늘 새로운 곳을 찾아 떠나는 공동체 운동(movement)에서 찾아볼 수 있다(1:38). 더불어 사는 삶으로의 초대는 지배체제를 통해 자기 세력을 구축하려는 세상의 가치관(이데올로기)과는 확연히 구분이 된다. 이것이 아마도 초대 예수공동체(교회)의 본 모습이었을 것이다.

복음(εὐαγγέλιον, gospel)이라는 말 자체는 '좋은 소식'이라는 뜻이지만, 이 표현은 동시에 '나쁜 소식'을 전제로 한다. 복음이라는 단어 그 자체만으로 그것이 누구에게나 복음이 되지는 않는다. 로마제국의 복음이 갈릴리 사람들에게 복음으로 받아들여지지 못했던 것과 같이, 복음이 어떤 사람들에게 좋은 소식이 되려면 그 복음을 듣는 사람들이 그것을 좋게 받아들여야 한다. 곧 그들의 믿음과 선택을 필요로 한다.

다문화 다종교 시대를 사는 우리들은 이 책에서 복음, 정신, 이데올로기, 가치관, 믿음 등을 모두 같은 맥락에서 이해할 것이다.

예수의 복음을 비종교적 언어로 표현하면 예수의 정신(Spirit, Geist)으로 바꾸어 이해할 수 있다. 곧 예수의 철학과 가치관이다. 이 복음을 단지 예수에 관한 것으로 이해한다면, 예수는 제삼자로서 경배와 믿음의 대상일 뿐이다. 예수는 우리에게 하느님을 믿도록 촉구하는 한 편 자신의 제자가 되기를 명한다. 제자는 스승을 본받아 그의 일을 계승할 뿐 아니라 그 보다 더 큰 일도 한다(요 14:12). 예수의 복음과 그 내용을 살피고 본받는 것이 그리스도인의 삶의 시작이고 핵심이자 본분이다.

생각할 문제

1. 예수의 복음과 예수에 관한 복음의 차이는 무엇이며, 내 신앙과 관련해 나는 어떻게 이해하고 있나?

2. 복음이라는 말이 우리들 일상생활 언어에 흔한 표현인가? 그렇지 않다면, 이것을 어떤 식으로 바꾸어 표현할 수 있을까?

3. 예수는 당시 공동체가 품지 못했던 군중들을 포용하여 새로운 공동체를 만들었다. 이런 공동체를 지금 어디에서 찾아볼 수 있나? 나는 어떻게 이런 공동체를 꾸미는가 혹은 참여하는가?

제2장

죄와 회개, 그리고 믿음

마가복음은 세례 요한의 활동에 대한 소개로 본문을 시작한다. 요한이 광야에서 생활했다는 것은 이사야서에 기초를 둔 진술이다. 이사야는 "외치는 자"(A voice of one calling)가 "광야에서 주의 오심을 예비하라"(In the wilderness, prepare the way of the LORD)고 했다(사 40:3). 당시에 성서를 문자적으로 읽었던 사람들 중 일부는 이 구절을 근거로 실제로 광야에 나가 생활을 하며 메시아의 도래를 기다렸다. 실제로 쿰란(Qumran) 공동체는 사해 근방에 근거지를 두고 세상과 예루살렘 성전체제로부터 철저히 분리된 수도생활을 했다. 그런데 마가복음은 이사야 40:3를 인용할 때 끊어 읽기를 다르게 하여 세례 요한과 절묘하게 접목시킨다. "광야에서"를 그 앞의 "외치는 자"와 연결시켜 "광야에서 외치는 자"(A voice of one calling in the wilderness)가 "주의 오심을 예비하라"(Prepare the way of the LORD)는 말로 만든 것이다(막 1:3). 그리하여 "광야에서 외치는 자"는 무명의 인물에서 세례 요한으로 탈바꿈하게 된다.

예수의 공식적인 활동은 세례 요한이 옥에 갇힌 이후에 비로소 시작하는 것으로 되어 있다(막 1:14). 요한복음과는 달리(요 3:24), 마가복음에서는 세례 요한의 사역과 예수의 사역이 겹치지 않는다. 두 사람의 관계는 요한이 예수에게 세례를 베푸는 것이 전부다. 마태복음에 의하면 세례 요한과 예수는 동일한 메시지를 전한다: "회개하라, 천국이 가까이 왔다"(마 3:2; 4:17). 마가복음 서문(1:1-15)에는 마가복음 전체를 이해하는 데서 중요한 단서가 되는 새로운 용어와 개념들이 등장한다. 이 장에서는 그 중 죄, 회개, 믿음에 대해 살펴보고자 한다.

죄 사함을 위한 회개의 세례(막 1:4)

마가복음에 따르면 세례 요한이 죄 사함을 위한 세례를 온 유대와 예루살렘 사람들에게 베풀었다. 예수 또한 이 세례를 받는다(막 1:5, 9). 그런데 예수가 죄 사함의 세례를 받았다는 사실이 이미 초대교회 때부터 걸림돌이 된 듯하다. 마태복음에는 "내가 당신한테 세례를 받아야 할 터인데 당신이 내게로 오시나이까"(마 3:14)라는 세례 요한의 반문이 덧붙여져 있고, 요한복음은 예수가 세례 받았다는 것을 직접 기술하지 않고, "예수가 요한 앞에 나왔다"(1:29)라는 말로 얼버무린다.

요한의 세례는 '미크바'(מקוה)라고 불리는 유대교 정결의식에서 비롯된다. 하지만 반복적인 종교예식을 넘어 보다 근원적인 죄와 회개를 언급했다는 점을 주목할 필요가 있다. 요한의 세례는 모든 사람에게 열려 있었다는 면에서 쿰란공동체의 입교의식과도 구별된다. 우리는 세례에 내재된 죄 사함의 문자적 의미를 넘어, 이 표현이 담고 있는 은유적, 상징적 의미를 찾아볼 필요가 있다. 죄와 회개는 오늘날 교회 내에서 흔히 쓰여지는 단어다. 그런데 마가복음에서 처음 그 말이 쓰였을 때 과연 현대 교회가 이해하는 의미로 사용되었을까? 후대의 교리에 끼워 맞추지 않은 순수한 문학적 표현으로서 마가복음이 말하는 죄와 회개의 의미를 정리해 보자.

회개에 대하여

회개의 사전적 의미는 잘못을 뉘우침, 고침, 애통해 함이다. 일반적으로 교회에서는 죄를 회개한다고 말한다. 죄의 의미는 뒤에서 다시 논하기로 하고, 우선 성서에서 말하는 회개의 본래 의미와 용도를 살펴보자.

우리말이나 영어와는 달리, '회개하다'로 번역된 헬라어 메타노에오(μετανοέω)는 직접 목적어 없이 홀로 쓰이거나 혹은 다른 문구와 함께 사용된다. 예를 들어 "－부터(ἀπό, ἐκ) 회개하다"(렘 8:6; 계 2:21-22; 9:20-21; 16:11), "－에 대해(περί, ἐπί) 회개하다"(렘 18:8, 10; 욜 2:13; 욘 4:2; 행 8:22; 고후 12:21) 등이다. "회개하라, 천국이 가까이 왔다"(마 3:2), "회개하고 하나님의 복음을 믿으라"(막 1:15)는 구절을 보자. 여기서는 회개와 관련된 다른 문구 없이 '회개하다'라는 말이 홀로 쓰였다. 사전적 의미로만 읽으면 무엇을 회개하라는 것인지 도무지 짐작할 수가 없다.

문제가 될 만한 또 다른 예가 있다. 인간이 하느님에게 회개를 촉구한다. 선지자 아모스는 "주여 이 일을 돌이키소서"(μετανόησον)라고 간청한다(암 7:3, 6). 만일 이 문장의 상대가 신이 아니고 인간이었다면, "이 일을 회개하시오"라고 해석할 법 하다. 여기에서 사용된 동사는 마가복음에서 '회개하라'로 번역된 것과 같은 단어, 메타노에오(μετανοέω)의 명령형이다. 신적, 종교적 권위 하에서는 상상하기 힘든 경우라고 하겠다.

'메타노에오'는 두 낱말의 합성어다. 노에오(νοέω)는 마음(νοῦς)의 동사형으로 '마음 씀, 생각하기'로 이해할 수 있다. 그리고 메타(μετά)는 보통 제2격(genitive case)에서는 '함께(with)'라는 뜻을 취하고 제4격(accusative case)에서는 '이후에(after, behind)'라는 뜻을 갖는다. 그런데 여기 또 다른 뜻이 숨어있다. 메츠거(Metzger)는 다음 세 개의 표현을 통해 '변화'의 의미를 찾아낸다(Bruce M. Metzger, *Lexical Aids for Students of New Testament Greek*, 3d ed., p. 83). 그가 제시하는 세 개의 예는:

1. *μεταβαίνω* (I pass from one to another, depart) 한 장소에서 다른 장소로 이동하다, 떠나다;
2. *μεταμορφόω* (I change to another form, transform) 다른 형태로 바꾸다, 변형하다;
3. *μετανοέω* (I change my mind or purpose, repent) 생각과 목적을 바꾸다, 회개하다.

이런 의미로 볼 때 회개란 기본적으로 생각과 마음을 바꾸는 행위이다. 감정의 변화라기보다 뜻과 의지의 확립이고 전환이다. "회개하라, 천국이 가까이 왔다"(마 3:2; 4:17)라는 선포는 느닷없이 툭 튀어나온 말이 아니라, 어떤 상황과 구체적인 대상을 염두에 두고 하는 말이다. 특히 마가복음의 주제에 해당하는 "회개하고 하나님의 복음을 믿으라"(막 1:15)는 구절은 이런 차별화 선언을 잘 보여준다. 지금까지 이 세상의 이데올로기, 가치관, 복음에 대한 '마음 씀을 바꾸고'(*μετανοέω*, 회개하고), 이제는 "하느님의 복음"(막 1:14)을 따라 살라는 권고요 초대의 말씀이다. 회개는 이처럼 뿌리 깊은 가치관과 신앙의 변화를 의미한다.

죄에 대하여

마가복음에 기록된 것처럼 예수도 죄 사함의 세례를 받았다. 만일 예수가 도덕적, 종교적으로 죄 아래 있기 때문에 세례를 받아야 했다면, 이런 이해는 기독교 신조에 크게 저촉될 문제다. 대속교리에 의하면 흠이 있는 예수는 속죄 제물로 부적격하고 따라서 죄를 대속할 자격이 없기 때문이다. 그렇다면 마가복음에서 말하는 죄란 무슨 의미이고 또 예수가 죄 사함의 세례를 받았다는 것은 무엇을 뜻하는 말일까?

어거스틴(Augustine, 354-430)이 유아세례를 정당화하기 위해 원죄 개념을 도입한 이후 그리스도교는 '원죄'에 대해서 말해왔다. 하지만 모든 교회가 이 교리를 받아들였던 것은 아니다. 그와 동시대를 살았던 펠라기우스(Pelagius)는 창세기 3장의 선악과 이야기를 통해 인간의 고귀한 자유의지를 강조했다. 여기서는 '원죄'에 대한 신학적 판단은 잠시 보류하고 우리가 처한 현실에서 새롭게 접근해 보자. 우리는 무엇을 가리켜 죄라고 부르는가?

바울은 율법이 있기 전에도 죄가 있었지만, 당시에는 이를 죄로 여기지 않았다고 말했다(롬 5:13). 그런데 성서(토라, 율법)가 어떤 행위(말, 생각, 행동)에 대해 죄라고 규정한다고 해서 그것이 죄가 되고, 그렇지 않다고 해서 똑같은 행위를 가리켜 죄가 아니라고 말할 수 있을까? 그런 판단(법)이 도입되기 훨씬 이전에 이미 판단의 대상과 경험은 존재했었다. 예를 들어, 노예제도를 예전에는 죄로 여기지 않았지만, 지금은 대부분 국법이 이를 죄악시하여 금한다. 단지 차이라면 이것을 판단할 법이 제정되어 있느냐 없느냐일 뿐이다. 의식과 판단만 나중에 들어왔을 뿐 그 대상은 이미 존재했었다.

성서가 죄라고 했으니까 죄다—그런 논리로는 죄의 개념을 비종교적으로 풀어내지 못한다. 오히려 성서를 빌어 지금까지 무혐의로 방치된 제도, 의식, 행위 등을 정죄함으로써 공동체의 질서를 회복하고 피해를 보던 구성원을 구제했다는 데에 더 큰 의의를 두어야 할 것이다. 이는 성서 자체의 권위에서 오는 답이라기보다, 그것을 남긴 공동체의 집단의식의 발로에서 온 죄에 대한 새로운 이해와 깨달음으로 보아야 한다.

월터 윙크(Walter Wink)는 그의 책 『사탄의 체제와 예수의 비폭력』에서, 지배체제(Domination System)란 "권세들의 전체 네트워크(연결망)가 우상(偶像)의 가치를 중심으로 통합되었을 때 일어나는 것"이라 보았다(36). 인간의 문명 초기부터 힘과 폭력을 통해 개인의 욕심을 추구하다 보니, 그 폭력의 신화를 둘러싸고 자연스럽게 지배체제가 형성되었다. 아울러 육체를 따라 산다는 의미, 곧 죄에 빠져있다 함은 인간 본연의 자세를 버리고 "타인의 의견에 굴복하여 외면화된 자신," 다른 말로 "지배체제의 가치를 추구"하는 것이라고 본다(134, 135). 이런 의미에서 "타락"이란—곧, 죄란—"단지 우리 모두가 지배체제의 조건들 아래 살고 있다는 것을 뜻한다"(153-154). 이렇게 죄란 개인의 도덕적 결함을 넘어 사회적, 구조적 악을 지칭한다.

죄의 사전적 정의는 '과녁을 벗어나다'이다. 성서에서는 하느님의 '뜻'에 어긋나거나 대치하는 상황을 가리켜 죄라고 말한다. 하느님의 뜻을 벗어나 다른 이의 뜻—다른 신, 혹은 다른 가치관—을 따른다는 것은 마음가짐(정체성)뿐 아니라 선택과 행위(행동윤리) 모두를 포함한다. 구약시대에는 '바알'(Baal)로, 신약시대에는 '로마제국'으로 상징되는 두 세력은 한결같이 "네 하느님이 누구인가?"를 묻는다. 고대인과 성서기자들의 언어를 오늘날 우리가 쓰는 말로 바꾸어 보자. "너의 가치관, 철학, 복음이 무엇인가?" 바로 우리의 정체성에 관한 물음이다.

그리스도인에게 죄란 예수의 가치관과 복음을 떠나 세상의 가치관과 복음을 좇아가는 행위이다. 본디 그리스도인이란 인간 본연의 삶을 그리스도로서 예수가 보여준다고 믿는 사람들이기 때문이다. 그런데 만일 누군가 세상의 가치관과 복음, 그리고 그것이 추구하는 축복을 얻기 위해 그리스도교에 귀의하고 교회생활을 한다면, 이것은 하느님과 맘몬(Mammon)을 함께 섬기는 행위며 예수가 바알세불(Beelzebul)의 힘을 빌어 귀신을 내어 쫓는다고 말하는 것과 같다(막 3:22). 예수와 그리스도교를 근본적으로 오해한 결과다. 복음서에서 유일하게 용서받지 못할 죄를 거론할 때 등장하는 메뉴가 바로 하느님과 맘몬, 이 둘을 통용, 혼동하지 말라는 가르침이다. 하느님과 그 뜻을 따르려는 사람의 가치관(성령)을 세상 이데올로기(더러운 영)와 동일시한다면, 이는 크리스천 정체성에 큰 혼란을 가져오기 때문이다. 이것이 진정한 의미에서 신성모독죄다.

믿음

죄와 회개에 대해 공부하면서 함께 짚고 넘어가야 할 용어는 '믿음'이다. "회개하고 복음을 믿으라"(1:15)는 구절을 보면 회개와 믿음이 서로 연관된 개념임을 짐작할 수 있다. 믿음이란 단어는 그리스도인에게 이미 일상화된 말이다. 하지만 그 의미를 따져보면 일상 언어라고 하기엔 어려우므로 먼저 믿음에 대해 정리해 보기로 한다.

믿음이란 단어가 복음서에서 쓰였을 때는 어떤 교리적 이해도 성립되기 이전이었다. 따라서 어떤 신조에 동의한다는 식의 교리적 의미로 쓰인 믿음(credo, creed)은 일단 제쳐두기로 한다. 또한 믿음이 단지 어떤 대상에 대한 인지나 신뢰의 영역에만 머문다면 그 또한 실제 '믿음생활'에 별다른 차이를 가져오지 못한다. 마가복음에서 말하는 믿음이란 어떤 대상에 대한 막연한 신뢰나 동의를 넘어서 구체적인 행동에까지 영향을 미치는 일련의 가치체제, 곧 가치관을 의미한다. 바로 그 믿음 때문에 선거에서 누구를 선택하고, 그 믿음으로 인해 절제된 생활을 하며, 그 믿음이 마켓에 널려 있는 여러 상품 중 하나를 고르는 일 등 사소한 영역까지 영향을 준다. 믿음이란 말 자체는 그릇과 같이 내용물을 담는 형식(껍데기)에 지나지 않는다. 우리는 단순히 믿음을 말하기보다 누구의 믿음인가를 먼저 물어야 한다. 그리고 누구를 믿는다 함은 그 대상의 가치관(믿음)을 내 것으로 하여 사는 것을 의미한다.

예수는 하느님의 복음을 전파하면서 "그 복음을 믿으라"(막 1:14-15), "하느님의 믿음을 가지라"(ἔχετε πίστιν θεοῦ, have faith of God, 막 11:22)고 가르쳤다. 이렇게 예수는 '하느님의 복음', '하느님의 믿음'을 말했지만, 우리말 성경은 하나같이 "하느님을 믿으라"고 번역했다. "예수에 관한 복음"이라는 표현이 예수를 제삼자로 이해하게 되듯, "하느님을 믿으라"는 번역은 하느님을 믿음의 주체로 여기지 않고 믿음의 대상으로 삼게 만든다. 하느님을 믿으라는 말과 무화과나무가 마르는 것 사이에 무슨 상관이 있나? 하느님을 믿는다고 하여 실제로 산이 들려 바다에 빠지기라도 하나(11:20-23)? 아니지 않은가?

그렇다면 '하느님의 믿음'이 뜻하는 바는 무엇일까? 마가복음 11:22의 평행본문인 마태복음 21:21은 같은 표현인 '믿음을 가지라'(have faith)는 말을 가정법으로 썼다. "만일 너희가 믿음을 가지고 있고(ἐὰν ἔχητε πίστιν, if you have faith) 의심치 않으면…." 여기에서 믿음의 주체가 누구인가? 당연히 하느님의 믿음을 전제해야 하지 않을까? 다시 읽어보자. "만일 너희가 [하느님의] 믿음을 가지고 있고 의심치 않으면"이라고 하면 보다 명확해진다. 그렇다면 여기에서 '의심하다'는 말의 뜻은 무엇일까?

믿음의 반대 개념은 불신이 아니라 의심이다. 아무것도 믿지 않음이 아니라 오히려 두 가지 이상을 믿는 것이다. 성서적 의미에서 의심이란 하느님을 믿지 않는 것이라기보다는 동시에 다른 대상을 믿는 것이다. 만일 다른 신(만)을 믿는다고 할 때, 이쪽 편에서 보면 불신이겠지만, 엄밀한 의미에서 보면 그 또한 믿음이다. 성서는 내부 신앙 공동체를 격려하고 가르치기 위해 쓰인 글이다. 즉 이미 어느 정도 믿음을 가지고 있지만 가끔 흔들리고 우왕좌왕하는 이들이 독자인 것이다. 마가복음 4:40에서 예수가 제자들의 믿음 없음을 꾸짖는데, 실은 그들에게 믿음이 없어서라기보다는 그들이 바람을 믿었기 때문이다. 바람을 보고 두려워하니까, 바람의 힘을 믿은 셈이다. 적은 믿음(little faith)이란 말도 믿음의 양이 아니라 질적인 문제로 다루는 것이 적절하다. 깊이가 없기에 여기 저기 기웃거리는 행위—그것을 가리켜 적은 믿음, 혹은 믿음 없음이라 말한다(막 4:40; 9:24).

베드로가 물에 빠지게 되었을 때, "왜 의심했느냐?"(마 14:31)라는 말이 나온다. 이때 사용한 '의심하다'라는 단어는 그 사용 빈도가 적기 때문에 학문적으로 크게 부각시키기에는 미흡한 면이 있다. 그런데 흥미로운 점은 "의심하다"에 대한 현대 히브리어 번역이다. 주지하다시피, 신약성서는 헬라어로 쓰였고 이것이 거꾸로 현대 유대인 신약성서에 히브리어로 번역되었다. 그럴 때 성서는 독자들의 귀에 익숙한 말(receptor language)로 번역되는데 거기에 쓰인 말이 히브리성서(구약성서)에서 엘리야가 했던 말과 같다. 엘리야는 갈멜산에 모인 이스라엘 사람들에게 바알이든 야훼든 하나만 섬기고 둘 사이를 왔다 갔다 하지 말라고 말한다(왕상 18:21). 앞에서 인용했던 마 21:21, "만일 너희가 믿음을 가지고 의심치 않으면"의 후반부 "의심치 않으면"을 히브리성서 표현을 따라 "두 의견 사이를 왔다 갔다 하지 않으면"이라고 번역하고 있다. 비록 마 14:31, 마 21:21, 왕상 18:21에 '의심하다'를 뜻하는 헬라어는 각각 다르지만(διστάζω, διακρίνω, χωλαίνω), 이것을 번역할 때에는 똑같은 히브리 표현(פֹּסְחִים עַל־שְׁתֵּי הַסְּעִפִּים)을 사용함으로써 유대인 신약성서는 일관된 메시지를 전하고 있다. 히브리성서를 알고 있는 독자들에게 곧바로 엘리야의 경고를 떠올리는 역할을 함과 동시에, 믿음과 의심에 대한 새로운 시각을 열어주는 증거라 하겠다.

이렇게 두 가지 의견이나 생각, 가치관 사이에서 방황하는 것이 의심이고 적은 믿음 혹은 믿음 없음이다. 이것은 복음서에 나타난 하느님과 맘몬을 같이 섬길 수 없다는 말과 일맥상통하는 생각이다. 십계명에서 "내 앞에 다른 신을 네게 두지 말라"고 한 뜻은 다른 신이 전혀 없다는 말이 아니라, 여러 신들 중에 야훼가 우리 하느님이라는 정체성 선언이며 다른 신과 야훼 사이를 왔다 갔다 하지 말라는 의미다(신 6:4). 마찬가지로 예수 그리스도—예수가 그리스도—라고 말할 때 당신네들에게는 세상의 왕이 그리스도일지언정 우리에게는 예수가 그리스도라는 차별화 선언이다.

'하느님의 믿음'이란 표현은 '예수의 복음'과 같이 그 출처를 말함과 동시에 우리들 정체성 형성에 근간을 이룬다. 하느님의 복음이 예수의 복음이고 또한 우리의 복음이다. 하느님의 믿음이 예수의 믿음이고 또한 우리의 믿음이다. 이처럼 믿음, 복음, 가치관은 서로 바꾸어 사용해도 무방하다.

오늘날 교회에서는 시도 때도 없이 죄와 회개를 말하지만, 사실 이것은 죄와 회개의 의미를 잘못 이해하고 적용한 결과이다. 회개는 가치관의 문제이기 때문에 한 번만 제대로 공부하고 올바른 가치관을 확립하면 된다. 손바닥을 뒤집듯 허구한 날 가치관을 바꿀 수는 없지 않은가? 월터 윙크의 말로 다시 정리하면, 죄란 우리 모두가 지배체제의 조건들 아래 살고 있다는 피할 수 없는 현실이며, 회개란 비록 몸은 이런 지배체제 아래 놓여 있을지라도 마음만은 그 지배이데올로기를 좇아 살지 않고 하느님의 마음, 복음, 믿음을 따라 살겠다고 마음가짐을 새롭게 함을 의미한다. 그리고 모든 사람 앞에서 공개적인 세례 의식을 가짐으로써 이 결단, 의식의 전환을 알린다. 이것이 바로 죄 사함을 위한 세례를 받았다는 의미이며, 예수도 그러한 세례의식을 통해 마음가짐을 새롭게 하였다는 뜻이 아닐까? 이런 의미에서 회개는 하나의 결단이자 뜻을 세움이고 이제 남은 것은 '의심하지 않고' 그 마음가짐(믿음)으로만 사는 길이다.

신앙 공동체로서 교회는 죄인들의 모임이 아니다. 오히려 회개한 이들이 예수의 정신에 입각하여 형성한 공동체로, 그 대표적인 예가 바로 마가복음을 남긴 사람들이다. 생각과 마음을 바꾸어, 하느님의 뜻, 복음을 따라 살려는 사람들의 모임이 교회다. 이렇게 볼 때, 죄는 개인적 타락보다 더 심각한 사회 구조악이다. 이 세상이 세운 가치관, 이데올로기, 복음의 영향 속에서 헤어나지 못함이 죄다. 이런 맥락에서 보면 죄는 역사적 의미의 '원죄'보다 폭력의 신화적 의미에서 더 뿌리 깊이 그리고 더 가까이 우리 주변에 있다.

생각할 문제

1. 일부 기독교 교리 중 '원죄'를 어떻게 다시 설명할 수 있을까? 비종교적 언어를 사용해 말해 보라.

2. 롬 3:22 "예수의 믿음"(KJV)과 "예수를 믿음"(NRSV, NIV)의 차이점을 말해 보라. (막 11:22 참조).

3. 죄란 개인적인 차원뿐만 아니라 사회적, 구조적인 악도 지칭한다. 현재 사회에 만연한 구조적인 악은 구체적으로 무엇인가? 우리는 이런 사회적인 악에 대하여 어떤 식으로 대응하고 있나?

제3장

하느님 나라 vs. 로마 제국

앞 장에서 우리는 마가복음을 올바로 이해하는 데 필요한 몇 가지 용어들을 정리해 보았다. 이 장에서는 복음서의 핵심적인 개념인 '하느님 나라'에 대해 알아보려고 한다. '하느님 나라'라는 말 속에는 '하느님'과 '천국'(하늘 나라)이라는 단어가 들어 있다. 그리스도인들의 입에 가장 많이 오르내리는 이 말들을 새롭게 들여다보자.

왜 하나님이라고 하지 않고 하느님이라고 하나?

아마도 대부분의 독자들이 제일 먼저 제기하는 질문일 것이다. 그리스도교는 유일하신 '하나님'을 믿기 때문에, '하느님'이라고 하면 그리스도교와 상관없는 다른 신을 일컫는 말이라고 생각하기 때문일 것이다. 이 문제를 언어학적 타당성과 신학적 이해라는 두 측면에서 검토해 보기로 한다.

우리 전통사상에서는 '하늘(天)'을 절대적이고 지고한 존재로 인식했다. '하늘'의 옛 형태는 '하ᄂᆞᆯ'인데 1933년 한글 맞춤법 통일안이 제정될 때 아래아(ㆍ)를 폐기하기로 함에 따라 '하ᄂᆞᆯ'을 '하늘'로 표기하게 된다. '하늘'에 존칭접미사 '님'을 붙이면 하늘님이 되고 여기에 'ㄹ' 탈락 현상이 일어나 '하느님'이란 단어가 절대적인 존재(God)을 가리키는 표준말로 쓰이게 된 것이다.

일부 그리스도인들은 '하나님'은 한 분 하나님, 곧 유일신 개념을 담고 있다고 주장한다. 보통명사 '하느님'을 고유명사화(이름 짓기) 한 셈인데 이것은 여러 면에서 설득력이 떨어진다. 하나의 옛 형태는 '하ᄂᆞ'가 아니라 'ᄒᆞ나'이다. 초기 성서번역을 보면 하늘을 뜻하는 '하ᄂᆞ님'이 쓰였을 뿐 하나를 뜻하는 'ᄒᆞ나님'이란 표기는 찾아볼 수 없다. 더구나 하나라는 숫자에 존칭접미사 '님'을 붙이는 것은 문법적으로도 올바르지 않다. 둘님(두님), 셋님이란 말은 없지 않은가. 이렇게 언어학적으로 볼 때, 하느님은 본래 '하늘'에서 온 말이며, 유일한 하나의 존재라는 의미와는 별개다.

이것은 신학적으로도 문제가 있다. 성서, 특히 히브리(구약) 성서에서 말하는 유일신 개념은 신이 하나만 있다는 말이 아니라 여러 신들 중 하나를 선택한다는 정체성 선언(출 20:3; 신 6:4)으로 보아야 한다. 하나는 다수를 전제한다. 그래야 '한 분 하느님'이라는 표현이 말이 된다. 우리는 하나의 신만 섬기고, 둘을 함께 섬기지 않겠다는 선언이다.

신을 지칭하는 용어로 '하나님'을 굳이 써야 한다면, 이 말을 헬라 철학의 모나드(Monad) 개념에 비유해서 생각해 볼 수 있다. 고대 그리스와 헬라 철학에서 모나드(Monad)는 존재의 근원으로서 분리되지 않은 전체를 지칭하는 말이다. 이는 초기 그리스도교, 특히 영지주의에서 이해한 신 개념이기도 하다. 이 경우 하나님이라는 말은 모나드의 또 다른 이름으로 '신,' 혹은 '절대자'와 같은 개념이라 이해할 수 있다. 같은 맥락에서 신학자 틸리히(Tillich)가 말한 '존재의 궁극적 근원(The ultimate ground of being)'이나 동양사상의 '태극을 일으키는 원천' 역시 동일한 의미의 또 다른 표현으로 볼 수 있다.

무엇이라고 이름하든지—하느님이든 혹은 하나님이든—이것(들)이 가리키는 것은 한 가지다. 노자의 도(道) 이해에서 볼 수 있듯이, 도란 이름 지을 수도, 또 이름에 갇힐 수도 없는 이름 이전의 존재다. 출 3:14에서 하느님의 이름을 묻는 모세에게, 하느님은 자신을 가리켜 '스스로 있는 존재'(I am who I am)로 소개한다. 따로 이름을 붙일 수 없는 존재란 뜻이다. 따라서 하나님과 하느님이라는 명칭을 서로 분리해서 이해하는 것은 신을 이름 안에 가두는 오류를 범하는 것과 다를 바 없다. 이 책에서 '하느님'(God)이라는 말을 굳이 쓰는 이유가 여기에 있다. 절대자인 신을 특정한 이름짓기로 가두려는 것에 대한 무언의 저항이다. 또한 무엇보다 하느님이라는 말은 누구에게나 친숙한 비그리스도교적, 비종교적인 언어이기 때문이다.

왜 천국이 아니라 하느님 나라인가?

복음서의 핵심 사상을 한 마디로 요약하면 '하느님 나라'(The kingdom of God)이고, 예수의 삶을 단적으로 표현하면 '하느님 나라 운동'이다. 그런데 교회에서는 '하느님 나라'보다 '천국'이란 말을 많이 사용하고 있다. 그렇다면 천국과 하나님 나라는 다른 개념인가? 성서에서는 어떤 의미로 쓰이고 있을까? 성서에서 '천국'(ἡ βασιλεία τῶν οὐρανῶν, The kingdom of the heavens)이라는 말은 총 32번 쓰이는데 모두 마태복음에 나온다. 잠시 생각해 보자. '천국(天國)'이란 말이 성서의 다른 책에는 전혀 나오지 않고, 오직 마태복음에만 등장한다. 놀랍지 않은가? 왜 그럴까? 아마도 마태복음 저자가 '하느님 나라'에 들어있는 '하느님(God)' 대신 '하늘(heavens)'이란 말을 넣었을 가능성이 크다. 그것은 하느님의 이름을 부르는 것을 금기시하는 정통 유대교 관습 때문일 것이다. 지금도 영어로 하느님을 쓸 때 모음 없이 G_D(God)로 표기하는 이들이 더러 있다.

마태복음 외에는 성서 어디에도 '천국'이란 말이 나오지 않는데, 도대체 왜 교회에서는 그토록 천국을 많이 이야기하는 것일까? 이미 서문에서도 밝혔듯이 교회에서 마태복음이 유난히 많이 읽혔기 때문일 것이다. 또한 천국이라는 말이 던져주는 환상에 사로잡혀, 마태복음의 '천국'을 자신의 이기적인 꿈과 소망에 맞춰 이해했기 때문으로 보인다.

사람들은 대체적으로 하늘 나라(天國)가 지상의 나라와 대조된다고 지레 짐작한다. 더 나아가 천국을 이 생과 구분되는 저 생, 곧 사후의 삶으로 비약시킨다. 심지어 요즘에는 '천국환송예배'라는 신조어(新造語)마저 널리 쓰이고 있는 형편이다. 이 모두가 '나라'(βασιλεία, kingdom)를 통치적 개념(ruling, reign)이 아닌 지역적 개념(territory)으로 이해한 까닭이다. 하늘과 땅을 서로 대조시킬 수는 있지만, 이것은 은유적이고 상징적인 표현일 뿐, 문자적으로 하늘을 가리키는 것은 아니다. 하늘은 공간적인 위치라기보다는 상징적 의미에서 우주의 근원을 가리킨다. 옛 선인들의 언어와 사상에서 하늘은 하느님의 자리이다. 우주의 근본으로서, 또한 하느님의 자리로서 하늘은 내 안에 있기도 하고 우리 가운데 있기도 하다(눅 17:21; 도마복음, logion 3).

마태복음에서 하늘 나라는 하늘님(하느님)이 통치하는 세상을 상징한다. 다른 말로 하면 하느님 나라다. 그 상대 개념은 땅의 나라, 곧 이 세상의 지배체제를 가리키는 말이다. 예수가 활동하던 당시에는 바로 로마 제국을 염두에 두었을 것이다. 하늘과 땅이 내포하는 뜻은 시간상의 차이를 둔 사후세계(life after death)와 현재 세상을 말하기보다는 같은 시간대에 누구의 나라를 세우는가에 궁극적 관심이 있음을 나타낸다. 이것은 선택의 문제이다. 성서에서 하느님과 맘몬을 같이 섬길 수 없다고 했다. "네 하느님이 누구냐?" 이 말은 정체성에 관한 물음이다. 우리의 가치관을 묻는 질문이며 지금 여기에서(here and now) 우리의 삶의 자세를 묻는 말이다.

그러면 왜 이런 개념이 등장하게 되었을까? 사람들은 하느님이 다스리는 나라를 꿈꿨을 것이다. 동시에 이 표현의 이면에는 세상의 권세 잡은 자들이 다스리는 나라(통치)에 대한 불신과 불만이 내포되어 있다. 이 세상이 약속하는 복음이란 소수의 특권층만을 위한 지배체제 가치관이다. 대다수 농민, 군중들은 헐벗음과 굶주림, 끝이 보이지 않는 고통 속에서 헤어 나오지 못한 채 신음하고 있었다. 그러한 일반 군중(ὄχλος)들이 새로운 가치관, 복음을 기대하고 요구하게 되는데, 그 꿈과 소망을 담은 말이 바로 하느님 나라다. 예수가 태어나고 살았던 당시의 사회적 상황을 보다 잘 이해하기 위해 먼저 그리스-로마 배경을 살펴보자.

그리스-로마 배경

계몽주의 이후 서구문명의 영향으로 오늘날 우리는 개인을 사회의 기본 구성원으로 여기고, 모든 사람에게 동일한 윤리적 덕목과 사회적 책임을 기대한다. 반면 신약성서의 배경이 되는 지중해를 낀 그리스-로마의 사회구조는 가족을 기본 단위로 한다. 여기서는 명예(honor)와 수치(shame)가 사회 질서와 가치의 근간을 이룬다. 명예가 공동체 내에서 타인으로부터 인정받는 긍정적인 가치라면, 그 반대가 수치다. 명예는 출생 신분처럼 가족의 구성원이 되면서 자동적으로 얻기도 하고, 공동체 유익에 공헌함으로써 새롭게 부여받기도 한다.

이렇게 가족과 혈통을 중시하는 사회에서는 개인의 잘잘못(명예/수치)이 그 개인을 넘어 가족의 모든 구성원에게까지 영향을 끼친다. 그리고 가족은 또 다른 가족과의 상호 유대관계를 통해 보다 큰 공동체로 발전한다. 결혼을 통해 가족의 구성원이 늘어나기도 하며, 혹은 고용관계 등 계약을 통해 가상의 가족(fictive family)이 생기기도 한다. 여기에 후견인-의뢰인(patron-client) 제도가 생겨나고, 서로 다른 사회적 위치에 있는 사람들 사이에 새로운 이해관계가 형성된다. 힘없는 사람(의뢰인)은 힘 있는 사람(후견인)을 배경으로 중앙 무대에 진출할 수도 있다. 이렇게 신약성서의 배경이 되는 로마제국의 사회제도는 혈통관계를 기초로 정치, 경제, 종교 전반에 걸쳐 하나의 거대하고 촘촘한 네트워크(network)를 형성한다. 그리고 그 안에서 긴밀하고도 엄격한 감시와 통제가 이루어진다.

그리스-로마의 사회 구조에서 혈통(kinship)이 연대감, 소속감을 부추기는 기본 질서를 이룬다면, 정치(politics)는 힘과 권력을 바탕으로 모든 방면에서 사회적 규범을 형성한다. 이 기본적인 틀 위에 경제(economics)는 부와 명예를 약속하고, 종교(religion)는 이 모든 질서에 신성한 존재 가치와 의미를 부여함으로써 일정한 영향력을 행사한다. 군대는 국가 수호라는 신성한 의무를 담당하고 있었지만, 당시 사회에서 보다 실질적인 존재 이유는 따로 있었다. 그것은 지배체제를 유지하기 위해 강력한 통제를 수행하는 경찰수단으로서이다. 동서고금을 막론하고 독재체제 하의 군대는 늘 지배자의 시녀 노릇을 충실히 해왔다. 이런 구조 속에서 귀족들은 사회의 기본질서 중 핵심에 위치하면서 모든 정책과 결정을 관장한다.

예수가 활동하던 당시 사회구조를 보자. 고대 농경사회의 사회구조를 분석한 렌스키(Lenski, *Power and Privilege*, 1966, pp. 243-296)에 의하면, 초기 농경사회는 자급자족 단계로 대다수 생필품을 주로 개개인의 노동력에 의존했다. 수요가 제한된 까닭이다. 이후 철기 사용으로 인해 작업 능률이 높아지고 점차 발달된 농경사회로 넘어가면서 잉여자산(surplus)이 생기게 된다. 당연히 모든 부와 지위와 명예가 소수 귀족 및 지배계급에 편중하다 보니 잉여자산의 불평등한 분배가 심화된다. 아래 도표에서 보듯, 대다수 사람들은 부와 명예와는 거리가 멀다.

당시 지배계급은 전체 인구의 약 1∼2% 밖에 되지 않았지만 그들이 전체 부(토지)의 50∼60%를 차지했다. 이들은 자신의 재산을 직접 관리하지 않고 가신(retainers)을 두어 운영하도록 했다. 가신들은 전체 인구의 약 5∼7% 정도를 이룬다. 이들은 경제, 군사, 종교 전반에 걸쳐 관료로 종사하면서, 동시에 귀족들의 소유로 된 도시 밖의 토지를 관리하며, 수확물 징수를 담당했다. 또한 이들 가신들은 귀족들과 대다수 농민들 사이에서 중개인, 곧 브로커(broker) 역할도 했다. 이럴 때 가신들은 귀족 등 지배자들을 대신하는 위치에 있기 때문에 일정한 영향력(power)을 발휘하게 된다. 일종의 후견인 역할이다. 하지만 당시 후견인-의뢰인(patron-client) 제도라는 것이 근본적으로 피지배계급을 보다 효율적으로 통제하기 위한 제도였기 때문에 가신들 역시 다스림의 원칙(지배체제)으로부터 자유롭지 못했다. 결국 자신들이 섬기는 주인의 지배이데올로기를 공고히 하는 역할을 할 뿐이었다. 가신들을 보는 일반 농민들의 시선이 곱지 못할 것은 불을 보듯 뻔하다.

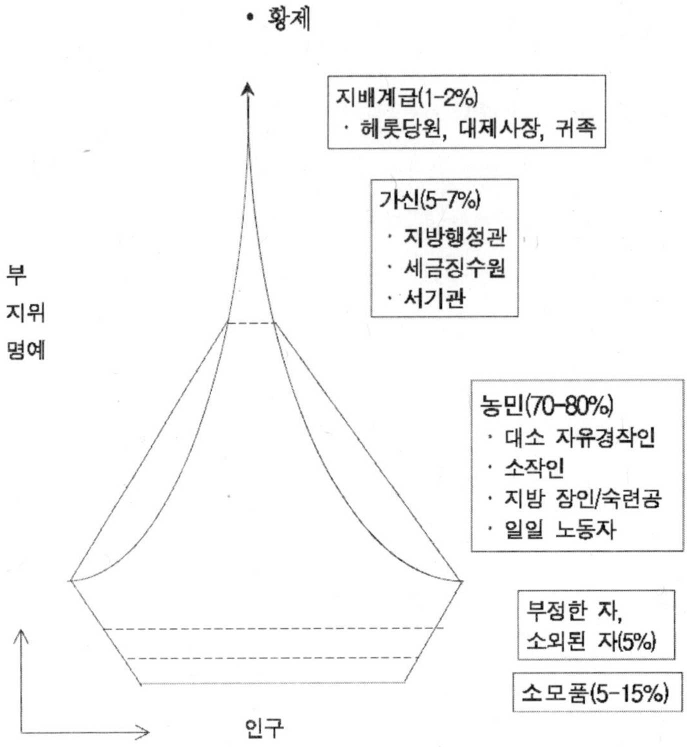

1세기 팔레스타인 사회구조

상인(5%), 장인(匠人, 3~7%), 농민(peasants, 70~80%)은 모두 넓은 의미에서 농민 계급으로 분류할 수 있다. 인구의 대다수를 이루는 농민들은 세금을 납부하여 국가와 체제를 유지시키는 기층(基層) 세력이었지만, 힘이 없고 순진한 백성들인지라 늘 약탈의 대상이었다. 이들보다 아래 계급인 천민(5%)들은 '부정한 자,' '소외된 자'로 낙인찍힌 사람들이고 나머지는 소모품(expendables, 5~15%)으로 분류된다. 이들은 하찮은 범법자, 거지, 떠돌이 일꾼 등으로 자선과 동냥에 의존해 생활하는 사람들, 이를테면 누가복음에 나오는 거지 나사로와 같은 존재들이다.

여기서 주목해야 할 사실은 일자리(직업)가 있는 농민이나 장인의 후손들이라 할지라도 유업을 받지 못하거나, 세금과 빚으로 인해 자신의 경작지를 잃게 되면 하루 아침에 일일 노동자로 전락하게 되고 급기야는 천민이나 소모품 취급을 받게 된다는 점이다. 그렇게 되면 이들에게는 불법과 범법행위를 통해 연명하거나, 아니면 천지개벽의 농민항쟁을 일으키는 것 외에 달리 뾰족한 수가 없었다. 예수의 생애를 전후로 팔레스타인에서 크고 작은 민란과 항쟁이 끊임없이 일어났다는 사실은 당시 사회적 상황이 얼마나 열악했는지를 짐작하게 한다.

당시 세금은 크게 토지세와 인두세로 나뉜다. 땅과 사람 모두 로마제국의 소유물이라는 인식의 발로이다. 영어로 인구조사를 뜻하는 센서스(census)는 헬라어 켄소스(κῆνσος, poll-tax)에서 유래한 말이다(막 12:14; 마 17:25; 22:17, 19). 따라서 인구조사는 국가 혹은 지배자들 입장에서 볼 때 일종의 재고조사에 해당한다.

갈릴리 지역 농민들에게 부과된 세금은 최소한 세 종류로, 조세, 공세, 성전세 등이다. 조세(tribute)는 로마황제에게 바치는 것으로 수입의 약 15%에 해당한다. 그리고 공세(tax)는 당시 분봉왕 헤롯에게 바치는 지방세로 수입의 20~35%에 달한다. 그 외 예루살렘 성전에 바치는 십일조 등 각종 헌물이 약 10~20%를 차지한다. 농민들이 로마에 바치는 세금을 안 낼 방도는 없으니 성전세(temple tax)가 유일하게 탈세의 대상이 된다. 하지만 성전세의 의무를 다하지 못할 때 '부정한 자,' '죄인' 취급을 받게 되는 것은 자명한 일이다.

이렇듯 농민들은 많게는 수입의 70%까지 세금으로 바쳐야 되는 열악한 사회 환경 속에 놓여있었다. 그런 가운데에서도 농민들의 관심은 "얼마를 빼앗겼느냐"가 아니라 "얼마나 남았는가"였다. 다음 해 농사를 짓는 것이 관건인데 그러려면 수입의 20% 정도는 남겨 두어야 하기 때문이다. 최저 생계를 유지하더라도 다음해 농사를 지을 수 있다면, 그래도 내일을 기약할 수 있다. 하지만 당시 사회상황은 그렇지 못했다.

사회의 구성원으로서 공동체 생활에 참여하는 것은 당시 사회의 기본질서이기도 하지만 그만큼 일상 생활비—'품위 유지비'—가 늘어나게 됨을 의미한다. 모자라는 금액은 결국 빚을 얻어 해결해야 하는데, 이때 저당 잡히는 것이 토지다. 경작지는 농민들에게 남은 유일한 희망이고 내일을 위해 움켜줘야 하는 마지막 보루이다. 그런데 당시 이자율이 20%에 달했다고 하니 이들이 빚을 갚지 못해 저당물을 빼앗기는 것(foreclosure)은 시간 문제였다. 이렇게 자작농이 자신의 저당물(토지)을 잃고 소작인으로 전락한 후 남의 소유가 되어버린 땅에서 일하며 생계를 유지할 수 있으면 그나마 나은 형편이다(막 12:1-12). 그렇지도 못할 경우에는 일일 노동자가 되고(마 20:1-16), 최악의 경우에는 소모품(expendables)으로 전락하게 된다.

주기도문에 나오는 빚 탕감(마 6:12; 눅 11:4)은 이런 역사적 상황 속에서 이해해야 한다. 막연히 (죄)악으로부터 멀리함이 아니라, 내일을 기약할 수 없는 절박한 상황에서 구체적으로 '악한 자'(τοῦ πονηροῦ, the evil one)로부터 보호해달라는 요청이요, 울부짖음이다. "송사하는 사람과 화해하라(마 5:25-26; 눅 12:58-59)"는 가르침도 같은 맥락에서 해석할 수 있다. 법의 보호를 받지 못하는 농민들에게는 이런 타협이 법정에서 서기관들을 만나 모든 것을 잃는 것보다 그나마 현실적으로 나은 해결책이라는 인식에서 나온 것이다.

예수의 생애를 전후로 유대와 갈릴리에서만 최소한 네 차례의 큰 반란이 있었는데, 모두 정부와 통치자가 바뀔 때마다 일어나는 현상이었다(리처드 호슬리, 『예수와 제국』, 67-97). 첫 번째는 기원전 40년 헤롯 대왕(37-4 BCE)이 즉위하기 전에, 그리고 두 번째는 기원전 4년 헤롯 대왕 사후 여기저기서 대규모 반란이 일어났다. 그리고 세 번째는 서기 66년 갈릴리에서 비롯되어 온 유대로 퍼진 범국민적 항쟁이었다. 이때 로마 장관 티투스는 반란군을 진압할 목적으로 하루에 오백 명씩 도망자를 십자가형에 처해서 성 밖에 "더 이상 십자가가 남지 않을 정도까지" 했다고 전한다(*Jewish War*, 5.11.1-2). 마지막으로 서기 132-35년의 바코흐바(Bar Kokhba) 항쟁을 들 수 있다. 이런 일련의 민란과 항쟁은 로마의 살인적 지배체제 하에서 농민들이 얼마나 간절히 새로운 세상을 꿈꾸었나를 여실히 보여주는 증거다.

결론적으로 하느님 나라(The kingdom of God)는 로마 제국에 상반되는 개념으로 대단히 현실 참여적이고 정치적인 언어라는 점을 잊어서는 안 된다. 당시 지배체제, 즉 상류계급 위주의 후견인-의뢰인 브로커 체제에서 오히려 예수(브로커)는 농민들(의뢰인)에게 지배체제의 이데올로기가 아닌 하느님(후견인)의 복음을 전했다. 당시의 문화와 언어에서 볼 때, 하느님 나라 운동은 로마의 지배체제 구조 속에 있었던 "가상의 가족(fictive family)"을 새롭게 이해하고 일으킨 대항 운동이었다. 마가복음 3장에서 예수가 말한 "누가 내 모친이며 동생들이냐?"라고 한 물음은 이런 사회적 상황 하에서 이해해야 할 것이다. 혈연, 지연 등 후견인-의뢰인 브로커 체제 하에서 예수는 부, 지위, 명예 등의 경계선을 넘어 더불어 사는 사회, 상부상조하는 공동체를 염두에 둔 새로운 정치적 입장을 선보였다. 이렇게 '하느님 나라'는 예수의 입을 통해 처음 소개된다.

생각할 문제

1. '천국'의 개념을 '하느님 나라'로 이해할 때, 그것이 내 신앙에 어떤 변화를 가져오나?

2. 공동생활을 위해 기본적으로 드는 비용을 '품위 유지비'라 하고, 내가 쓰는 비용이 수입의 얼마를 차지하나?

3. 지금 나에게 "경계선 밖의 사람들"은 어떤 사람들일까?

4. 만일 나에게 새로운 "가상의 가족"이 있다면 그들은 누구일까?

제4장

성령과 더러운 영

마가복음에는 영(πνεῦμα, spirit)이란 단어가 23번 나온다. 그런데 이 단어가 여러 형태의 쓰임새로 본문에 나타난다는 점에 주목해보자. 총 23번 중 성령(τὸ πνεῦμα τὸ ἅγιον, the holy spirit)으로 표기된 곳은 네 군데(1:8; 3:29; 12:36; 13:11)이며, 그 외에 예수의 마음이나 예수의 영을 뜻하는 곳이 세 군데(2:8; 8:12; 14:38), 더러운 영 혹은 말 못하는 영을 가리키는 의미로 14번(1:23, 26, 27; 3:11, 30; 5:2, 8, 13; 6:7; 7:25; 9:17, 20, 25*2) 쓰였다. 그리고 나머지 두 번은 예수가 세례 받은 후 일어난 일을 서술하는 과정에 등장한다(1:10, 12).

헬라어 성경이나 영어 번역본과는 달리 모든 한국어 번역본에는 '성령'이 여섯 번 나온다. 왜 이런 차이가 생겼을까? 위에서 언급한 마지막 두 경우에는 아무런 수식어나 술어 없이 '영'(τὸ πνεῦμα)이라는 말이 홀로 쓰였다. 그 구절에서 영은 하늘로부터 예수 안으로 들어온다. 따라서 이것은 분명히 예수의 마음, 혹은 예수의 영과는 구별되는 표현이다. 그런데 이 '영'을 한국어 성경들이 '성령'으로 번역한 것이다. 이 문제를 어떻게 다루어야 할까? 영을 성령으로 번역하는 것이 마가복음 이해에 어떤 영향을 끼치게 될까?

마가복음 성령 이해의 기본 조건들

먼저 마가복음을 읽을 때 성령을 삼위일체(三位一體)와 같은 교리에 비추어 해석해서는 안 된다는 점을 명심하자. 삼위일체 교리가 등장한 것이 4세기 이후에 이르러서였던 것에 반해 마가복음은—그리고 성서는—그보다 훨씬 이전에 쓰여진 문서이기 때문이다. 또한 성령의 상대적인 개념을 염두에 두면 훨씬 이해가 쉽고 명확해질 것이다. 일반적으로 어떤 말이나 개념을 이해하고자 할 때 그 상대 개념과 함께 비교 분석하면 두 개념의 대조를 통해 의미하는 바를 보다 분명하게 알 수 있다. 마지막으로 '영'이라는 말이 수식어 없이 단독으로 쓰인 경우 성령이나 더러운 영과 구별하여 그 의미와 용도를 설명해야 할 것이다. 이상과 같은 세 가지 기본 조건들을 하나씩 자세히 살펴보자.

첫째, 마가복음에는 예수와 하느님을 동일시하는 사상이 전혀 나타나지 않는다. 삼위일체(Trinity) 교리에서 말하는 성부(Holy Father), 성자(Holy Son), 성령(Holy Spirit)이라는 표현 역시 성서 어디에도 나오지 않는다. 마 28:19의 '아버지(Father), 아들(Son), 성령(Holy Spirit)'이나 고후 13:14의 '예수 그리스도(Jesus Christ), 하느님(God), 성령(Holy Spirit)'에서 볼 수 있듯이 소위 삼위(三位)를 일컫는 언어에는 통일성이 없다. 수식어 없이 그냥 아버지(Father), 아들(Son), 영(Spirit)이라고 말해야 비교 대상에 일관성이 있어 보인다. '거룩하다(holy)'는 형용사는 명사와 함께 쓰일 때 비로소 그 의미를 가지므로 비교 대상을 성령(holy spirit)이 아니라 영(πνεῦμα, spirit)으로 봐야 한다. '영'에 대한 바른 이해, 이것이 마가복음에 기록된 성령에 관한 이해의 근본이자 출발점이다.

둘째, 성령—거룩한 영—에 대해 말할 때, 그 상대 개념을 염두에 두고 해석하는 것이 중요하다. 마가복음에서 '거룩한 영'에 대한 상대 개념은 "더러운 영"(unclean spirit)이다. 우리말 성경은 '더러운 귀신'이라고 번역하기 때문에 마치 영과 귀신이 비교 대상인 듯한 인상을 준다. 성령의 다른 말, 성신(聖神)에 귀신 신(神)자를 썼듯이 여기서 더러운 귀신이란 더러운 영과 똑같은 뜻이다. 거룩한 귀신과 더러운 귀신, 거룩한 영과 더러운 영은 모두 같은 용법이다. 이렇게 해야 번역과 해석에 일관성이 있다. 다시 말해 영과 귀신을 비교 대상으로 삼고 있는 것이 아니라 영이 거룩한가 더러운가를 묻고 있는 것이다.

셋째, 당시에는 영에 대해 어떤 인식을 갖고 있었을까? 본래 히브리 사상에는 천사나 악마와 같은 영적 존재나 부활, 심판 등의 개념이 없었다. 일부 유대교 종파에서 악마를 초자연적인 존재로 인식하기 시작한 것은 바벨론 포로기를 거치며 페르시아의 조로아스터교의 영향을 받게 된 이후였다. 신약성서의 또 다른 배경이 되는 그리스-로마의 경우도 마찬가지여서, "고대 그리스에는, 그리고 그리스어에는, 악마라는 말이 존재하지 않았다"(라일리, 『하느님의 강』, 149). 비단 "그리스인들만이 악마의 개념을 갖지 않았던 것이 아니었다. 조로아스터교를 제외하곤, 우리가 살펴본 어느 문화도 악마의 개념을 갖고 있지 않았었다"(152). 그렇다면 고대 히브리 사상에는 영이란 개념조차 없었을까?

히브리어로 영에 해당하는 단어는 '루아흐'(רוח)인데, 영(spirit, mind), 또는 바람, 호흡(wind, breath)으로 번역할 수 있다. 당시 우주관에서 바람은 신의 숨결(호흡)로 여겨졌기 때문이다. 하느님의 영이 태초부터 있었고(창 1:2), 그 영이 하느님의 숨결(바람)을 통해 인간의 몸 속으로 들어갔다는 생각이 흙으로 아담을 만드는 창조 이야기의 배경이다(창 2:7; 욥 33:4). 당시 이 영(혼)은 경우에 따라 하느님이 거두어갈 수도 있다고 이해했지만(창 6:3; 욥 34:14-15), 그 영을 설명하는 것은 쉽지 않다. 왜냐하면 그 개념이 아직 체계화되지 않았기 때문이다(TDOT 13:365-402). 재미있는 사실은 영이 히브리어에서는 여성형(רוּחַ)으로, 헬라어에서는 중성형(πνεῦμα)으로, 그리고 라틴어에서는 남성형(Spiritus)으로 각각 표기된다는 점이다. 그만큼 영에 대한 이해가 정립되지 않았다고 볼 수 있다.

앞에서 말한 천사나 악마와 같은 영적 존재는 이런 영이 의인화되고 인격화된 경우를 가리킨다. 월터 윙크는 그의 책 『사탄의 체제와 예수의 비폭력』에서 인격화된 존재로서의 영을 내부의 영적인 실재가 외부에— "우주의 스크린에"— 투사된 것으로 설명한다(33). 그 실재가 두려워서 품고 감당할 수 없기 때문에, 에고(Ego)는 본능적으로 방어기제(defense mechanism)를 구축하고는 위험이 사라졌다고 스스로를 위안한다. 그러나 "우리가 경험하는 영적인 힘은 실제 제도에서 발산되는 것임을 인식함으로써 투사의 과정을 종식시킬 필요가 있다"(34). 여기서 말하는 영적인 힘, 즉 "사탄" 혹은 "귀신"은 단지 상징이고 투영된 것일 뿐 실제로 그 이면에는 자신의 무서운 경험이 도사리고 있다. 이 경험을 직시하고 대처할 수 있어야 한다. 우리가 서문에서 언급한 해석학적 삼각형을 적용해 보면, 여기서 사탄이나 귀신은 **기록**에 해당하고, 투영되기 이전의 두려운 경험이 **사건**이다. 그리고 이 경험을 일으킨 실제적이고도 무서운 영성이 바로 제도라는 이름으로 실존한다. 이것이 모든 기록, 사건을 가능케 한 **의도**에 해당한다.

이것을 앞의 장에서 이야기한 "죄와 회개"라는 주제와 연관시켜 생각해 보자. 나의 잘못이 내 의지와 상관없이 우주 바깥 어딘가에 따로 존재하는 것이 아니라는 말이다. 귀신이나 악령, 혹은 초자연적 존재를 설정해 놓고 거기에 내 잘못(죄)을 떠넘기면(투사하면), 나는 결코 내 잘못으로부터 벗어날 수가 없다. 왜냐하면 한 번도 진지하게 자신의 문제를 맞닥뜨려 고민하지 않았기 때문이다. 원죄도 같은 맥락에서 이해해야 한다. 죄가 나와 관계없이 외부로부터 들어온 것이 아니라, 내 안에 잠재하고 있는 '더러운 영(혼)'이 의인화, 인격화되고 상징화된 것으로 볼 수 있다.

영과 영혼의 관계

바울이 영(πνεῦμα)과 혼(ψυχή)과 몸(σῶμα)에 대해 말했지만(살전 5: 23), 일반적으로 성서에는 이에 대한 명확한 구분이 없다. 성서 언어에서 영혼(soul, נֶפֶשׁ, ψυχή)이란 살아있는 인간을 지칭한 말이다. 복음서의 "사람이 세상의 모든 것을 얻고도 목숨(soul, ψυχή)을 잃으면 아무 소용이 없다"는 구절에서 목숨은 영이 아니라 영혼이다(막 8:35-37). 또 바울이 영(spirit, πνεῦμα)의 열매(성령의 열매가 아님)에 대해 말할 때도, 영과 육을 비교해서 이야기하고 있다(갈 5:22). 그럼 영과 영혼의 관계는 무엇인가?

영은 영혼을 통해 그 존재를 드러낸다. 다시 말해, 영혼이 없다면 영을 느낄 수가 없다. 내가 느끼고 생각하고 또 외부로 발산하는 힘과 능력의 주체를 영혼이라 할 때, 영혼의 원천에 해당하는 것이 영이다. 그리고 존재의 근원이 되는 영을 우리는 '하느님의 영' 또는 단순히 '하느님'이라 부른다(요 4:24). 물론 다른 이름으로 부르기도 한다. 그런데 우리가 관심을 두어야 하는 것은 이름 자체가 아니라 그 이름이 가리키는 대상이다.

'예수의 영'이라고 말할 때 이것은 예수가 교감하는 영, 곧 예수의 영혼을 뜻한다. 영(πνεῦμα, spirit)은 외부에 있지 않고 내 안에 있다. 밖에 있는 영은 내가 감지할 수가 없다. 내 몸을 소우주로 보았을 때 영이 있는 자리가 하늘에 해당하는데 바로 하느님의 자리다. 영혼은 자유의지에 의해 하느님의 영에 따라 살 수도 있고, 또는 에고의 욕심대로 살 수도 있다. 성서에는 영육간의 갈등으로 묘사하고 있지만, 사실 육은 생각과 감정을 가지지 않기 때문에 선택은 오직 영혼에게만 있다. 따라서 영을 따라 산다는 것은 영혼이 하느님의 영에 순종함을 뜻하고, 육을 따라 산다는 것은 길들이지 않은 에고의 욕망을 따라 사는 것을 의미한다. 이런 경우, 영혼은 단순히 목숨(soul, self)이라는 뜻을 넘어 개인과 단체가 가진 정신과 가치관을 의미한다.

이렇게 놓고 보자면 성령은 본래 하나뿐인 영의 거룩한 모습이고, 더러운 영 역시 같은 영의 더러운 모습이다. 이 말은 영이 본래 거룩하다거나 더럽다는 말이 아니고, 다만 그 영이 내 안에서 그리고 사회조직 안에서 드러내는 모습이 영혼인데 그 영혼이 거룩하거나 더럽게 활동한다는 말이다. 그리고 드러낸 모습을 의인화하여 외부로 투사한 것이 천사니 귀신이니 하는 영적 존재다. 윙크의 말을 빌면, 악마란 "거룩한 소명(召命)을 배신해버린 제도와 구조의 실제적 영성"이다(36).

예수와 성령 세례

세례 요한은 예수가 성령으로 세례를 줄 것이라고 말했다(막 1:8). 하지만 성경 어디에도 예수가 세례를 주었다는 기록은 없다. 오히려 예수가 세례를 준 것이 아니고 제자가 세례를 준 것이라는 변명은 나온다(요 4:2). 그러면, 예수가 성령으로 세례를 줄 것이라고 한 말은 무슨 뜻일까? 이 말을 어떻게 받아들여야 할까? 한 마디로 정리하면 성령세례란 영에 이끌리는 삶, 신들린 삶을 뜻한다. 이런 이해는 당시뿐 아니라 오늘날에도 매우 파격적인 발상이다.

예수의 세례는 요한의 물세례와 사뭇 다르다. 물세례는 죄를 씻는 상징적 의미가 있다(막 1:4). 세례에 대한 바울의 이해는 새로운 존재로서의 삶, 즉 죄에 대해 죽고 하느님께 대하여 사는 것이었다(롬 6:1-11). 예수의 성령세례는 이렇듯 옛 것이 죽거나 사라지는 것이 아니고, 영이 거룩하게 나타나서 우리들 삶이 단숨에 변화되는 것을 말한다. 불교에서도 가르치듯 에고는 멸시나 제거의 대상이 아니라, 단지 관리 대상일 뿐이다. 마가복음에서 예수는 하느님의 능력과 현존을 느끼고 자신의 갈 길을 결정하게 된다. 이 모든 것은 영이 '하늘로부터' 예수께로 들어오는 경험 이후에 일어난 일이다(막 1:10-13).

예수는 하늘이 열리는 것을 본다. 옛 선인들의 언어에서 하늘은 하느님의 자리다. 그런데 하늘이 열리는 것을 누가 보나? 예수만 본다. 이 표현과 더불어 생각할 것은, 하늘에서 들리는 음성이다. "너는 내 아들이다"(막 1:11). 이인칭 직접화법으로 예수에게 하는 말이다. 마가복음 9장 변화산 체험에서는 이 문장은 삼인칭으로 바뀐다. "이는 내 아들이다"(9:7). 이 말을 듣는 대상이 예수가 아니라, 제자들에게 하는 말로 전환된다.

여기에서 하늘이 열리고 음성이 들리는 것을 문자적으로 이해할 수는 없다. 다시 말해 하늘이 열리는 일은 없다. 하늘로부터 음성이 들리지도 않는다. 혹 누군가 남이 보지 못하는 것을 보고, 남이 듣지 못하는 것을 듣게 되면, 이것은 정신분열(schizophrenia) 증세다. 물론 성서는 예수나 그의 제자들이 미쳤다고 말하려는 것은 아니다. 이 말은 천지개벽(天地開闢)을 의미한다. 하늘과 땅이 열린다는 말은 어떤 위대한 일이 일어나고 있음을 뜻하는 시적이고 은유적인 표현이다. 이렇게 열리는 하늘은 바깥세상에는 존재하지 않는다. 내 안에만 있다. 그리고 거기에는 하느님의 영이 자리 잡고 있는 세계가 있다. 곧 자신의 깊숙한 내면을 들여다본다는 말이다. "Who am I?"라고 스스로에게 되묻는 레미제라블(*Les Miserables*)의 주인공 장발장처럼 참나(진아, 眞我)를 찾는 노력이다.

이렇게 누군가의 내면을 깊숙이 볼 수 있는 존재는 그 사람 자신밖에는 없다. 예수의 비전을 다른 사람이 설명할 수는 있어도, 비둘기가 내리듯 볼 수는 없다(1:10). 본인 자신만 그것도 환상으로만 볼 뿐이다. 아니 본래는 보지 못하는 것을, 말로 설명하려고 사용한 은유적 표현일 뿐이다. 이렇게 존재의 깊은 내면 속에서 만난 하느님의 영이 예수를 광야로 몰아낸다. 예수의 삶을 세상 한 가운데로 이끌어 낸다. 거기서 예수는 40일 간의 훈련 과정을 거쳐 이 세상의 이데올로기를 이겨낸다(막 1:13; 마 4:11; 눅 4:13). 이렇듯 성령세례는 마커스 보그(Marcus Borg)가 말한 신(神)에 이끌리는 삶이다. 그리고 그 신의 거룩한 나타남이 성령이다.

예수와 가르침

마가복음은 특별히 예수의 가르침을 강조한다(διδαχή, διδάσκω). 마가복음에만 "가르침"이라는 단어가 총 22번 나오는데 짧은 복음서임에도 불구하고 다른 복음서들보다 더 많이 쓰인다. 같은 단어가 마태복음에 16번, 누가복음에 16번, 요한복음에 13번 나온다. 마가복음 저자는 가르치는 것이 예수의 삶에서 중요한 부분이었음을 보여준다. 예를 들어 "예수가 안식일에 회당에서 *가르치곤 했다*"(막 1:21, ἐδίδασκεν), "사람들이 *놀라곤 했다*'(막 1:22, ἐξεπλήσσοντο) 등을 보면 미완료형을 사용하였는데 이는 가르치는 행위가 습관화되었음을 나타내고 있다.

가르침과 연관해 마가복음은 예수의 호칭을 "선생"(4:38; 5:35; 9:17, 38; 10:17, 20, 35; 12:14, 19, 32; 13:1; 14:14), "랍비"(9:5; 10:51; 11:21; 14:45) 등으로 제한한다. "주님"이란 호칭은 오직 한 번, 수로보니게 여인의 아부성 발언에 등장한다(7:28). 다른 복음서와 비교해 볼 때 놀라운 차이가 아닐 수 없다: 마태(34회); 마가(1회); 누가(27회); 요한(33회). 가르침이라는 단어는 가장 많이 쓰이는 반면, 주님이란 말은 예수 주위의 사람들이 부르는 호칭이 아니었다. 예수는 다만 선생으로 불릴 뿐이다. 이와는 달리 마태복음에서는 예수를 파는 유다만 예수를 랍비, 선생으로 부르고(마 26:25, 49) 다른 제자들은 모두 예수를 주님이라고 부른다(마 26:22).

그렇다면 예수의 가르침은 어디에서 비롯되었을까? 막 1:21-28은 예수의 첫 번째 공적인 행적에 관한 이야기로 안식일에 회당에서 가르치면서 '더러운 영'을 내쫓는 장면을 기술한다. 그 때 사람들이 예수의 '기적적인' 행위를 보고 한 말이 우리의 주목을 끈다. 바로 "권위에 따른 새로운 가르침이다"라는 외침이다. 우리말 성경은 "권세 있는 새 교훈"(개역한글), "권위 있는 새로운 가르침"(표준새번역), "권위 있는 새 교훈"(공동번역) 등으로 해석한다. 영어성경은 "new teaching with authority"(NIV, NRSV), 혹은 "with authority he commands"(KJV, RSV) 등으로 이해한다. 영어번역본에서 차이점은 권위가 가르침에 붙는지 명령에 붙는지 차이일 뿐, 이들 모든 해석은 권위가 예수에게 있다는 것을 전제한다. 다른 사람에게는 없는 그러나 예수에게만 있는 그 무엇—그래서 권위처럼 느껴진다. 이렇게 읽으면 예수의 행적을 예외적이고 배타적으로 이해하게 된다.

그런데 이 구절을 다시 해석해 보면, "권위에 따른 새로운 가르침(new teaching according to authority)"이라는 말로 예수와는 별도로 다른 권위를 상정해 놓고 있다. 예수는 단지 그 권위에 의거해서 말하고 순종할 뿐이다. 헬라어 전치사 카타(κατά)는 제4격과 함께 쓰일 때, "…에 따라(according to)"라는 의미를 가진다. "권세를 따라"(고후 13:10), "전통을 따라"(막 7:5)라는 표현에서 볼 수 있듯이 '권위'와 '전통'을 따라 행하는 사람'은 서열상 그 권위와 전통과는 구별된다. 막 1:22의 "권위를 가진(having authority)" 자란 표현 역시 서기관들과 다름을 말하고 있다. 서기관들은 권위를 갖지 못했다는 것이고 더 정확히 말해 권위를 모르는 사람처럼, 곧 권위에 순종하지 않는 사람처럼 제멋대로 행동한다는 고발이다.

그러면 여기서 말하는 권위는 무엇일까? 한 마디로, 영(πνεῦμα, spirit)을 가리킨 말이다. 하늘로부터 내린 영—예수의 내면 깊숙이 자리한 하느님의 영—을 만남으로부터 시작해서, 그 영이 예수를 광야에 보내 훈련시키고, 그 후 예수는 그 영의 힘(권위)에 따라 산다. 예수는 제멋대로 사는 것이 아니고 신들린 삶, 영에 이끌린 삶을 산다. '영에 따라' 사는 삶이다. 이런 예수의 영혼이 거룩한 영 곧 성령이고, 영에 제대로 사로잡힌 모습이다. 그렇지 못한 것이 더러운 영이고, 하느님의 뜻보다는 제 뜻대로 이기주의적으로 사는 것이 영의 더럽혀짐, 곧 "더러운 영"의 모습이다. 이것이 바로 이 책에서 자주 언급하는 지배이데올로기, 곧 지배체제의 영성이다. 이것이 하나의 인격체로 간주되어 불릴 때 귀신, 악령, 더러운 영으로 이해된다.

또한 마가복음에 나타난 "그 사람에게서 나오라"는 말은 이런 의인화된 더러운 영혼, 정신을 보여준다. "우리를 멸하러 왔습니까?" 더러운 영이 들린 사람이 하는 말이다. "예수께서 그를 꾸짖어 말하기를… 그 사람에게서 나오라"(1:25). 여기서 예수가 꾸짖는 이는 누구인가? 헬라어 "그"는 문법상 남성(사람), 중성(더러운 영) 모두를 가리킬 수 있다. 하지만 25절 후반부에서 "그 사람에게서 나오라"는 표현에서 볼 수 있듯이, 더러운 영 들린 사람과 '그'를 구분해 말하고 있다. 따라서 여기에 쓰인 인칭대명사 '그'는 그 영, 곧 더러운 영으로 보는 것이 맞다. 원래 이것은 단수지만, 이를 따르는 사람들이 많기 때문에 "우리를 멸하러 왔습니까(1:24)"에서처럼 복수형이 쓰였다. 이는 지배체제의 집단적인 영혼을 지칭하는 것이다. 원천적인 영, 존재의 근원으로서의 영이 개인 혹은 집단의 정신으로 작용한 것이 영혼이다. 세상에는 두 종류의 사람(영혼)이 있다. 존재의 근원으로서의 권세(영)에 따라 사는 사람과 그렇지 않은 사람이다.

우리는 이 장(章)에서 성령과 더러운 영에 대해 생각해 보았다. 흔히 말하는 '악령'이란 표현을 들어 다시 정리하면, 악령이란 타락한 영의 모습이다. 그리고 이것은 성령처럼 내 안에, 우리 안에 자리한 실재(實在)며 실존(實存)이다. 이를 본래부터 하느님과 분리된, 대립적인 존재로 이해하면(근본주의), 우리와는 아무 상관이 없는 외부의 존재가 된다. 그렇다고 악령의 존재를 부인하는 것도(자유주의) 이에 대한 근본적 해결책이 아님을 알아야 한다. 더러운 영(귀신) 혹은 악령을 쫓아낸다 함은 내 안에 있는 지배체제의 영을 축출하는 것으로 새로운 신학하기의 출발이다. 지배체제란 존재의 근원이 되는 권위(영)에 따르지 않고 제멋대로 권세를 부리는 집단이고(막 10:42), 이것을 홍보하는 것이 세상의 이데올로기(가치관)이다. "네가 무슨 권세로 이런 일을 하는가"

(11:27-33)라고 묻는 예루살렘 지도자들에게 예수는 답하지 않는다. 그러나 독자들은 알고 있다. 예수는 하느님의 영에 따라 행동하고(1:27), 하느님의 영이 그에게 있는 유일한 권위다. 예수의 권세는 분명 세상의 그것과는 차원이 다르다.

생각할 문제

1. 나는 성령을 가지고 있나? 어떻게 알 수 있나?

2. 비그리스도인들도 성령을 가지고 있나? 어떻게 알 수 있나?

3. 우리말에 '신바람 나다'는 말이 있다. 무엇인가에 열중해 있는 상태를 영어로 enthusiasm이라고 말한다. 헬라어 어원으로 보면 '하느님 안에서'(in God) 라는 의미다. 이렇게 신바람 나는 삶이야말로 '신들린 삶'이라고 할 수 있다. 자신이 경험한 신들린 삶, 신바람 나는 삶을 말해 보라.

4. 선생으로 불려진 예수, 주님으로 불려진 예수를 생각해 볼 때, 나는 어느 측면의 예수에 더 중점을 두고 있는가? 그 이유는?

제5장

기적과 병 고침

2010년 8월 5일 칠레의 한 광산이 매몰되어 광부 33명이 지하 700m 어둠 속에 갇히는 사고가 일어났다. 이로부터 69일이 지난 10월 13일 구출작전이 개시되어 22시간 만에 33명 전원을 구조하는 데 성공했다. 이 과정은 전 세계로 생중계되어 시청자들에게 큰 감동을 주었고 생존자 중 한 사람은 자신의 체험담을 책으로 출간하기도 했다(*Miracle in the Mine: One Man's Story of Strength and Survival in the Chilean Mines*). 생존 가능성 2%라는 전문가들의 비관적인 전망을 뒤엎고 전원이 무사히 구조된 이 사건을 두고 사람들은 이구동성으로 '기적'이라고 말했다.

2006년 초 미국 웨스트버지니아 주에서도 비슷한 사건이 있었다. 탄광 폭발사고로 광부 13명이 지하 85m 아래 갇히게 된 것이다. 당시 신문과 방송은 이들이 모두 생존해있다는 속보와 함께 주위 사람들의 증언을 담은 '기적' 이야기를 앞을 다투어 보도했다(*New York Times*, 2006년 1월 4일). 그러나 불과 3시간 뒤, 전혀 상상하지 못했던 새로운 소식이 전해졌다. 매몰된 13명의 광부 중 생존자는 단 1명뿐이며 나머지는 모두 사망했다는 것. 가족과 친지들은 경악했고 기적과 같던 한 사람의 생존도 더 이상 기적이 아닌 불편한 진실이 되어버렸다. 인류 역사상 이런 대형 참사는 종종 일어나곤 하는데, 왜 어떤 사건은 기적이라 부르고 다른 하나는 그렇게 부르길 꺼려할까?

'기적'이라는 표현과 기록 속에는 어떤 특별한 경험과 사건이 담겨 있다. 그리고 사람들은 그 사건 속에서 '구원'을 경험한다. 즉 하느님이 자신을 구했다는 고백이다. 그들은 기적이라는 말을 통해 자신이 누군가로부터 보호받고 있음을 확신한다. 그리하여 '기적'을 경험한 사람은 자신의 삶에 대해 더욱 긍정적인 자세를 지니게 된다. 이렇게 기적이라는 표현 이면에는 자신의 이야기가 실려 있다.

그런데 이런 기적적인 사건을 문자적으로 이해할 때, 예기치 않은 문제가 발생한다. 기적이란 어떤 의미로든 자연 질서를 파괴하는 사건이기 때문이다. 예를 들어, 바위가 벼랑 아래로 굴러 떨어지는데 악한 사람 위에는 그대로 떨어지고 선한 사람이 지나갈 때는 멈춘다든지 그 행로를 바꾼다고 하자. 이것은 중력의 법칙에 어긋나는 일이다. 신이 자연의 법칙을 만들어 놓고 정작 신 자신은 그 법을 지키지 않고 깨트린다는 모순이 생기게 된다. 나아가서 이것은 우주의 법칙과 도(道)를 뿌리째 흔드는 일이 될 것이다. 과연 마가복음에서 말하고 있는 기적이 이런 것을 가리키는 것일까?

마가복음의 기적 이야기

마가복음에는 소위 '기적 이야기'가 특히 많이 등장한다. 그 중 대표적인 것이 귀신축출이다(1:21-28; 5:1-20; 7:24-30; 9:14-29). 그 외 열병(1:29-31), 문둥병(1:40-45), 중풍(2:1-12), 손 마름(3:1-6), 혈루증 여인과 죽은 소녀의 소생(5:21-43), 귀머거리와 벙어리(7:31-37), 소경(8:22-

26; 10:46-52) 등과 같은 병자 치유 이야기가 나온다. 그리고 풍랑을 잠잠케 함(4:35-41), 물 위를 걸음(6:45-52), 5천 명과 4천 명을 먹이는 사건(6:30-44 // 8:1-9), 무화과나무 저주(11:12-14, 20-26) 등 소위 '자연기적'(nature miracles)이 줄을 잇는다. 여기에 예수가 더러운 영을 쫓아내고 병자를 고쳤다는 요약문(1:32-24, 3:10-12, 6:53-56)까지 고려하면, 기적 이야기는 마가복음에서 많은 부분을 차지할 뿐 아니라 중요한 의미를 갖고 있는 것이 분명하다. 혹자는 병 고침과 기적 이야기를 별도로 취급해야 한다고 주장하지만, 이 둘은 늘 맞물려 등장한다. 단지 차이라면 그 기적의 대상이 인간이냐 자연이냐에 있다. 이 이야기들이 던지는 질문과 메시지는 무엇일까? 두 가지 관점으로 접근해 보자.

첫 번째 관점은 마가복음에 나타난 모든 사건은 문자 그대로 병고침 이야기며, 자연현상을 초월하기에 기적이라고 부른다는 논지이다. 이런 관점에서 보면 예수는 '기적을 행하는 이'(miracle worker)다. 모든 초점이 예수가 특별한 존재, 예외적인 인물이라는 데 모아진다. 문제는 특별한 능력을 행하던 그 예수가 지금은 부재(不在)하며, 이 세상에서 이런 기적이 더 이상 일어나지 않는다는 데 있다. 만약 현재에도 다른 누군가에 의해 기적이 일어난다면 예수가 예외적인 인물이라는 관점이 문제가 된다. 설사 예수를 믿는 이들을 통해 (예수의 이름으로) 기적이 일어날 수 있다고 믿더라도, 그런 기적은 좀처럼 일어나지도 않는다. 또 일어난다 해도 거기에는 규칙성이 결여된다. 기적의 수혜자 입장에서 볼 때, 형평성과 공정성에 문제가 제기된다.

두 번째 관점은 예수의 기적과 병고침 이야기에 어떤 메시지가 담겨 있다고 보고 이를 은유적 상징적 해석을 통해 접근해야 한다는 입장이다. 마가복음의 기적과 병고침 이야기에 담긴 메시지는 시간과 공간을 넘어 현재 우리에게도 여전히 '구원'을 준다. 이런 의미에서 예수는 예외적인 인물이 아니라 모범적인 인물이다. 우리로 하여금 인간이 마땅히 살아가야 할 길(道)을 보여 주기 때문이다. 따라서 우리도 예수처럼 살아야 하고 또 그렇게 살 수 있다. 여기에 우리들의 관심이 모인다.

상징으로서의 기적

마가복음에서 예수는 여러 지역을 다니면서 사람들의 병을 고치고 기적을 행한 것으로 묘사된다. 그런데 예수가 행한 일(기적)이 단지 병만 고친 것이라면, 그 선한 행실이 왜 지배체제를 불편하게 하고 그를 죽음으로까지 몰고 갔을까? 오히려 잘했다고 칭찬 받아야 마땅한 일이 아닌가? 그리고 예수가 아무 권능도 행할 수 없었다는 지적은 또 무슨 의미인가(막 6:5)? 병 고치는 사람으로서 예수가 권능(기적)을 행할 수 없을 경우도 있었다는 점은 그의 한계를 폭로하는 셈이 되어 독자들을 당황하게 만든다. 기적에 대한 바른 이해를 돕기 위해 마가복음 1장에 나오는 세 번의 '기적 이야기'을 통해 기적의 상징적 의미를 살펴보자.

1. 귀신(더러운 영) 축출 (1:21-28)

마가복음은 예수가 회당에서 가르친 것을 공생애 첫 번째 사건으로 기록하고 있다. 그런데 사건을 서술하는 문장을 자세히 들여다보면 저자의 단어 선택과 문학적 구성이 다분히 의도적인 것으로 보인다. 이 이야기에서 예수는 회당으로 들어가고(εἰσελθὼν, 1:21), 회당에서 나온다(ἐξελθόντες, 1:29). 또 회당을 나온 예수는 곧바로 시몬 베드로의 장모 집으로 들어간다(ἦλθον, 1:29). 그곳에 사람들이 모여든다(ἐπισυνάγω,

1:33). 이같이 들어가고 나오는 일련의 동작은 지배체제를 향한 예수의 심리적 거리감을 나타낸다. 즉 예수는 상징적으로 지배체제의 활동무대인 '그들의 회당'(1:29)을 나와 새로운 장소로 이동하는 셈이다. 회당(συναγωγή)의 어원이 '함께 모으다, 모이다'(συνάγω)라는 뜻임을 되새긴다면, 두 단어, '회당'과 '모이다'의 인접한 배치는 분명 독자들의 눈과 마음을 사로잡을 만한 언어적 표현이고 문학적 구성이다. 회당이 '그들'—곧 지배체제에 순응하는 사람들—의 모임이라면, 예수에게 모여든 사람들은 예수를 중심으로 '자신들'을 위한 새로운 회당(모임)을 형성한다.

이 장면에 등장하는 더러운 영에 들린 사람의 입을 통해 나오는 말 또한 시사하는 바가 크다: "우리가 당신과 무슨 상관이 있는가?" 서로 생각하는 바가 다르고 처한 위치가 다름을 전제한 말이다. 더욱이 이런 대립적 관계는 자신들을 불편하게 하는 상대에 대한 적대감을 품은 말 속에 고스란히 담겨 있다: "우리를 없애려고 왔는가?"(1:24).

앞 장에서 이미 귀신축출을 예수의 가르침과 연결해서 생각해 보았다. 현장을 지켜본 사람이라면 누구나 "아, 기적이다!"라고 말하는 것이 당연한 상황이었다. 그런데 사람들이 "새로운 가르침이다!"라고 외쳤다는 사실은 앞으로 이어질 예수의 사역을 이해하는 실마리가 된다. 더러운 영이 들린 사람에게 "그 사람으로부터 나오라"(1:25)고 명할 때, 이것은 더러운 영을 의인화, 인격화하여 말한 것일 뿐 실상은 그 사람 속의 더러운 생각, 정신, 이데올로기를 지적하고 있는 것이다. 더러운 귀신이라기보다는 '더러운 영'이라고 말해야 그 뜻이 보다 분명해진다. 개인과 조직체 안에 자리한 나쁜 생각, 정신(영혼)을 꾸짖는 것이다. 이처럼 귀신축출, 병 고침은 예수의 가르침이란 맥락에서 살펴보아야 한다.

더러운 영(귀신)을 축출하는 이야기를 굳이 병 고침과 구분짓는다면, 귀신이 예수를 알아본다는 점을 들 수 있다. 여기서 예수를 가리켜 "하느님의 거룩한 자"(1:24)라고 말한 것을 칭찬과 공경의 뜻으로 보기는 어렵다. 만일 그런 식으로 이해한다면 앞으로 전개되듯이 더러운 영에 씌인 사람들—예루살렘 통치자들—이 예수를 죽이려 도모하지도 않았을 터이니 말이다. 또한, 귀신들만이 예수의 참 정체를 알고 있었다는 식의 '메시아 비밀' 이론은 여기서 설득력을 잃는다. ('메시아 비밀'에 대해서는 이 책 14장에서 자세히 다루기로 한다.) 이 장면에는 상대방의 신분(정체)을 밝힘으로써 그 이름 속에 상대를 가두고 통제하려는 의도가 숨겨져 있다. 이는 예수가 군대 귀신의 이름을 물음으로써 그들을 통제한 것과 같은 맥락이며(막 5:9), 또한 하느님의 이름을 묻는 모세에게 하느님이 자신의 이름을 말하지 않은 것과 같은 논리이다(출 3:14).

2. 시몬 베드로의 장모와 열병 (1:29-31)

귀신축출이 첫 번째 '기적 이야기'라면, 시몬 베드로의 장모의 열병을 고치는 사건은 첫 번째 '병 고침'이 된다. 여기서도 주목해야 할 사실은 "열병이 떠났다"(1:31)는 표현이다. 더러운 영(귀신)의 경우처럼 열병을 의인화, 인격화해서 설명하고 있다. 병 고침을 귀신축출과 같은 맥락에서 해석해야 하는 이유다.

강일상은 그의 책 『마가복음의 기적이야기』에서 열병을 화병으로 보았다. 장모의 입장에서, 사위가 하는 일 없이 노상 예수를 따라 다니니 '열 받아' 누워버렸다는 주장이다. 재미있고 그럴 듯한 해석이다. 특히 여성이 슬프고 화나는 감정을 밖으로 표출해도 괜찮을 만큼 열려있지 않은 사회에서, 여인들의 우울증은 종종 몸이 아픈 것으로 표현된다. 한국 사회에서는 여인의 '한(恨)'을 푸는 한풀이가 치료의 한 방법이 되곤 했다. 원인은 마음의 병이로되, 그 증상이 신체적 아픔으로 나타나는 병을 미국정신의학협회가 발행한 『정신 장애 진단 및 통계 열람』에서는 신체화 장애(Somatization disorder)라고 부른다.

이유야 어찌되었든, 예수가 베드로의 장모를 일으켰다. 여기에 쓰인 단어는 "일어나다, 일으켜 세우다"(ἐγείρω)로 마가복음에만 19번 쓰였는데 특별히 부활과 관련이 있다(6:14, 16; 12:26; 16:6, 14). 나중에 부활과 관련해 다시 자세히 살펴보겠지만, 마가복음에서 부활이란 비인간적인 삶의 자리에서 다시 일어섬을 뜻한다. 다시 말해, 문자적으로 죽고 다시 사는—그런 의미에서 부활(復活)하는—것이 아니라 인간 본연의 존엄성을 회복한다는 의미다. 첫 번째 병 고침 사건에 이 단어를 사용한 것은 여러모로 의미심장하다. 예수의 병 고침은 사람을 본래의 자리로 되돌려놓는 상징적 행위가 된다.

3. 문둥병과 격리된 삶 (1:40-45)

문둥병자 이야기는 예수가 병을 고친 것이 단순한 의료행위 이상이었음을 보여준다. 본문에서 문둥병자는 세상과 격리되어 있다. 당시 문둥병자는 부정하다는 문화적 인식과 더불어, 부정함이 다른 사람에게 전염된다는 생각 때문이다. 레위기에서는 문둥병자로 하여금 자신이 "부정하다, 부정하다" 말하게 함으로써, 사람들과의 접촉을 피하도록 명한다(레 13:45). 그리고 정결예식(ritual cleansing)을 통해 이 죄를 씻도록 하는데, 예수는 이런 전통적인 이해—부정함과 전염—자체를 모두 배격한다.

본문에 "깨끗게 하다"(καθαρίζω)라는 말이 등장하는데, 이 말의 배경은 레위기에 나오는 표현이다: "제사장이 그를 정하다 할 것이요"(the priest shall pronounce him clean, 13:6, 13, 17, 23, 28, 34, 37). 그런데 제사장이 병자를 정하게, 깨끗하게 할 수는 없다. 병을 낫게 하는 것은 신의 영역이고, 제사장은 단지 깨끗하게 됨을 선포할 뿐이다. 마가복음에서도 마찬가지다. 막 1:40을 "원하시면 저를 깨끗케 하실 수 있나이다"(개역한글)로 번역했지만, 실은 "원하시면 저를 깨끗하다고 (선포)하실 수 있습니다"로 읽어야 할 것이다. 같은 단어(καθαρίζω)가 막 7:19에도 쓰였는데 거기에서는 "깨끗하다고 (선포)하셨다"로 번역했다. 사실은 동일한 단어요, 동일한 의미인데도 말이다. 여기서 예수는 문둥병자를 향해 "너는 이미 깨끗하다"라고 선포한 것이다. 예수가 예루살렘 지도자들의 눈 밖에 난 진짜 이유는 제사장의 독점적인 역할을 넘보았기 때문이다.

이와 연관해 주목해야 할 것은 '저들에게 증거하라'(εἰς μαρτύριον αὐτοῖς)는 말인데, 이 역시 오해의 소지가 있다. 이 말이 마치 건강하게 된 것을 재검사로 확인받으라는 뜻으로 들릴 수 있다. 그들이 미처 보지 못한 것을 찾아가 친절히 가르쳐 주는 행위로 보인다(개역, 공동번역). 그렇다고 "사람들에게 증거로 삼는" 것은 더더욱 아니다(표준새번역). 여기서는 '저들이' 누구인지를 정확히 아는 것이 중요하다. 증거로 삼아야 하는 대상이 불특정 다수의 일반 사람들이 아니고, 제사장들을 염두에 둔 말이기 때문이다. 한 사람의 '제사장'을 복수형 '그들'과 나란히 놓음으로써(1:44), 개인이 아닌 조직과 체제를 대상으로 하고 있음을 강조한다. 같은 표현 "저들에게 증거로 삼으라"는 말이 마가복음에 두 번 더 나온다. 제자들의 말을 듣지 않는 사람에게 신발의 먼지를 떨어버려 증거를 삼고(6:11), 회당에서 매질하는 권력자와 임금 앞에서 증언하는 몸부림이다(13:9). 지배체제의 일꾼인 '그들에게' 향한 절규이자, 저항적인 몸짓이다.

이런 저항의 몸짓은 선택된 단어를 통해 그 의도가 보다 분명해진다. 그 중 하나는 "엄히 경계하사"(ἐμβριμησάμενος, 1:43)라는 말로 문둥병으로 낙인찍혀 돌아온 이를 향해 예수가 엄히 다그치는 모습을 묘사하고 있다. 시몬의 집에서 한 여인이 값진 향유를 깨뜨려 예수의 머리에 부었을 때, 제자들이 여인을 "책망했다, 나무랐다"(ἐνεβριμῶντο, 14:5)고 표현한 바로 그 단어다. 조심하라고 주의를 환기시키는 의미에서 경계가 아니고 엄히 꾸짖는 행위다. 지배 이데올로기에 대한 저항을 뜻하는 또 다른 단어는 "보내시며"(ἐκβάλλω, 1:43)이다. 이것은 누군가를 단순히 배웅하는 것이 아니고 등을 떠밀어 강제로 내보는 것을 뜻한다. 앞 장에서 하느님의 영이 예수를 광야로 몰아낼 때(1:12) 썼던 표현이고, 또한 예수가 더러운 영을 내칠 때 썼던 표현이다(1:34, 39). 하느님의 뜻에 거스려 행하는 모든 영혼, 기관, 체제를 내어 쫓고자 하는 의지를 담은 말이다. 이와 맞물려 "되돌아가서"(ὑπάγω, 1:44)란 말 역시, 예수의 불편한 심기를 보여준다. 이미 제사장으로부터 불합격 판정을 받고 돌아온 문둥병자에게 되돌아가서 다시 제사장 앞에 자신을 보이라는 말이다.

메리 더글라스(Mary Douglas)는 『정결함과 위험』(*Purity and Danger*)이란 책에서 정결법이 위생과 관련이 있다기보다는 사회체제와 깊이 연관되어 있음을 간파했다. 부정함—정결치 못함—은 사회질서에 어울리지 않는 상태를 말하고, 그런 의미에서 기존 지배체제의 눈에 '위험'으로 인식된다.

> 오물(dirt)이란… 잘못 배치된 물질(matter out of place)로서 두 가지 전제 조건을 가지는데, 곧 잘 정돈된 관계와 그것에 위배되는 그 무엇이다. 오물이란 결코 독특한 별개의 사건이 아니다. 오물이 있는 곳에는 체제(system)가 있다. 오물이란 물질을 분류하고 체제적 질서를 세우는 과정에 불필요한 요소를 제거하면서 나온 부산물이

다.(*Purity and Danger*, 36)

이렇게 오물로 분류된 제거 대상을 '잘 정돈된 관계,' 곧 기존 체제 안으로 다시 불러들이는 행위는 집권자들의 눈에 분명 '위험'한 행위로 보일 수 있다. 부정한 자라고 낙인찍힌 사람을 다시 공동체로 돌려놓는다는 것은 그 체제에 대한 강력한 저항이기 때문이다. 예수의 기적과 병 고침은 이러한 사회적 맥락(context)에서 이해해야 한다. 예수는 처음부터 '병 고침'을 통해 지배체제의 눈 밖에 났다. 그들에게 남은 일은 예수를 처단할 적당한 구실을 찾는 것뿐이다.

기적 이야기가 남긴 교훈

우리는 기적 이야기를 대할 때 그 표현, 기록 이면에 담긴 경험을 살펴야 하며, 그 경험을 통해 말하고자 하는 저자의 의도에 우리의 눈을 돌릴 필요가 있다. 글을 읽고 이해한다는 것은 쓰여진 글을 당시 사회적 맥락에서 이해할 뿐만 아니라 그것을 현재를 사는 우리의 언어로 다시 옮기려는 노력도 포함한다. 이와 같은 과정을 거치지 못하고 글에만 머물러 있게 된다면 문자적 이해의 오류에 빠지게 된다. 스퐁(Spong) 감독은 "기적은 없다"고 말했고, 오강남은 "예수는 없다"고 말했다. 하지만 우리는 이 표현들 속에서 '그런 기적은 없다', 혹은 '그런 예수는 없다'라고 말한 행간의 숨은 뜻을 읽어야 할 것이다.

그리스도교란 그런 초자연적인 기적의 종교가 아니다. 마가복음에서 기적 이야기를 통해 저자가 전하고자 하는 것은 하느님과 인간의 연계성을 확인하는 것이다. 그리고 마가복음에서처럼 인간의 존엄성을 되찾는 길을 제시하는 것이 종교(宗敎, 으뜸 가르침)로 본 그리스도교의 참 모습이다. 따라서 기적 이야기는 시와 수필처럼 문학의 한 장르로 이해하면 좋다. 이것을 문자적으로 취급하여 역사적 기록으로 다룰 때—곧 그리스도교를 그런 기적의 종교로 이해하면, 문제 해결을 위해 도입된 이야기가 오히려 더욱 많은 문제를 야기할 뿐이다.

생각할 문제

1. 나의 '기적 이야기'를 말해 보라. 왜 기적 이야기를 하는가?

2. 병은 질병(disease)으로부터 오지만 아픔(illness)을 동반한다. 질병은 약으로 치료가 가능하지만 아픔은 공동체와 격리되는 데에서 비롯되는 병폐이다. 하나가 육체의 기능장애를 말한다면, 다른 하나는 마음의 병으로 사회생활을 무기력하게 만드는 가장 무서운 장애라고 할 수 있다. 예수의 '병 고침'과 관련해 이 둘의 관계를 말해 보라.

3. 개인은 사회의 구성원이다. 개인이 병이 든 것은 그 사람의 문제일 뿐만 아니라 그가 속한 공동체 전체가 병든 것과 같다. 개인의 문제로 치부할 성질이 아니라, 오히려 공동체의 병이 개인에게 하나의 증상으로 나타난 것으로 보아야 옳다. 이런 의미에서 개인의 병을 고친다 함은 사회 전체에 수술을 시도함과 같다. 지배체제의 입장에서 볼 때 대단한 위협으로 느껴질 것이다. 내가

목격한 사회의 병폐는 무엇인가? 그리고 그것으로 인해 피해(병)를 입은 개인은 누구인가? 이 상황에서 그리스도인으로서 내가 할 일은 무엇인가?

4. 그 당시 문둥병자는 사회적으로 종교적으로 '부정한 자'로 낙인 찍힌 사람들로 공동체로부터 격리된 삶을 살았다. 이 시대에서 소위 문둥병자처럼 부정한 자로 낙인 찍혀 살아가는 사람들은 누구일까? 내 가치관에 비추어 부정한 자라고 판단하여 상종하지 않는 사람이 있다면 그들은 누구일까?

제2부

갈릴리와 유대에서

제6장

마가복음 구조분석—전체 줄거리

1부에서 마가복음에 나오는 주요 개념과 용어들을 정리해 보았다. 이제는 본문을 자세히 살펴볼 차례이다. 먼저 이 장에서는 마가복음 전체의 문학적 구성을 염두에 두고 전체 줄거리를 읽어 보기로 한다. 이는 각각의 단편적인 이야기들을 전체의 틀 속에서 이해할 때 그 의미가 보다 분명해지기 때문이다. 다음은 마가복음의 구조를 분석한 것이다.

- 마가복음 구조분석

I. 서론: 예수의 복음에 대하여 1:1-15
  A. 머리말 (Prologue) 1:1-13
    1. 제목: (하느님의 아들, 그리스도) 예수의 복음의 시작 1:1
    2. 보충설명 - as it is written 1:2-13
      a. 구약 전통 계승: 세례 요한 1:2-8
      b. 예수가 신령(神靈, πνεῦμα, spirit)을 보다 1:9-13
  B. 주제: 하느님의 복음, 하느님의 나라 1:14-15
II. 본론: 예수의 삶과 가르침에 대하여 1:16-15:47
  A. 갈릴리/지방/피지배지역—배척당함 1:16-10:52
    1. 권세/제도와의 대립/충돌 1:16-3:35
    2. 담화: 비유적 4:1-34

3. 예수의 전도 여행	4:35-10:52
a. 신학 다시하기: 경계선 없애기	4:35-8:10
1) 갈릴리/이방인	4:35-6:44
• 바다를 건넘(거라사—요단강 동편)	4:35-41
• 귀신 축출, 병 고침	5:1-43
• 고향에서 배척당함	6:1-5
• 귀신축출, 병 고침	6:6-29
• 군중을 먹인 사건: 12 바구니 남김=〉 잔치	6:30-44
2) 유대인/이방인	6:45-8:10
• 바다를 건넘(벳세다)	6:45-52
• 귀신 축출, 병 고침	6:53-56
• 예루살렘 지도자들에게 배척당함	7:1-23
• 귀신축출, 병 고침	7:24-37
• 군중을 먹인 사건: 7 광주리 남김=〉 잔치	8:1-10
b. 총정리: 설명—제자도	8:11-10:52
1) "하늘로부터 오는 표적"=〉 예수의 복음	8:11-21
2) 보충설명	8:22-10:52
B. 예루살렘/도시/지배자 영역—배척당함	11:1-15:47
1. 권세/제도와의 대립/충돌	11:1-12:44
2. 담화: 종말론적	13:1-37
3. 전도 여행의 결말: 예수의 수난과 죽음, 제자들 도망	14:1-15:47
III. 결론: 예수 다시 살아내기	16:1-20
A. 첫 번째 이야기: 갈릴리로 가라	16:1-8
B. 두 번째 이야기: 안식 후 첫날	16:9-20
1. 증언과 제자들의 불신	16:9-14
2. 예수의 현현, 명령, 약속	16:15-20

필자는 독자들이 먼저 마가복음 전체를 여러 번 읽어보길 권한다.

그리고 자신에게 일어나는 의문과 문제점을 찾아보고 가능하면 답도 스스로 내려 보자. 이것은 마가복음 전체의 구조를 이해하는 데 도움이 될 것이다. 다음은 필자가 제기하는 몇 가지의 질문들이다. 함께 생각해보자.

- 아직도 깨닫지 못하느냐?(8:17, 21)
- 아직도 믿음을 갖지 못하느냐?(4:40)
- 바람을 보고 두려워함과 "떡 떼시던 일"이 무슨 상관이 있나?(막 6:51-52)
- 두 개의 긴 담화(4장과 13장)가 갖는 문학적 기능
- 마가복음에서 예루살렘의 의미

첫째, "아직도 깨닫지 못하느냐?"(8:17, 21)는 질문의 의미는 무엇일까? 예수가 "바리새인들의 누룩과 헤롯의 누룩을 주의하라"(8:15)고 말씀하셨을 때 제자들은 그 말뜻을 오해한다. 그러자 예수는 제자들에게 군중을 먹이던 두 번의 사건을 되새겨주며 먹고 남은 바구니와 광주리의 숫자를 묻는다. 그러고 나서 다시 질문이 이어진다. "아직도 깨닫지 못하느냐?"(8:21) 이에 대한 제자들의 대답 여부나 예수의 추궁 또는 설명은 기록되어 있지 않다. 느닷없이 다른 이야기가 다소 길게 이어질 뿐이다. 8:22-10:52의 이야기는 앞에 나온 예수의 질문, "아직도 깨닫지 못하느냐?"와 연관해서 이해해야 한다. 글의 구조상, 이 이야기가 예수의 질문에 대한 우회적인 대답이자 보충설명 역할을 하기 때문이다.

여기에 눈여겨볼 것이 있다. 마가복음 저자는 소경이 눈을 뜨는 사건을 두 번 등장시키는데, 이를 이야기의 처음(8:22-26)과 끝(10:46-52)

에 각각 배치하고 있다는 점이다. 첫 번째 경우는 예수가 소경의 눈에 두 번이나 손을 대면서 서서히 시력이 회복되는 것으로 묘사된다. 이에 반해 뒤에 나오는 에피소드에서는 예수가 손도 대지 않고 단숨에 소경의 눈을 뜨게 한다. 여기서 '보다'(βλέπω, see)는 단지 '눈에 들어오는 사물을 인식하는 것(look)'에 그치지 않고 '내 마음 속에 들어온 것을 이해하는 것(understand)'이라는 의미를 갖는다.

두 번의 소경이 눈뜨는 사건 사이에 예수는 세 번에 걸쳐 자신이 예루살렘에서 당할 고난과 죽음, 그리고 부활에 관해 이야기한다(8:31; 9:31; 10:33-44). 하지만 제자들은 번번이 예수의 뜻을 이해하지 못한다(8:32-34; 9:32-34; 10:35-45). 이 중 가장 우리의 주목을 끄는 것은 "당신은 그리스도이십니다"(8:29)라는 베드로의 고백에 대한 예수의 반응과 꾸중이다. 물론 우리말 성경은 "꾸짖었다"(ἐπετίμησεν, rebuked)는 말을 쓰지 않고, 단지 '경계, 경고, 당부'했다고 번역한다. 마가복음이 전하는 이 생생한 증언은 마태복음 16:16절에 나오는 베드로의 고백과 예수의 칭찬, 그리고 소위 "메시아 비밀"(Messianic Secret)이라는 가설에 묻혀 후대 사람들의 주목을 받지 못했다. 하지만 우리는 이 중요한 대목을 질문 없이 그냥 지나쳐 갈 수 없다. 예수는 왜 베드로의 고백을 꾸짖었을까? 더 정확히 말해, 마가복음의 저자는 왜 예수가 베드로를 꾸짖었다고 써야만 했을까? 이에 대한 자세한 설명은 13장, '메시아 비밀과 신학 다시 하기(8:22-30)'에서 다루기로 한다.

둘째, "아직도 믿음을 갖지 못하느냐?"(οὔπω ἔχετε πίστιν, Do you not yet have faith, 4:4)라는 구절은 어떻게 이해해야 할까? 큰 광풍으로 인해 제자들이 무서워하자 예수가 바람을 꾸짖으며 했던 말인데 무서워하는 것이 믿음과 도대체 무슨 상관이 있는 것일까? 두려움은 의지와 이성과는 달리 감정의 영역이 아닌가? 또 여기서 말하는 믿음이란 무슨 뜻인가? "믿음을 갖다"는 말과 관련해서 생각할 것은 "하느님의 믿음을 가지라"(ἔχετε πίστιν θεοῦ, 11:22)는 표현이다. 우리말 성경은 하나같이 "하느님을 믿으라"라고 번역하고 있지만, 헬라어 본문을 직역하면 "하느님의 믿음(the faith of God)"이라는 뜻으로, 예수가 전한 "하느님의 복음"(the gospel of God, 1:14)과 같은 맥락으로 읽을 수 있다.

셋째는 예수가 바다 위를 걸어오는 것을 본 제자들의 반응에 관한 질문이다. 저자는 제자들이 놀란 이유를 "이는 저희가 그 떡 떼시던 일을 깨닫지 못하고 도리어 마음이 둔하여졌음이라"(막 6:52)라고 설명한다. 제자들이 놀라고 두려워한 것과 예수의 떡 떼시던 일이 무슨 상관이 있을까? 흥미로운 것은 "떡에 관하여"(ἐπὶ τοῖς ἄρτοις)란 표현을 성경 번역본마다 각기 다르게 해석하고 있는 점이다: "그 떡 떼시던 일"(개역); "빵의 기적"(표준새번역); "빵을 먹이신 기적"(공동번역); "*the miracles* of the loaves"(KJV); "about the loaves"(NKJV). 흠정역(KJV) 이탤릭체로 표기된 '기적(miracle)'이란 말은 원문에 없는 의역이다. 헬라어 표현은 단순히 "빵/떡에 대해서"(about the loaves; RSV, NRS, NIV)라는 뜻이다. 그렇다면 제자들이 떡의 상징적 의미를 몰랐기 때문에 놀랐다는 말이 된다. 우리가 이 본문을 읽을 때 초점을 맞추어야 할 것은 바로 '떡'의 의미이다. 이를 하나의 기적적인 사건으로 국한시켜서는 안 될 것이다.

넷째, 마가복음에 실려 있는 두 개의 긴 담화문의 문학적 기능은 무엇이며 둘 사이에 어떤 연관성이 있을까? 사건과 사건이 긴박하게 이어지는 마가복음의 이야기 형식으로 볼 때 독립된 담화가 삽입되어 있는 것은 다소 예외적인 현상이다. 더구나 이런 담화가 두 번 나온다. 4장에 나오는 첫 번째 담화에서 예수는 운집한 군중에게 비유로 이야기한다. 다른 하나는 13장에 있는 묵시적인 담화로 예수가 소수의 제자들에게만 사적으로 하는 말이다. 이렇게 하나는 갈릴리에서 공개적으로, 그리고 다른 하나는 예루살렘에서 비밀리에 행해진다. 이 둘 사이에 어떤 연관이 있을까?

마지막으로, 예루살렘이라는 말이 갖고 있는 상징적 메시지는 무엇일까? 요한복음과는 달리 마가복음에서 예수는 예루살렘을 오직 한 번 방문한다. 그리고 거기서 생애를 마감한다. 예수의 공생애는 갈릴리에서부터 시작해서 요단강 동편, 유대 땅을 거쳐 예루살렘 입성으로 이어진다. 예수는 11장에 가서야 비로소 예루살렘에 들어가지만, 예루살렘이라는 말은 마가복음 처음부터 등장한다(1:5; 3:8). 그리고 예수의 일거수일투족을 예루살렘에서 파견된 사람들이 감시한다. "예루살렘에서 내려온 서기관들"(3:22)이 예수를 힐난하고, "바리새인들과 서기관 중 몇이 예루살렘에서 와서"(7:1) 예수와 그 제자들이 손을 씻지 않고 음식을 먹는다고 비난한다. 마가복음 전반에 걸쳐 저자는 예루살렘을 항상 염두에 두고 있다. 예루살렘은 단순한 지명이 아니라 특정 정치 집단, 이데올로기를 함축한 말이다. 누가복음에 따르면 예수는 예루살렘에 죽으러 가지만(눅 9:51; 13:33), 마가복음에서는 예수가 한창 잘 나가고 있을 때 이미 예루살렘의 지도자들에 의해 사형선고를 받는다(3:6; 11:18). 표면상의 이유는 신성모독죄(2:7; 14:64)이다. 하지만 정치와 종교가 분리되지 않은 당시 상황을 감안하면 이것은 다분히 정치적 보복에서 비롯된 처형이다. 바리새인과 헤롯 당원은 예수를 해치는 일에 일찌감치 뜻을 모은다(3:6; 12:13). 이렇게 마가복음에서 예루살렘이라는 말은 상징적인 의미를 내포한다. 갈릴리가 지방이라면, 예루살렘은 수도권을 의미한다. 갈릴리는 피지배 지역에 속하고 예루살렘은 지배체제의 핵심으로 재판과 형벌을 관장한다.

마가복음의 구성

마가복음은 서론, 본론, 결론의 형태를 갖춘 이야기 형식으로 쓰였다. 이야기의 현장감과 박진감을 높이기 위해 마가복음은 여러 가지 독특한 표현 형식을 사용한다. "즉시로"(εὐθύς, immediately)라는 표현이 마가복음에만 무려 41번 쓰인다. 참고로 같은 단어가 마태복음에는 5번, 누가복음에는 1번, 요한복음에는 3번 쓰였다. 또한 "…하기 시작했다"(ἤρξατο/ ἤρξαντο, began to…), "또 다시"(πάλιν, again) 등은 마가복음 저자가 특히 즐겨 쓰는 표현이다. 그리고 현장감을 높이기 위해 과거의 지난 사건들을 현재형으로 묘사하는 방법(historical present tense)을 도입한다. 이러한 표현은 마가복음에만 무려 150번에 걸쳐 나온다(France, *The Gospel of Mark*, 17).

마가복음의 서론(1:1-15)은 앞으로 전개될 이야기가 무엇에 관한 것인지를 밝힌다. 서론의 요지는 예수의 복음, 곧 하나님의 복음에 관한 것이며, 이를 믿고 실천하며 살도록 사람들을 초대한다(1:14-15).

본론(1:16-15:47)은 서론에서 밝힌 것을 논증 형식으로 서술한다. 여기에서는 등장인물과 함께 일련의 사건들이 어떤 줄거리(plot)에 맞추어 전개되는데, 그 주된 줄거리는 하느님 나라와 복음 그리고 이에 대항하는 이 세상의 지배체제의 이데올로기 사이의 힘겨루기로 구성된다. 마가복음에서 지배세력, 군중, 예수의 친족과 제자들은 모두 하느님의 나라와 복음을 거부하거나 깨닫지 못한다.

결론(16:1-20)은 주제를 다시 되새기며 제자들에게 예수의 가르침을 실천할 것을 독려한다. 즉 제자들의 삶의 자리인 갈릴리로 가서 하느님의 복음, 곧 예수의 복음을 살아내라는 요구다. 결국 마가복음의 결론은 독자들, 곧 우리들에게 하는 이야기가 된다.

8:22-10:52의 역할

그러면 마가복음을 어떻게 읽어야 할까? 우리는 막 8:22-10:52의 역할을 정하는 것에서 시작하여 실마리를 풀어보기로 하자. 앞서 첫 번째 질문에서 언급한 것처럼 이 단락이 문학적으로 하나의 독립성을 갖는다는 것은 형식과 내용에서 밝혀진다. 형식상 처음과 끝에 비슷한 사건을 넣는 수사학적 기법(literary inclusion)을 도입함으로써 이 단락은 하나의 문학적 집합체를 이룬다. 그리고 그 사이에 배치된 3개의 예언이 비슷한 구조로 발전한다: 말씀(8:31; 9:30-31; 10:33-34), 오해(8:32; 9:32; 10:35-37), 가르침(8:34-9:1; 9:33-37; 10:38- 45). 문제는 이 독립되어 보이는 문학적 단위가 앞 단락(8:11-21)에 직접 연결되는가, 아니면 뒤에 오는 단락(11장)과 더 긴밀한 연관을 갖는가 하는 점이다.

이와 관련된 질문이 "예루살렘"의 역할에 관한 것이다. 이미 밝힌 대로 예루살렘은 마가복음 첫 부분부터 등장한다(1:5; 3:8). 11장에 이르러서는 예루살렘이 여러 번 언급되며(1, 11, 15, 27절), 그 후에는 15:41에 한 번 더 나온다. 즉 예수가 예루살렘에 입성하는 11장에 이르러서야 비로소 예루살렘의 의미가 확연히 드러난다. 11장 이후 예수의 행적을 앞부분과 비교해 보자. (도표 참조)

	갈릴리/지방 전도(1:16-10:52)	예루살렘/수도 입성(11:1-15:47)
처음 사건	제자 부름(1:16-20)	두 제자 보냄(11:1-10)
권세와 대립/충돌	회당에서 (1:21-28) 무슨 권세 =>1:21-28	성전에서 (11:11-33) 무슨 권세 => 11:27-33
지도자들과 분쟁	서기관, 바리새인, 헤롯당 (2:1-3:6)	바리새인, 헤롯당, 사두개인(12:1-34)
서기관	예루살렘에서 올라옴(3:22; 7:1)	예루살렘에 주둔 (12:35-44)
주요 설교	씨 뿌리는 자 비유(4:1-34)	마지막 때(13:1-37)
반응	제자—깨닫지 못함 (8:17, 21), 믿음 없음=> "have no faith"(4:40)	제자—예수를 부인, 도망 (14:50), 믿음 없음 => "have faith of God" (11:22)
	이방인, 소외된 자 —예수를 따름(10:52)	여자/이방인 —예수를 따름(15:39-41)

갈릴리에서 예수가 제자들을 부른 것과 같이, 예루살렘에 들어서면서 예수는 두 제자를 마을로 보낸다. 공생애 초기, 갈릴리에서 예수는 예루살렘에서 파견된 지배체제와 부딪치게 되는데, 마찬가지로 예루살렘 성전에서도 지배체제와 충돌한다. 이후 두 번의 설교(담화)가 이어지고, 예수에 대한 몰이해가 제자들에게까지 나타난다. 전반부에서 제자들이 예수의 말씀을 깨닫지 못했다면(8:17, 21), 후반부에 이르면서 제자들은 마침내 예수를 버리고 도망한다(14:50). 두 경우 모두 제자들이 믿음이 없기 때문에 벌어진 일이다(4:40; 11:22). 그런 와중에도 예수를 따르는 무리가 있었는데, 바로 이방인과 소외된 자들이다(10:52; 15:39-41).

이처럼 마가복음 11장 이후는 전반부와 대칭 구조를 이루고 있다. 내용면에서도 예수의 활동은 예루살렘 변방에서 예루살렘 지배체제의 감시 하에 있다가, 마침내 그 중심으로 들어서게 된다. 서론(1:1-15)과 결론(16:1-20)을 제외하고, 본론에 해당하는 1:16-15:47을 크게 두 부분으로 나눌 때 그 분기점이 바로 11장이다. 1:16-10:52까지는 갈릴리/지방/피지배지역에서 예수의 행적을 그리고 있고, 11-15장은 예루살렘/도시/지배체제 하에서 예수의 행적을 적고 있다.

갈릴리—그리고 이방과 유대 땅—에서 예수의 전도 여행(4:35-10:52)은 갈릴리 바다를 중심으로 배를 타고 옮겨 다니며 진행된다. 여기에서 바다는 단지 지형이나 자연환경을 넘어 유대와 이방지역 사이를 가르는 일종의 경계선 역할을 한다. 그리고 바다에 이는 파도는 단순한 기후 변화라기보다는 두 문화 사이의 심각한 이데올로기 충돌을 함축한다.

	4:35-6:44	6:45-8:10
바다를 건넘	4:35-41	6:45-52
귀신축출, 병 고침	5장	6:53-56
예수 배척당함	6:1-5	7:1-23
귀신축출, 병 고침	6:6-13	7:24-37
군중을 먹임	6:30-44	8:1-10

4장의 '씨 뿌리는 자의 비유'(4:1-34) 이후에는 유사한 이야기가 되풀이하여 전개된다. 바다를 건너는 사건(4:35-41), 귀신축출 등 병자를 고치는 이야기(5장), 고향 사람들의 예수 배척(6:1-5), 귀신축출과 병 고침(6:6-13), 오병이어로 군중을 먹인 사건(6:30-6:44) 등은 또 다른 바다

를 건너는 사건과 함께 재연된다(6:45-8:10). 예수가 바다를 걸어서 고향으로 돌아오고(6:45-52) 귀신축출 등 병자를 고친다(6:53-56). 예수는 예루살렘에서 파견된 바리새인과 서기관으로부터 배척당하고(7:1-23), 귀신을 축출하고 병을 고치며(7:24-37), 다시 한 번 군중을 먹이는(8:1-10) 사건들이 이어진다. 이렇게 두 번에 걸쳐 바다를 건넘과 병자를 돌보는 이야기, 중간에 삽입된 배척당하는 이야기, 그리고 군중을 먹이는 사건이 문학적으로 평행구조를 이룬다. 여기에 나열된 사건들의 핵심은 바다를 오가는 것으로 상징되는 '경계선 없애기'이며, 이것이 예수가 추구하는 신학(신앙)의 길이 된다. 다시 말해, 예수의 '신학 다시 하기'다. 그 중심에 예수가 배척당하는 이야기가 위치하는데, 이 부분이 예수의 복음과 세상의 복음(이데올로기)이 만나는 지점이다. 바로 정체성의 충돌이다. 하지만 제자들은 이것을 깨닫지 못했다.

우리들의 첫 번째 질문인 "아직도 깨닫지 못하느냐?"(8:17, 21)의 의미로 돌아와 보자. 이 질문의 발단은 제자들을 향한 예수의 경고에서 비롯된다. "바리새인의 누룩과 헤롯의 누룩을 주의하라"(8:15). 여기서 '누룩'은 제자들이 문자적으로 이해했듯이 '떡'을 말하려는 것이 아니라, 바리새인과 헤롯당의 '가르침'을 상징한다.(마 16:12은 이것을 풀어 썼다: "그제서야 제자들이 떡의 누룩이 아니라, 바리새인과 사두개인들의 교훈을 삼가라고 말씀하신 줄을 깨달았다.")

이 이야기는 바리새인들이 예수를 시험하며 "하늘로부터 오는 표적"을 요구하는 데에서 시작된다. 여기에서 표적(σημεῖον, sign)은 말 그대로 싸인이다. 마치 신호등처럼 어떤 행동을 유발하는 표식이다. 예수는 이미 두 번에 걸쳐 바다를 건너면서 행한 일련의 사건을 통해 사람이 마땅히 살아야 할 바를 몸소 보여주었다. 하늘로부터 신령(πνεῦμα, spirit)이 예수 안에 들어간 이후(1:10-11) 드러난 예수의 삶 자체가 당연히

"하늘로부터 오는 표적"이다. 그런데 바리새인은 예수에게서 하늘의 뜻, 하느님의 마음을 읽지 못하고 또 다른 표적을 요구하고 있다. 이것이 '시험하다'(πειράζοντες, tempting, 8:11)라는 말을 통해 저자가 고발하려는 바리새인의 편 가르기다. 그들이 구하는 표적이란 자신들의 가치관, 신학, 이데올로기에 따른 일확천금과 같은 초자연적인 기적이다. 이는 예수의 신학을 정면으로 부정하는 것이며, "하느님의 복음" (1:14)을 저버리는 행위이다.

마가복음에서 기술한 예수의 행적은 한 마디로 '경계선 없애기'이다. 예수는 지배체제가 만들어 놓은 분리와 정복(divide and conquer), 그리고 이런 체제에 순응해 사는 정치, 종교 지도자들의 구태의연한 태도와 가르침을 타파하고자 했으며 더불어 사는 삶을 주창했다. 두 번의 바다를 건너는 사건이 지배체제가 만들어 놓은 경계선을 허무는 행위의 시작이었다면, 이것의 절정(highlight)은 축배요 잔치(feeding, feast)가 된다. 두 번의 군중을 먹이는 사건을 통해 드러난 예수의 더불어 사는 삶의 모습이다. 화합과 용서, 감사와 나눔으로 경계와 차별이 없는 삶을 추구하는 것이 예수가 전하는 하느님 나라의 참 모습이다.

이렇게 8:11-21은 예수의 갈릴리 전도여행을 종결짓는다. 예수는 제자들에게 바리새인들과 예루살렘의 지배신학을 조심하라고 거듭 당부한다. 그런데도 제자들은 여전히 깨닫지 못한다(8:17, 21). 결론적으로, 8:22-10:52는 4장부터 전개하고 있는 예수의 신학을 제자들이 깨닫지 못했기 때문에 이어지는 보충설명이 된다. 이것이 바로 8:22-10:52이 문학 구조상 앞부분(8:11-21)에 긴밀히 연결되어야 하는 이유이다.

구조분석이 남긴 교훈

이상과 같이 구조분석을 통해 살펴본 결과 마가복음의 초점이 본론 부분에 맞추어져 있음을 알 수 있었다. 그 줄거리(플롯)를 찾는 것은 독자들이 해야 할 일이다. 마가복음은 끝까지 읽고나면, 다시 처음으로 돌아가도록 구조가 되어 있다. 중간에 읽고 놓친 것이 있으면 다시 찾으라는 명령이다. 이것이 뇌리에 영상처럼 새겨지고 귓가에 맴도는 "갈릴리로 가라"(14:28; 16:7)는 말의 의미다. 갈릴리와 예루살렘은 단순히 지역 이름이 아닌 상징적인 무대설정이다. 처음부터 다시 살펴보면 그 의미를 깨닫게 된다는 메시지를 내포한 말이다. 예루살렘 지배체제의 영(더러운 영)을 따라 살지 않고 갈릴리 예수의 영(성령)을 따라 살고 실천한다. 이것이 갈릴리와 예루살렘이라는 말에 담긴 또 다른 의미다.

그럼에도 여전히 질문이 남는다. "그들이 무서워하여 아무에게 아무 말도 하지 못하더라"(막 16:8). 가장 오래된 사본에 의하면 마가복음은 여기서 마친다. 너도 두려워하느냐? 너희도 침묵하려느냐? 막 16:9 이후는 이에 대한 응답이다. 곧 '성서 다시 쓰기'로, 이 책이 다룰 마지막 장의 주제다.

생각할 문제

1. 마가복음을 오디오 성경을 통해 듣는 것과 눈으로 읽는 것 사이에서 이해의 차이를 말해 보라.

2. 마가복음의 문학적 구성과 관련해, 내가 가진 궁금한 점은 무엇인가?

3. 예수 곁에 있으면서도 예수를 이해하는 데 실패한 제자들의 모습 속에서 나의 어떤 모습을 볼 수 있는가? 나는 무엇을 깨닫는가?

4. 이번 장을 읽으며 내가 그려보는 '제자도'란 어떤 것인가?

제7장

유대 지도자들과의 분쟁 I(2:1-3:6)

이 장에서 다룰 일련의 사건들은 표면상으로는 예수와 유대 지도자들 간의 분쟁으로 보이지만, 더 깊게는 그 이면에 자리한 거대한 지배체제(domination system)와의 정면충돌이다. 내용을 간략히 정리하면 다음과 같다.

- 막 2:1-12 중풍병자를 고침—죄/빚/채무 제도에 도전
- 막 2:13-17 밥상 공동체—사회생활의 근간
- 막 2:18-22 경건의 생활—금식과 축제
- 막 2:23-28 안식일 준수 (먹는 것과 관련)
- 막 3:1-6 안식일에 병 고침

중풍병자를 고침(막 2:1-12)

예수가 가버나움으로 들어가시자 소문을 들은 많은 사람들이 그에게 모여 든다(2:2). 여기에 쓰인 단어 '모이다'(συνάγω)는 이미 살펴본 대로 '회당'(συναγωγή)과 관련된 말이다. 예수를 중심으로 새로운 만남의 장

소, 공동체가 형성된다. 예수를 따르는 무리들은 대부분 기존 지배체제에서 환영받지 못하고 변두리에 내쳐진 인생들이다. 군중 가운데 몇몇 유대 지도자들의 모습도 보이긴 하지만, 그들과 예수를 따르는 사람들 사이에는 극명한 차이가 있다. 많은 사람이 모여들어 문 앞에 서 있을 자리조차 없지만(2:2), 서기관들은 집 안에 번듯이 앉아 있다(2:6). 이렇게 상석에 앉아 있으면서도 서기관들은 외부인 행세를 한다. 예수를 감시하기 위해 온 것이기 때문이다. 이런 상황에서 중풍병자가 친구들의 손에 이끌려 예수께 나온다.

예수는 중풍병자에게 "네 죄가 사함을 받았다"고 선언한다. 이 말을 들은 서기관들은 예수가 신성모독을 했다고 정죄하지만, 예수는 단지 죄 사함을 선포한 것이다. 수동형으로 쓰인 '죄 사함을 받았다'는 표현은 능동적 주체인 하느님을 전제하고 있다. 예수가 "인자에게 죄를 사하는 권세가 있다"라고 한 말은 "죄 사함을 선포할 권세가 있다"는 뜻으로 이해해야 한다. 앞에서 문둥병자에게 "깨끗게 됨을 선포함"(1:40)과 같은 용법이고, 제사장이 하느님의 용서를 전하는 것과 같은 이치다(레위기 13장 참조). 고대 근동의 신학에서 죄 사함(용서)과 치유는 궁극적으로 모두 신의 고유한 영역이다.

서기관은 말한다. "하나님 한 분 외에는 누가 능히 죄를 사할 수 있겠는가?"(막 2:7b) 그의 말 자체는 틀리지 않다. 하지만 서기관의 항변에는 하느님의 절대 권리를 수호한다기보다 현 사회제도를 고수하고자 하는 얄팍한 의도가 깔려 있다. 예루살렘 성전체제에서는 죄의 유무, 형벌의 정도를 정하고 죄 사함을 선포할 권한이 서기관들에게 있었기 때문이다. 그 권한을 예수가 앞서 행한 것이다.

예수가 묻는다. "중풍병자에게 '네 죄 사함을 받았다' 하는 말과 일어나 '네 상을 가지고 걸어가라' 하는 말 중 어느 것이 쉽겠느냐?"(2:9)

비교되고 있는 두 문장은 표현이 다르지만 모두 같은 의미이다. 앞의 것은 종교적, 정치적 용어를 사용한 표현이고, 다른 하나는 일상 언어이다. 이어진 말은 "그러나"(2:10)라는 접속사로 연결되는데, 당연히 후자, 곧 일상의 말이 알아듣기 쉬울 텐데 굳이 어려운 종교적, 정치적 언어를 쓴 이유를 이야기하고 있다. 그것은 인자(人子, 사람)에게 땅에서 죄를 사하는 권세가 있음을 알리기 위함이다. 주기도문 중 "우리가 우리에게 죄/빚진 자들을 사하여 준 것 같이"(마 6:12)라는 구절과 연관해서 생각해보자. 예수는 우리(사람) 모두에게 서로 죄/빚을 사할 권한이 있다는 것을 상기시키고 있다.

여기서 죄는 빚(debt)과 일맥상통한다(마 6:12; 눅 11:4; 마 18:21-35). 당시 사회 상황에서 빚을 갚지 못할 때, 그는 죄인으로 낙인찍힌다. 중풍병자의 모습은 한 사람의 피폐한 운명을 단적으로 그려낸다. 그가 불구의 몸으로 일할 수 없기 때문에 빚(죄)을 떠안게 되었는지, 혹은 빚을 갚지 못할 만큼 열악한 환경이 그를 무기력하게(παραλυτικός, paralyzed) 만들었는지 모르지만, 분명 중풍병자는 빚(죄)에서 헤어날 기미를 보이지 않는다. 그런데 지배체제의 피해자로서 비관적 운명에 빠져 있던 그가 이제 예수를 만난 후 주체적인 삶을 영위하게 된다. 그가 올 때는 친구들 손에 들려왔지만(αἰρόμενον), 나갈 때는 자기 침상을 들고(ἄρας) 스스로 걸어 나간다. 침상이 중풍병자가 처한 운명과 속박을 상징한다면, 일어나 걸어가는 것은 자신이 처한 환경에 굴하지 않는 인간성의 회복, 곧 죄로부터 벗어남을 의미한다.

고대 근동 세계에서는 병을 죄의 결과로 보았다. 그렇다면 병을 다스리는 데 있어서 그 원인이 되는 죄는 반드시 선결되어야 할 요소이다. 그런 의미에서 죄 용서는 병 고침보다 훨씬 심각한 체제(구조악)와의 대립이다. 예수가 중풍병자에게 하는 말에 주의를 기울일 필요가 있다: "일어나 네 상을 가지고 집으로 가라"(2:11). 헬라어 동사는 시제(time)와 상(相, aspect)을 함께 전한다. 시제가 과거, 현재, 미래 등을 말한다면, 상(相)은 그 동사가 전하는 행위의 종류(kind of action)를 말한다. 진행형과 미완료형이 시간의 연속성을 뜻하는데 반해, 단순 과거형(aorist)은 시간의 연속이나 완료의 정보 없이 단지 사건의 발생만 보고한다. 막 2:11 헬라어 본문에 담긴 뜻을 풀어서 해석하면, [늘] 일어나(현재 진행형, ἔγειρε) 네 상을 [단번에] 가지고(단순 과거형, ἆρον) 집으로 [항상] 가라(현재 진행형, ὕπαγε)는 뜻이 된다. 이것은 단순히 일시적인 병고침—기적—이 아니다. 지속된 투쟁, 곧 삶의 태도에 관해 이야기하고 있는 것이다. "우리가 이런 일을 도무지 보지 못하였다" (2:12). 이를 지켜본 주위 사람들의 반응이다. 만일 중풍병자를 일으킨 사건이 단지 또 하나의 기적 행위였다면, 이는 이미 경험했던 유사한 사건 중 하나일 뿐이었을 것이다(1:32-34).

"빵"—밥상 공동체(막 2:13-17)

중풍병자 이야기가 죄/빚과 관련하여 서기관들과의 대립에 초점을 맞추고 있다면, 나머지 이야기들은 바리새인과 관련하여 전개된다(2:16, 18, 24; 3:6). 바리새인이 처음에는 무대 뒤에 있지만(2:16, 18), 점차 그 모습을 드러내고(2:24) 나중에는 헤롯당과 함께 적극적으로 예수를 죽이려고 모의한다(3:6). 바리새인들은 모든 사람들이 율법을 온전히 준수해야 한다고 주장했다. 그런 면에서 제사장이나 서기관들보다 더욱 전통에 충실했던 사람들이라고 할 수 있다. 그들은 모세가 시내산에서 전해준 율법 외에 장로들을 통해 구전된 전통을 가지고 있었는데, 이것이 서기 약 200년경 미쉬나(Mishnah)에 성문화되었다. 70년에 예루살렘 성전이 무너짐에 따라, 성전을 중심으로 활동했던 제사장들과 서기관 등 대부분의 유대 종파가 설 자리를 잃고 사라졌다. 하지만 회당을 중심으로 한 바리새파는 새롭게 일어난 예수운동(Jesus movement)과 함께 살아남는다. 마가복음이 70년을 기점으로 쓰였다고 볼 때, 이 두 종파 개혁운동들의 가르침과 대립은 마가복음이 당면한 신학적 문제를 단적으로 보여 준다. 후에 나오는 "바리새인의 누룩"(8:15) 역시 이와 관련해서 해석해야 할 것이다.

이어지는 세 개의 이야기는 모두 먹는 것과 관련이 있다. 밥상공동체(2:13-17) 이야기에서 누구와 함께 먹는가를 묻고 있고, 공동체의 종교적인 경건생활을 다루는 금식 논쟁이 그러하며(2:18-22), 안식일에 제자들이 이삭을 자른 사건 역시 먹는 일과 밀접한 관련이 있다(2:23-28).

빵(ἄρτος, bread)이란 표현은 마가복음에 21번 나오는데, '식사'의 의미로도 쓰인다(3:20). 이를 통해 마가복음이 밥상공동체에 얼마나 깊은 관심을 보이는가를 확인할 수 있다. 마가복음의 신학적 구조 속에서 "빵"은 두 가지 의미를 갖는다. 하나는 '일용할' 양식을 가리키는 문자적 의미로, 몸에 영양분을 제공한다. 다른 하나는 상징적 의미로, 육체적 포만감과 함께 정신적인 위로, 또는 소속감 등을 암시한다. 사람이 빵으로만 살 것이 아니고 하느님의 말씀으로 살 것이라고 했을 때(신 8:3; 마 4:4) 빵과 말씀이 대립 관계인 것처럼 보이지만, 사실은 육체와 정신만큼이나 밀접한 관계를 가지고 있다.

본문에 등장하는 세리와 죄인은 마가공동체의 한 단면을 드러낸다. 죄인이란 빚진 자, 곧 세금을 내지 못한 자를 일컬으며 세리는 세금을 걷는 사람이다. 따라서 세리와 죄인(빚진 자)은 마치 물과 기름처럼 서로 섞이기 어려운 상대이다. 하물며 그 둘이 한 상에서 함께 식사를 한다고 상상해 보자. 이것이 나눔과 포용의 정신을 실천하는 예수의 새로운 신학하기이다.

"의인을 부르러 오지 않고 죄인을 부르러 왔다"(2:17)는 구절을 통해 저자는 무엇을 말하고 있을까? 이것을 지금 우리의 말로는 어떻게 표현할 수 있을까? 예수와 마가공동체는 당시 지배체제에서 죄인으로 낙인 찍힌 사람들과 함께 하겠다고 선언하고 있다. 예수는 스스로를 의원에 비유한다. 건강한 자는 의원을 찾지 않는다. 마찬가지로 지배체제에 물든—그래서 편안한('건강한')—사람은 예수의 부름에 응하지 않는다.

"새 포도주는 새 부대에"—경건의 생활(2:18-22)

세례 요한과 바리새인의 금식 행위는 대부분 종교에서 행하는 고전적인 경건 훈련이다. 마태복음 6장에서도 구제, 기도, 금식에 관해 가르친다. 그런데 금식이 먹는 것에 대한 금욕과 절제를 강조한다면, 이는 먹을 것이 있다는 것이 전제되어야 한다. 다시 말해, 먹을 것이 있는 사람들이라야 금식 훈련의 의미가 있다. 그렇다면 먹을 것이 없어 끼니를 거르곤 하는 사람들에게 금식이 종교생활과 관련해 무슨 효용이 있을까? 예수는 오히려 풍부한 먹거리가 이들의 건강한 (신앙)생활에 도움이 된다고 보았다. 그렇지만 혼인집 손님과 신랑의 비유(2:19-20)에서 볼 수 있듯이 예수가 금식을 전적으로 부정한 것은 아니다. 때가 되면 제자들이 금식을 하겠지만, 지금은 그럴 때(상황)가 아니라는 뜻이다. 금식은 강요한다고 되는 것이 아니고, 때가 되면 시키지 않아도 스스로 한다. 예수는 오히려 제자들과 함께 먹고 마시며 나눔과 포용의 신앙을 가르쳤다. 잔치를 통해 신앙—경건한 생활—을 실천한다. 금식 훈련은 건강한 신앙생활을 위해 쓰여야만 의미가 있는 것이며, 종교적 행위로서 금식을 위한 금식은 오히려 신앙생활에 독이 될 수 있다

포도주와 부대의 상징적 의미를 생각해 보자. 포도주는 예수가 가르치는 새로운 가르침과 신학이고, 부대는 그 신학을 담는 틀이다. 낡은 옷에 새 천 조각을 붙이지 않듯, 구태의연한 사상적 체계 속에 새로운 생각을 넣을 수 없다. 둘 다 망가뜨리기 때문이다. 우리들의 '신학 다시하기' 입장에서 생각해 보면, 하느님을 인격신으로 생각하는 기존의 신학적 틀 안에서 새로운 신학을 기대하기란 매우 어렵다. 서로 찢기고 해질 뿐이다(2:21). 예수는 주어진 전통(성서)을 삶의 현장에 맞게 새롭게 이해했다. 새 술을 새 부대에 담듯이 기존의 예루살렘 신학과 차별화한 것이다. 일종의 토착화 신학이다.

"인자(人子)는 안식일의 주인"(막 2:23-28)

십계명에 안식일을 준수하라는 명령이 나온다(출 20:8-11; 신 5:12-15). 일손이 바쁜 농번기 때라도 안식일에 밭을 갈거나 수확을 해서는 안 된다(출 34:21). 그 외 안식일에 해서는 안 될 일들이 또 무엇이 있을까? 바리새인들이 제 2의 성경처럼 여겼던 미쉬나를 보면 안식일에 해서는 안 될 39가지의 금기사항이 적혀 있다(m. Shabbath. 7:2). 그렇다면 바리새인들이 제자들의 행동을 일종의 '수확(reaping)'으로 본 것일까? 혹은 제자들이 길을 열려고 이삭을 잘랐으니 이것을 노동(labor)으로 보았을까? 바리새인이 제자들의 어떤 행동을 '범법행위'라고 지적

했는지 분명하게 기록되지 않았는데 이에 대한 예수의 반응 또한 엉뚱해 보인다.

예수는 다윗이 시장할 때 하느님의 전에 들어가서 제사장 외에는 먹지 못하는 진설병(the consecrated bread)을 먹은 일을 상기시키며, 옛 전통을 재해석했다. 비록 안식일과 성전이 직접적인 관련은 없지만, 안식일과 성전—거룩한 시간과 장소—에서 지켜야 할 사항들이, 본래 사람을 위해 지정된 것임을 일깨운 말이다. 안식일을 준수하는 법은 내가 휴식을 누릴 뿐 아니라, 나를 위해 일하는 소와 나귀, 종과 나그네 또한 쉼을 얻게 하기 위해서 제정되었다(출 20:10; 신 5:14). 배고픔과 같은 극한 상황에서 안식일에 사람을 유익하게 하는 일이 무엇일까? 마태복음은 제자들이 배가 고파서 이삭을 잘라 먹었다고 기록하고 있다(마 12:1). 율법이란 사람에게 도움을 주고자 생긴 것이다. 따라서 법보다 사람이 먼저다. 이것이 '안식일이 사람을 위해 있는 것이지, 사람이 안식일을 위해 있는 것이 아니다'는 말의 참 뜻이다.

안식일이 사람을 위해 존재한다는 말을 통해 우리가 얻을 수 있는 교훈은 무엇일까? 성서와 전통을 현재에 적용할 때, 문자에 얽매이지 말고 그 정신을 꿰뚫어 보아 핵심을 다루어야 한다는 점이다. 예수의 신학은 성서와 전통을 당시 상황에 맞게 재해석한 것이다. 우리도 오늘의 상황에 맞춘 새로운 틀, 신학 다시하기가 필요한 시점에 서있다.

안식일에 병까지 고치다(3:1-6)

앞의 이야기들이 죄 사함, 밥상 공동체, 금식, 안식일의 금기 사항 등 각각 한 가지 문제씩 다루는데 반해, 여기서는 지배체제와의 대립이

보다 심각해진 양상을 보인다. '안식일에 회당에서'라는 문학적 설정은 앞에서 예수가 더러운 영을 내어 쫓았던 사건을 연상하게 한다(1:21). 예수는 왜 이렇게 대놓고 지배체제에 도전을 할까? 만일 예루살렘 감시자의 눈을 피하려 했다면, 회당을 나와 조용히 고칠 수도 있었고(1:29-31) 혹은 안식일이 끝날 때까지 몇 시간 참을 수도 있었을 것이다(1:32-34). 더욱이 손 마른 사람이 병 고쳐주길 요구한 것도 아니었고, 그 병으로 인해 생명이 위급한 상황도 아니었다.

여기서도 문둥병자의 경우와 마찬가지로, 병자를 고치려는 예수의 의지가 관심거리다. "당신이 원하면(if you are willing), 나를 깨끗하다 선포하실 수 있습니다"(1:40). 본문에서 바리새인들은 예수가 병자를 고칠 수 있는가—기적적 사건—에 관심을 둔 것이 아니고, 단지 그런 일을 안식일에도 행할 것인지의 여부가 궁금했다(3:2). 그래서 그들은 예수를 주의 깊게 관찰하고 있었다. 오늘날 대부분 사람들이 생각하는 것과는 달리, 성서 속의 사람들은 기적 이야기에서 기존 체제와의 대립을 읽어 냈다.

예수가 바리새인의 마음(καρδία, heart)이 완악한 것(막 3:5)을 지적했을 때, 이것은 그들의 감정 상태를 말하는 것이 아니다. 당시 언어와 문화에서 마음(심장)은 생각의 자리이다. 오늘날의 문화와 언어로는 머리에 해당하는 말이다. 이렇게 마음의 둔함, 완악함이란 표현은 제자들을 꾸짖을 때에도 쓰였다(6:52; 8:17).

바리새인들이 예수를 죽이려고 모의하지만, 종교법으로는 그를 죽일 명분이 없었다. 그래서 예수를 정치범으로 몰아야 했고, 헤롯당과 뜻을 같이 하게 되었다. 결국 예수는 강도(λῃστής, 정치적 혁명가)들과 함께 십자가형을 선고 받는다(15:27). 그런 상황을 고려할 때 예수가 십자가를 지기 위해 살았다고 결론지어 말하는 것이 과연 합당할까? 오히려 예수의 치열한 삶이 그를 십자가 처형으로 몰고 갔다고 말해야 하지 않을까?

신학 다시 하기

지금까지 살펴본 것처럼 예수가 '안식일에 회당에서 더러운 영을 쫓아내는 사건'과 '안식일에 회당에서 병 고치는 사건'이 처음(1:21-28)과 마지막(3:1-6)에 배치되어 있다.

유대 지도자들의 반응에서 볼 수 있듯이 예수의 병 고침은 단순한 '기적' 이상의 메시지를 전한다. 만일 예수의 귀신축출과 병 고침이 '기적을 행하는 이'(miracle worker)로서 역사에 유일무이한 사건이었다면, 지금은 더 이상 그런 일이 일어나지 않으니 신의 능력이 소진(消盡)되었다고 볼 수 있을 것이다. 또 누군가 이런 기적 이야기들이 역사적 사건이었다고 증명할 수 없으니 쓸모가 없다고 주장한다면, 이 또한 신앙생활에 아무런 도움을 주지 못한다. 예수의 병 고침 이야기가 지금도 살아있는 말씀으로 우리 신앙생활에 영향을 줄 수 있으려면, 오늘날 우리들이 알아들을 수 있는 말로 재생되어야 한다. 왜 그 당시에만 그렇게 많은 귀신들이 있어야 했을까? 지금은 이런 일들이 전혀 안 일어나는가? 병과 귀신들림, 그리고 병 고침과 회복은 제국주의 상황에서 자의식 회복과 정체성 확립, 그리고 신학의 재발견을 의미한다.

질병(disease)과 아픔(illness)은 구별되어야 한다. 질병이 육체의 병이라면, 아픔은 그로부터 파생된 마음의 병이다. 사회적 격리가 가져온 불필요하고 부당한 고통이다.

> 고대 사회에서 아픔(illness)이란 육체적이자 사회적 현상이다. 질병을 가지고 있거나 불구의 몸을 지닌 사람은 사회적으로나 육체적으로 비정상적이었다. 그러므로 병 고침(healing)이란 육체적으로 건강의 회복뿐 아니라 사회적으로 인간관계의 확립을 요구하게 된다(Malina and Rohrbaugh, *Social-Science Commentary on the Synoptic Gospels,* 281).

예수는 아픈 사람과 고통을 함께 나누었다. 그렇게 하여 병자(피해자)들을 공동체 안으로 끌어들이고자 했다. “일어나 걸어가라”(2:9), “한가운데에 일어서라”(3:3)는 말은 온전한 인간으로 살아가라는 격려의 말이다.

이상에서 본 일련의 사건들은 예수가 점차 유대 지도자들과의 분쟁 속으로 들어가는 모습을 그리고 있다. 중풍병자의 죄(빚)를 사하는 것을 통해 예수는 당시 사회제도의 모순을 파헤친다. 세리의 이야기를 통해서는 모두가 함께 사는 새로운 밥상 공동체를 꿈꾼다. 예수는 종교적인 금욕에서 비롯된 금식보다 오히려 가난한 자들을 위한 축제를 가르친다. 안식일은 인간을 위한 제도적 장치일 뿐이다. 바리새인과 헤롯당원들이 예수를 감시하고 있는 상황에서 예수는 모인 사람들에게 묻는다: “안식일에 사람을 고치는 것과 죽이는 것 중에 어느 것이 옳으냐?” 답을 몰라서 묻는 것이 아니다. 질문을 통해 역으로 유대 지도자들을 공격하고 있다. 그들은 율법에 매여 안식일에 사람을 옥죄고 죽이는 행위를 지속하지만, 예수는 안식일에 사람을 살리는 일을 한다는 차별화 선언이다. 결국 유대 지도자들은 예수를 제거하기로 결정하고 적당한 구실을 찾으려 궁리한다. 그런 가운데서도 예수는 사람을 살리고 회복시키는 일을 멈추지 않는다.

생각할 문제

1. 내가 예수를 대적하는 자(제사장, 서기관, 바리새인 등)의 자리에 있다고 가정해 보자. 예수의 행적에 대해 나는 어떻게 반응할까?

2. 내가 겪었던 마음의 병은 무엇인가? 이것을 이길 수 있었던 힘은?

3. 함께 식사를 한다는 것은 단지 음식을 같이 먹는 것 이상을 의미한다. 마음을 터놓고 이야기하는 교제의 시간은 사회적 위치, 경제적 상황, 종교적 신념, 교육과 취미 등 많은 요소에 의해 제한된다. 내가 만나서 편하게 먹고 말을 나누며 시간을 보내는 사람들은 누구인가?

4. 종교적 신념 때문에 사회와 공동체 내에서 소외되고 멸시받는 사람들은 누구인가? 예수라면 누구의 편에 서 있을까?

제8장

새로운 대안공동체(3:7-35)

예루살렘 지도자들이 예수를 없앨 모의를 하는 가운데, 갈릴리를 중심으로 해서 유대와 예루살렘, 그리고 에돔, 요단강 동편(데가볼리), 두로, 시돈 등 사방에서 많은 무리가 예수에게 모여든다. 예수는 사람들과 함께하고 제자를 부르는 등 새로운 공동체 형성에 힘쓴다(3:7-19). 하지만 예수를 따르는 사람들이 예수의 가르침에 전적으로 동조했다고 보기는 어렵다. 가족, 친지, 이웃, 그리고 제자들 모두 예수를 배척하기에 이른다(3:21; 6:3, 14:50). 다만 예수가 당시 로마제국의 지배체제 하에서 고통 받는 군중들의 슬픔과 아픔을 공감하고 감싸 안았기에, 그의 새로운 가르침은 사람들의 관심을 끌기에 충분했다. 그렇다면 예수가 지향한 새로운 대안 공동체는 어떤 모습이었을까?

대안/대항 공동체

예수에게 모여든 사람들의 이야기는 마가공동체 구성원들의 삶을 반영한 듯하다. 우리가 지금까지 마가복음을 읽어오는 동안 예수는 단 한 번도 갈릴리 밖으로 나가지 않았다. 5장에 이르러서야 예수는 비로소 배를 타고 요단강 동편 데가볼리 지경에 이른다(1:39; 5:1). 여기 요약된 기록(3:7-8), 곧 갈릴리 주위 사람들이 예수를 찾는 이야기 역시 마가공동체의 역사적 상황을 반영한 것으로 볼 수 있다. 마가복음은 후대 사람들이 전하는 예수 이야기이다. 따라서 독자들은 예수의 시대(30년대)와 마가공동체의 시대(70년대)를 동시에 염두에 두고 읽어야 한다. 같은 맥락에서 성서 이야기를 우리 자신의 이야기로 여기고, 나와 관련 지어 읽을 때 비로소 참 의미를 찾을 수 있다. 성서가 나와 우리들의 언어로 재해석 되어야 하는 이유가 바로 여기에 있다.

예수는 열 두 사도를 택한다(3:14). 마가복음에 제자(μαθητής, learner, disciple)라는 말이 46번 쓰였는데 반해, 사도(ἀπόστολος, apostle, messenger)라는 말은 드물게 나온다(3:14; 6:30). 여기에 쓰인 '사도'가 바울 서신에 나오는 것처럼 특정 인물을 염두에 두었는지는 분명하지 않다(고전 12:28). 그럴지라도 바울 서신보다 후대에 쓰인 마가복음이 제자라는 말을 두드러지게 사용한 점은 '사도'라는 특권층에 대한 불신, 거부의 의미로 생각해 볼 수도 있다. 왜 열둘일까? 이것은 이스라엘 민족이 가나안에 들어가면서 그 지역의 왕권체제를 따르지 않고 12부족의 연합체제를 갖추었던 것에 기인한다. 열둘이라는 상징적 숫자에 담긴 의미는 당시 로마제국 하에서 예루살렘 중심의 특권층이 다스리는 제도가 아니라 모든 사람들이 참여하는 평등한 사회를 지향한다는 것이다. 또한 열둘을 택한 이유는 예수와 제자들이 함께 지낼 뿐 아니라, 제자들에게 소명을 주기 위해서이다. 여기서 소명이란 전도와 귀신축출을 포함하는데 곧 예수가 늘 해오던 일을 하라는 것이다(1:39; 6:7; 9:37). 예수가 제자들을 부른 이유를 정리하면 다음과 같다.

첫째, 예수는 제자들과 함께 생활한다. 이것은 새로운 공동체를 의미한다. 기존의 혈연, 지연 혹은 사회적 지위, 권력에 따라 형성된 분할과 정복(divide and conquer)의 지배이데올로기를 거부하는 행위다. 이어지는 이야기에서 예수는 가족과 정치—고대 근동의 두 개의 사회구성 단위—로부터 따돌림을 당한다. 동시에 하느님의 뜻을 따르는 사람들을 중심으로 새로운 가족을 구성한다(3:35). 1장에서 예수의 복음을 C.C.C. 머리 문자로 표현했던 것에 적용하면 새로운 대안 공동체의 형성(Create)을 의미한다. 또 예수의 복음을 지·정·의(知·情·意)라는 측면에서 본다면 의(意), 곧 의지적(意志的) 행위에 해당할 것이다.

둘째, 예수는 제자들에게 전도(傳道)를 명한다. '도'(道, λόγος, 로고스)를 전하라는 명령이다(2:2). 여기서 '도'란 무엇일까? 예수가 선포한 '하느님의 복음'(1:14)이며, 사람들이 목격한 "새로운 가르침"(1:27)이다. 또한 도는 지적(知的)인 영역에 속하여 자성(깨달음)을 불러일으키는데 이것은 필연적으로 옳고 그름의 가치 판단과 함께 지배체제에 대한 저항과 도전(Challenge)으로 나타난다.

셋째, 제자들에게 귀신축출의 권세를 주었다. 귀신(δαιμόνιον, demon)은 더러운 영과 같은 의미이다(6:7). 우리가 하느님으로부터 받은 영을 옳게 쓰지 못하고 자신의 욕심을 충족하는 데 쓰는 잘못된 모습이 '더러운 영'이다. 지배체제에 물든 에고(Ego)의 욕심에서 벗어나서 그 피해자를 돌보라는 것인데 이러한 정적(情的)인 행위가 보살핌이다(Care).

제자들을 부른 목적을 말할 때 왜 병 고침은 언급하지 않았을까? 그것은 병 고침이 갖는 상징적 의미 때문이다. 병 고침과 귀신축출은 같은 맥락에서 이해해야 한다. 지배체제의 더러운 영을 쫓아낸다는 점에서 병 고침과 귀신축출은 같은 말이다. 질병(disease)은 부조리한 사회구조에서 파생된 증상일 뿐, 근본적인 뿌리는 그 병을 일으킨 체제(system)에 있다. 그렇기 때문에 병과 함께 오는 부당하고 불필요한 아픔(illness)을 감싸고 돌봐야 한다. 결국 제자들의 사명은 예수가 한 일을 계승하는 것이다.

꾸짖음과 경계

마가복음에는 '꾸짖다'(ἐπιτιμάω, rebuke)는 말이 총 9번 나온다. 더러운 영을 꾸짖고(1:25; 3:12; 9:25), 바람을 꾸짖고(4:39), 사람을 꾸짖는다(8:30, 32, 33; 10:13, 38). 그런데 개역한글은 3:12에서 더러운 영을 '경계했다(warned)'고 번역했다. 왜 그랬을까? 더러운 영이 예수가 '하느님의 아들'임을 알아보는데 역자들은 이것을 오히려 기특하게 여긴 듯하다. 혹은 '메시아 비밀' 가설을 당연시하여, 그 신학적 관점에서 마가복음을 읽었기 때문일 것이다. 만약 그런 의도가 있었다면 병자를 고친 후 아무에게 알리지 말라고 할 때, 혹은 제자들에게 주의를 당부할 때 썼던 단어를 저자가 사용할 수도 있었다(διαστέλλω, 5:43; 7:36; 8:15; 9:9). 여기서 예수는 더러운 영을 다만 꾸짖을 뿐이다. 예수가 더러운 영을 꾸짖은 이유가 무엇일까? 예수를 따르지도 않으면서 아는 척 혹은 친한 척 하는 그들의 행위가 역겨운 것이다. 더러운 영이 예수를 자신들이 만든 틀에 가두고 조정하려고 하는 것을 단호히 거부하고 있다. 같은 말이라도 누구의 입을 통해 나오는가에 따라, 또 무슨 생각으로 말하는가에 따라 뜻이 달라진다. '하느님의 아들'(3:11)이 기존 질서에서는 황제, 왕, 통치자를 의미하지만, 예수의 복음에서는 '하느님의 뜻을 행하는 자'를 뜻한다. 다시 말해 예수는 예외가 아니라 모범이다.

하느님 나라와 가족

하느님 나라 운동에 참여한 사람들은 새로운 삶의 현장으로 초대된다. 이것이 기존의 가족-정치제도에 맞선 대안공동체이다.

마가복음을 읽다 보면 소위 '샌드위치 기법'(Sandwich technique)이라고 불리는 흥미로운 구성을 발견할 수 있다. 이것은 이야기 가운데 또 다른 이야기를 삽입하는 문학적 기술 방식인데 마가복음에 여러 번 등장한다(3:20-35; 4:1-20; 5:21-43; 6:7-30; 11:12-21; 14:1-11; 14:17-31; 14:53-72; 15:40-16:8). 중간에 삽입된 이야기와 이를 둘러싼 이야기가 서로 얽혀 해석의 중요한 열쇠를 제공한다.

막 3:20-35의 이야기는 가족의 오해(3:20-21), 이데올로기 대립(3:22-30), 새로운 가족/대안공동체(3:31-35) 순으로 짜여 있다. 중간에 삽입된 이데올로기 대립은 하느님 나라와 로마제국 간의 충돌이다. 비유 속의 나라(kingdom)는 로마제국을 가리키며, 집(house) 역시 왕조(dynasty) 혹은 성전(temple)의 지배체제를 의미한다. 오늘날에도 이런 독재체제가 엄연히 존재하지만, 보다 실제적인 위협은 맘몬(μαμωνᾶς, wealth)이 지배하는 세상이다(마 6:24; 눅 16:13). 돈 때문에 가정이 깨지고 스스로 목숨을 끊는 일이 비일비재하고, 온갖 비리와 횡포 또한 물질만능주의에서 오는 병폐다. 이런 세상에서 그것을 넘어설 가치관(복음)의 부재로 인해 사람들은 알고도 체념하고 살거나 (혹은 죽거나) 적극적으로 악한 지배체제를 떠받든다. 그러나 예수는 '행복'과 '자유'는 물질을 통해서 얻을 수 있는 것이 아니라 다른 채널을 통해서 가능하다고 가르친다. 곧 모든 사람이 혜택을 함께 누리는 것을 지향하는 하느님 나라 운동이다.

가족들은 예수가 미쳤다고 생각하고, 예루살렘에서 내려온 서기관들은 예수가 하는 일을 귀신의 일로 매도한다. 이는 지배체제의 권력자들이 도전을 받을 때 흔히 쓰는 수법이다. 자신들이 신의 선택을 받았다고 주장하며 권력에 대항하는 모든 세력을 악의 세력으로 간주한다. 이것은 한국의 군사정권 시절 체제에 도전하는 모든 이들을 빨갱이로 매도한 것과 흡사하다. 또한 교회에서 교단의 체제나 권위에 도전하는 사람을 이단으로 정죄하는 것 역시 같은 발상이다. 예수의 병 고침, 귀신축출이 귀신의 왕의 도움으로 그렇게 되었다고 말하는 것은 예수의 업적을 폄하할 뿐 아니라, 그를 따르는 군중들에게 은근한 협박을 가하는 셈이다. 그렇다면 예수가 전하는 하느님이 귀신들의 왕이란 말인가? 이러한 배경에서 예수는 '성령을 훼방하는 자에게 사함이 없다'는 말로 저들을 꾸짖는다.

예수가 말한 '용서받지 못할 죄'란 하느님을 거스르는 것이다. 여기서는 제도적인 죄를 가리키고 있는데, 곧 지배체제를 향한 일갈이다. 예수는 이 말을 예루살렘에서 온 서기관들에게 하고 있다. 그들이 예수가 더러운 영에 사로잡혔다고 하자 이를 되받아서 한 말이다. 이렇게 특정 대상을 염두에 두고 있음에도 불구하고, 그 문학적 맥락을 고려하지 않고 모든 사람에게 일반적으로 적용해서 읽는다면 심각한 문제가 발생한다. 막 3:28의 헬라어 본문을 몇몇 현대 번역본과 함께 살펴보자.

GNT	*πάντα ἀφεθήσεται τοῖς υἱοῖς τῶν ἀνθρώπων τὰ ἁμαρτήματα καὶ αἱ βλασφημίαι ὅσα ἐὰν βλασφημήσωσιν·*
KJV	All sins shall be forgiven unto the sons of men, and blasphemies….
NRSV	people will be forgiven for their sins and

	whatever blasphemies they utter
NIV	people can be forgiven all their sins and every slander they utter,
개역	사람의 모든 죄는 … 사하심을 얻되
표준새번역	사람들이 짓는 모든 죄는 … 용서를 받을 것이다
공동번역	사람들이 어떤 죄를 짓든… 다 용서받을 수 있으나

여기 헬라어 본문에서 주어는 "모든 죄와 훼방"(*πάντα τὰ ἁμαρτήματα καὶ αἱ βλασφημίαι*)이다. 이를 행하는 이는 누구인가? 번역본들은 하나같이 일반적인 사람들로 보고 있다. 그런데 보다 본문의 맥락에 충실하게 읽으면 [그들이] 사람들에게 지은 모든 죄와 훼방(all sins and blasphemies against the sons of human beings)은 용서를 받을 것이라는 뜻이다. 앞에서 본 문둥병자의 경우(1:44)와 마찬가지로 "사람들에게"(*τοῖς υἱοῖς τῶν ἀνθρώπων*)라는 구절이 애매하게 보인다. 위에 열거한 번역들은 일제히 '사람들을 위하여'(for)로 읽고 있지만, 또 다른 해석의 가능성을 고려해보자. 그것은 '사람들에 반(反)하여'(against)란 의미로, 그들이 사람들에게 불이익을 행한 것으로 읽을 수가 있다. 이 본문 속에는 누군가가 사람들에게 죄를 지었다는 고발이 담겨있다.

용서의 대상이 마가공동체가 될 수도 있겠지만, 문맥상 예루살렘에서 온 서기관들 그리고 그 이면에 자리한 지배체제 수호자들을 가리키고 있다고 보아야 한다. 마가공동체 입장에서, 당신들이 우리에게 잘못한 것은 용서해 줄 수 있다는 의미이다. 전자의 경우 죄란 마가공동체가 진 빚이다. 사람들이 세금을 내지 못해 정죄된 상황이고 신성모독 역시 예루살렘 성전에 대한 의무(십일조)를 수행하지 않은 결과로 범하게 된 죄이다. 이것이 번역본에 반영된 이해다. 사람들이 잘못한 것을

'그들에게/그들을 위해'(to/for them) 용서해 주라는 말이다. 그렇다면 여기서 용서 못할 죄는 무엇인가? 그것도 마가공동체와 관련된 것일까? 예수가 처한 논쟁의 성격을 생각하면, 이는 다분히 정치적이고, 신학적인 선언이다. 너희들이 우리에게 행한 못된 짓들은 다 용서할 수 있어도, 그 근본 철학, 가치관에는 동조할 수 없다는 말이 된다. 왜냐하면 그들의 생각은 보다 심각한 성령을 모독하는 죄이기 때문이다.

예루살렘 지도자들은 예수에게 신성모독죄를 덮어씌웠다(2:7; 14:64). 지배체제—예루살렘에서 내려온 서기관들—는 이 죄목을 자신들의 권력 유지를 위한 정치적, 종교적 도구로 이용하고 있다. 예수가 성령으로 행한 일을 서기관들은 더러운 영의 힘으로 간주하여 예수를 배척할 명분으로 삼았다. 그러나 예루살렘 성전체제를 비난하는 것이 신성모독이 아니라, 하느님의 일을 업신여기는 것이 성령을 거스르는 일이며 이것이야말로 진정한 의미에서 신성모독일 것이다. 마가복음 신학에서 볼 때 하느님의 복음을 훼방한 셈이다.

예수는 비유를 통해 서기관들이야말로 더러운 영에 물든 사람이라고 맞받아친다. '사탄', '나라', '집', '강한 자' 모두 한 가지를 가리킨다(3:23-27). 나라(kingdom)가 정치적 영역을 상징한다면, 집(house)은 왕조(dynasty) 혹은 성전(temple)을 암시한다. 12장에서 예수는 자신이 다윗의 왕조에 비견되는 것을 거부했고(12:35-37), 그들 집(성전)에 들어가 강한 자를 쫓아내고(ἐκβάλλω, 3:23; 11:15), 물건을 빼앗는다(σκεῦος, 3:27; 11:16). 그리고 마침내 예루살렘 성전체제가 무너진다(13장).

신학 다시 하기

성서의 기록(글)은 그 시대의 특수한 언어로 시대정신(Zeitgeist)을 담아내고 있다. 성서 기자는 사진이나 동영상을 찍듯 정확하게 기록하는 것을 목적으로 하지 않았다. 오히려 그림을 그리듯 독자적인 신학을 이야기에 담아 전한다. 그 사건(경험)이 갖는 주관적 특성 때문에 사건 자체를 기술하는 데서는 문화마다 다소 차이를 보이지만, 그 경험은 보편적인 것이다. 저자의 의도(가치), 즉 글을 쓰는 궁극적 목적과 이유에 '구원'의 내용이 담겨있다. 구원을 다른 표현으로 하자면 자유, 행복, 해탈 등 우리들이 염원하고 추구하는 가치라고 할 수 있다.

시대와 장소를 넘어 우리가 성서와 만날 수 있는 것은 모든 사람들이 사건(경험)을 공유할 수 있기 때문이다. 이런 보편적인 경험 속에만 소통이 가능하다. 성서의 사건(경험)을 우리는 지금의 언어로 어떻게 표현할 수 있을까? 이것이 우리가 신학 다시 하기를 통해 묻는 첫 번째 질문이다. 성서와 전통, 종교의 궁극적 목적이 어떤 의도(가치)를 전하고 가르치는 것이라면, 굳이 정형화된 틀—특정 종교의 사건과 경험—을 통해야만 할까? 이것은 그리스도교에 대한 이해뿐 아니라 종교 간의 대화에 꼭 필요한 질문이다. 또 다른 질문은 오늘날 자본주의 시대에 맘몬(재물)을 넘어서, 이 가치를 구현할 수 있는 방법은 무엇일까? 성서 이야기를 우리들 삶 속에 적용할 때에는 문자에 매이지 않고 의미를 중시하는 노력(dynamic equivalence)이 있어야 한다. 성서를 오늘의 말로 바꾸어 말할 수 있어야 하는 이유이며 토착화 신학이 요구되는 근거다.

마가복음의 배경이 되는 기존질서(체제)에서 혈연 중심의 가족제도는 사회 구성의 기본 단위이자 핵심이다. 이를 바탕으로 촘촘한 그물망과 같은 정치체제가 형성되어 있다. 혈연과 지연, 학연과 인맥을 배경으로 갖고 있는 소수의 권력층은 자신들이 만든 지배체제를 '가족 중심으로' 효율적으로 운영한다. 대다수 사람들은 체념한 채로 체제에 물들어 살거나 그 체제에 적극적으로 동조함으로써 '왕따'를 면하게 된다. 막 3:20-35은 가족과 체제로부터 배척당한 예수가 새로운 공동체를 선포하는 것으로 막을 내린다. 재미있는 것은 3:20-21에서는 예수가 밖에 있고 집안 식구들은 예수를 미쳤다고 생각한다. 가족들마저 소문에 들리는 사람들의 말—지배체제가 심어준 생각—을 되풀이 한 결과다. 이야기의 결말(3:31-32)에는 오히려 예수의 친족이 집 밖에 있고 예수는 안에서 새로운 식구들과 함께 있다. 기존의 질서를 뒤엎는 생각이다. 이렇게 신학(하기)의 차이는 필연적으로 삶의 변화를 가져온다.

성령을 훼방하는 자는 마가/예수/하느님의 복음을 중상, 비방, 모욕하는 자로 이해된다. 앞장에서 다룬 것처럼 성령과 더러운 영은 따로 존재하는 것이라기보다는 우리 내면에 나타나는 두 가지 마음으로 보아야 한다. '하느님의 일'과 '사람의 일'이 그 좋은 예다(8:33). '하느님의 일'은 '하느님의 복음'(1:14)과 '하느님의 믿음'(11:22)에 기초한다. '하느님의 일'에 대치되는 개념이 로마제국의 복음과 가치관이며 '사람의 일'에 비견된다. 예언자적 사명을 감당해야 하는 교회는 필연적으로 지배체제의 이데올로기에 맞서 싸우게 마련이다. 그러나 오늘날 많은 대형교회들은 지배체제의 권력을 두려워하여 침묵하든지 아니면 적극적으로 그 세력을 옹호함으로써 자신들 또한 기득권 세력으로 남는다. 그리스도인으로서 우리의 할 일은 이렇게 제국주의의 시녀가 된 교회신학으로부터 성서의 가르침으로 되돌아가는 일이다. 또한 현대인들이 외면하는 근본주의 신학에서 성서를 오늘에 맞게 보는 새로운 시각이 요구된다. 이 책에서 강조하는 '신학 다시 하기'다. 이것은 예수께 영생을 구하는 서기관에게 "네가 어떻게 읽느냐"(눅 10:26)라고 되묻는 것과 같은 맥락이며, "너희는 나를 누구라고 하느냐"(막 8:29)라는 물음 속에 담긴 가치관이다.

생각할 문제

1. 오늘날 우리가 타파해야 할 지배체제는 무엇일까? (FRB, 대기업 횡포 등)

2. 나는 예수가 누구라고 생각하는가? 그것이 내 삶에 어떤 (구체적인) 변화를 가져오는가?

3. 예수를 알아보는 귀신을 꾸짖는 장면은 복음서에서 말한 '하느님의 뜻대로 행한 자가 천국(하느님 나라)에 들어간다'는 말을 연상시킨다(마 7:21; 눅 13:25-27). 우리 신앙인들의 삶과 연관해 느낀 점을 말해 보라.

제9장

씨앗, 말씀, 신학하기(4:1-34)

> "예수께서 이러한 많은 비유로 저희가 알아 들을 수 있는 대로 말씀을 가르치시되, 비유가 아니면 말씀하지 아니하시고 다만 따로 계실 때에 그 제자들에게 모든 것을 해석하시더라"(4:33-34, 개역한글).

> 비유란, 말로 표현된 것 이상의 의미를 내포하는 이야기이다. 그래서 이야기를 듣는 사람마다 서로 다른 의미로 받아들이기도 한다. 그리고 사람들이 그 의미를 깨달으면 단지 인식의 단계에 머무르지 않고 그들의 태도와 의지, 행동에 이르기까지 변화를 보이게 된다. 비유를 이해한다는 것은 단지 깨달음을 뜻하기보다는 변화하는 것(또는 적어도 그런 변화에 도전받는 것)을 의미한다.(R. T. France, *The Gospel of Mark*, 183)

지금까지 예수가 갈릴리를 중심으로 행한 삶과 가르침을 소개하였다. 그런데 예수의 행적에 대한 사람들의 반응이 각양각색이다. 어떤 사람들은 예수의 가르침에 놀라는가 하면(1:27), 더러는 예수를 무시하거나(3:21-22) 또는 의심의 눈초리를 보낸다(3:6). 그 동안 예수의 가르침이 부분적으로 소개되었던 것에 반해(1:21-27; 2:13), 마가복음 4장의 비유는 중간에 다른 이야기 없이 다소 길게 소개된다. 이런 식의 가르침과 구성이 예수가 예루살렘에서 행적을 마치는 시점인 13장에 한 번 더 나온다. 이것은 그간의 여정을 되돌아보는 성찰의 시간을 갖기 위한 것으로 일종의 의식화, 신학화 작업이다. 하느님의 복음이 모든 사람들을 위한 것이라면, 왜 사람들은 각각 다른 반응을 보이며, 이해에도 차이가 있을까? 이 질문에 대한 답은 씨 뿌리는 자의 비유를 통해 말해주고 있다.

네 가지 부류의 사람들

마가복음은 예수가 비유 외에는 말씀하지 않았다고 하며(4:34; cf. 3:23; 7:17; 12:1), 또 씨 뿌리는 자의 비유가 모든 비유의 기초를 이룬다고 말한다(4:13). 이 말은 씨 뿌리는 자의 비유를 이해하지 못하면, 예수의 비유와 말씀을 깨닫지 못한다는 의미이다.

우리가 흔히 이 본문을 "씨 뿌리는 자의 비유(The Parable of the Sower)"라고 말하지만, 사실 이 비유는 씨 뿌리는 자가 심은 씨앗의 운명에 관한 것이고, 더 정확히 말하자면 씨앗이 떨어진 땅의 종류에 관한 이야기이다. 그리고 이어지는 해석에서 보다 분명히 나타나듯이 씨앗은 말씀을 뜻한다(4:14). 여기서 비유의 초점은 씨앗도 아니고 말씀도 아니다. 씨앗이 떨어진 땅의 종류, 곧 말씀을 듣는 사람들에 관한 이야기이다. 우리들의 실제 신앙생활과 관련짓는다면 이 비유는 지배체제 혹은 그 이데올로기, 신학을 염두에 두고 있다.

길가에 떨어진 씨는 곧바로 새의 먹이가 되고 마는데, 새는 사탄을 빗댄 말이다(4:4, 15). 사람이 지배이데올로기 혹은 지배신학의 노예가 되어 있기 때문에 말씀이 그 안에 뿌려져도 자리 잡지 못함을 의미한다. 군중들은 예수가 병 고치는 것을 구경하러 모여 들지만 결국은 예수를 죽이는 데 일조할 뿐이다(15:6-15).

돌밭에 떨어진 씨는 말씀에 잠깐 관심을 보이다가, 환난과 핍박이 닥치면 곧 무너지는 사람을 가리킨다(4:5-6, 16-17). 뿌리가 없다는 말은 스스로 설 수 있는 자신의 신학과 신앙이 없다는 말이며, 따라서 이들은 외부의 압력에 쉽게 흔들린다. 지배신학의 핍박을 이겨내지 못하고 무너졌던 제자들이 바로 이 그룹에 해당한다(14:27-50, 66-72).

가시떨기에 떨어진 씨는 물질 만능주의(맘몬, Mammon)를 벗어나지 못하는 경우다(4:7, 18-19). 그 나름대로 신학과 신앙은 가졌지만, 삶이 이를 따르지 못하는 경우로, 영생에 대해 묻는 부자를 대표적인 예로 들 수 있다(10:17-23). 자신의 재물을 팔아 가난한 자에게 나누어주고 예수를 따르라는 말에 부자 청년은 근심하며 떠난다. 제자들이 구한 권력 또한 여기에 포함된다(10:35-37). 세상의 염려, 재물의 유혹, 욕심 등이 그 앞을 가로막는다. 신학과 신앙, 혹은 믿음과 생활의 불일치를 지적하고 있는데, 이것이 바로 성서가 말하는 의심이다. 두 개의 신학 노선, 상반된 가치관을 동시에 품고 사는 것을 지적하는 말이다.

마지막으로, **좋은 땅에 떨어진 씨들**은 신학과 신앙 혹은 믿음과 생활이 일치되고 일관성을 갖는 가장 이상적인 경우를 상정한다(4:8, 20). 복수형으로 쓰인 '씨들'이라는 표현에서 독자는 말씀이 많은 사람들에게 영향을 미치게 될 것과 결실 또한 많을 것임을 암시받는다. 한 사람의 삶의 변화가 이를 보는 이들로 하여금 이 말씀과 신학을 따르게 만든다. 예수와 복음을 위해 따라 나선 사람들이 후에 집, 형제, 자매, 모친, 자식, 전토를 백배나 약속 받은 경우이다(10:28-30). 이것은 창조적이고 양생적(養生的)인 신앙으로 앞으로 나오는 두 번의 떡을 나누는 이야기 역시 이런 틀 속에서 이해할 수 있다(6:30-44; 8:1-10).

"열 두 (제자)와 함께 그의 주위에 있었던 사람들"

비유의 뜻과 함께 우리의 관심을 끄는 것은 예수에게 비유에 관해 물은 사람들이다(4:10). 이들이 누구일까? 얼핏 열 두 제자들이라고 생각하기 쉽다. 그런데 자세히 살펴보면 저자가 염두에 두고 있는 것은 마가복음 공동체이다.

GNT	*ἠρώτων αὐτὸν οἱ περὶ αὐτὸν σὺν τοῖς δώδεκα τὰς παραβολάς.*
개역	함께한 사람들이 열 두 제자로 더불어 그 비유를 묻자오니
표준새번역	예수의 주위에 둘러 있는 사람들이, 열두 제자와 함께, 그 비유들이 무슨 뜻인지를 예수께 물었다
공동번역	예수를 따르는 사람들이 열 두 제자와 함께 와서 비유의 뜻을 물었다
NIV	the Twelve and the others around him asked him about the parables
NRSV	those who were around him along with the twelve asked him about the parables

질문한 사람들이 열 두 제자와 함께 물었을까? 이것이 대부분의 번역본이 반영하고 있는 이해이다(NIV; 모든 한글성경). 그런데 자세히 읽어보면, "열 두 제자와 함께 그의 주위에 있었던 사람들이"(*οἱ περὶ αὐτὸν σὺν τοῖς δώδεκα*) 홀로 있는 예수에게 와서 따로 묻고 있다(NRSV). 이 경우 열 두 제자의 역할은 불특정 다수의 사람들을 소개하는 역사적 배경 또는

문학적 설정이 된다.

마가복음 4:11-12는 이사야 6:9-10을 인용하여 깨닫지 못함과 비유의 목적을 설명한다. 비유의 목적은 외부인들로 하여금 그 뜻을 깨닫지 못하게 하려는 데 있다. 여기서 외부인이란 표면상으로는 예수와 함께 있지만 실상은 예수를 감시하러 예루살렘에서 온 사람들일 것이다. 그럴 경우 비유를 사용함으로써 예수의 공적인 담화에 어떤 꼬투리를 잡히지 않으려는 계산이 깔려 있다. 그런데 후에 나오는 포도원 비유에서 그들은 비유가 자신들을 가리켜 말한 것인 줄 알아차리고 예수를 잡고자 한다(12:12). 비유의 목적이 숨기기 위한 것이었다면, 이 경우 그 목적은 달성되지 못했다.

문제는 열 두 제자인데 그들은 마음이 둔하여져 깨닫지 못했다고 여러 번 지적당한다(4:12; 6:52; 7:14; 8:17, 21). 마가복음의 제자들은 마태복음과는 달리 깨달음에 문제가 있다(마 16:12; 17:13 비교). 베드로가 꾸중을 당하는 것도 같은 이유다(8:33). 이렇게 예수의 말씀과 신학을 표면적으로는 따르는 듯 하지만 그것을 실제 자신의 것으로 내면화하지 못한 상태가 외부인의 모습이다. 제자들의 이런 모습은 마가복음이 당면한 신학적 문제이자 담론의 초점이었을 것이다. 그렇다면 과연 이런 열 두 제자들이 예수에게 비유의 뜻을 물었을까?

복음서를 읽을 때 예수의 시간대(역사적 배경—30년대)와 독자의 시간대(이야기 배경—70년대)를 함께 생각할 필요가 있다. 우리는 당시 (그리고 현재) 마가복음을 읽는 사람들과 열 두 제자와의 시대적, 신학적 차이에 관심을 두어야 한다. 예루살렘 성전의 붕괴와 함께 성전을 중심으로 활동했던 유대 지도자들은 그 구심점을 잃고 사라졌다. 그런 와중에도 예수 공동체는 살아남았고 조직화되었다. 그리고 소위 열 두 제자/사도들이 예루살렘을 중심으로 한 초기 교회 공동체의 핵심

멤버로 부상했다. 그러나 그들은 자리다툼에 눈이 멀었고(9:33-34), 어린아이들을 등한시 했으며(10:13), 무엇보다도 예수의 말씀을 깨닫지 못했다(6:52; 8:17). 반면 앞에서 말한 '예수의 주위에 있었던' 마가공동체는 예수의 참 뜻을 알고 그 정신을 따른다. 이것이 마가복음이 담고 있는 정체성 선언이자, 신학적 메시지다.

마가복음에 인용된 이사야 본문이 다소 어려운데, 마소라 사본(Masoretic Text)에 의하면 이사야가 받은 명령은 백성들의 마음을 둔하게 만들어 그들이 고침을 받지 못하게 하려는 것이다(사 6:9-10). 포도원 비유를 통해 유다와 이스라엘 통치자를 꾸짖은 후(사 5:1-7), 선지자 이사야는 당시 지배체제의 횡포를 고발하고 있다(사 5:8-23). 이렇게 "가옥에 가옥을 연하며 전토에 전토를 더하여 빈 틈이 없도록 하고 이 땅 가운데서 홀로 거하려 하는 그들은 화 있을찐저"(사 5:8).

> 주께서 이르셨다. "너는 가서 이 백성에게 일러라. '듣기는 들어라. 그러나 깨닫지는 말아라. 보기는 보아라. 그러나 알지는 말아라.' 너는 이 백성의 마음을 둔하게 하고 귀를 어둡게 하며 눈을 뜨지 못하게 하여라. 눈으로 보고 귀로 듣고 마음으로 깨달아 돌아 와서 성해지면 어찌 하겠느냐?" (사 6:9-10; 공동번역)

히브리성서에 따르면 하느님이 사람들의 마음을 둔하게 만들 목적으로 이사야를 보냈지만, 이를 번역한 칠십인역(LXX)은 사람들의 마음이 둔하여 진 것을 그들 자신의 탓으로 돌린다. 칠십인역을 번역한 한글 역본은 없지만, 칠십인역과 마태복음의 헬라어 본문이 정확히 일치하기 때문에 공동번역을 통해 그 인용된 말을 역추적해 볼 수 있다.

이사야가 일찌기, '너희는 듣고 또 들어도 알아 듣지 못하고, 보고

> 또 보아도 알아 보지 못하리라. 이 백성이 마음의 문을 닫고 귀를 막고 눈을 감은 탓이니, 그렇지만 않다면 그들이 눈으로 보고 귀로 듣고 마음으로 깨달아 돌아 서서 마침내 나한테 온전하게 고침을 받으리라'고 말하지 않았더냐? (마 13:14-15; 공동번역)

마태복음은 칠십인역을 따르고(마 13: 14-15), 마가복음은 마소라 사본, 곧 히브리성서의 이해를 따른다.

> 예수께서는 이렇게 대답하셨다. "너희에게는 하느님 나라의 신비를 알게 해 주었지만 다른 사람들에게는 모든 것을 비유로 들려준다. 그것은 그들이 보고 또 보아도 알아 보지 못하고 듣고 또 들어도 알아 듣지 **못하게 하려는** 것이다. 그들이 알아 보고 알아 듣기만 한다면 나에게 돌아와 용서를 받게 될 것이다"(막 4:11-12, 공동번역).

칠십인역과 마태복음은 사람들의 도덕성 문제를 다루면서, 깨닫지 못함 역시 그들의 책임이자 징계의 대상으로 보고 있다. 그런데 히브리성서와 마가복음에서는 개인의 윤리적 문제가 아닌, 보다 심각한 구조악을 지적하고 있다. 즉 지배체제에 대한 정치적, 신학적 문제를 다룬다. 위의 공동번역 후반부 '그들이 알아 보고 듣기만 한다면, 용서를 받게 될 것이다'는 해석이 마치 용서의 가능성을 열어놓은 듯 보이지만, 실제는 전혀 그런 가능성 자체를 배제하려는 의도가 깔려있다. 표준새번역은 '그들이 돌아와서 용서를 받지 못하게 하려는 것이다'라고 번역한다.

지배체제에 저항하는 사람들

또 다른 비유에서 하느님의 나라는 겨자씨와 같다고 말한다. 그리고 그것이 자라 큰 가지를 내고 공중의 새들이 그 그늘에 깃들이게 된다(4:32). 큰 나무는 구약성서에서 보통 왕권과 국력의 확장을 의미했다(에스겔 17장, 31장; 다니엘 4장). 한 예로, 다니엘서 4장은 느부갓네살 왕의 꿈을 해석하는데, 그 꿈을 서술하는 표현이 눈에 익다. 나무가 크게 자라 끝이 하늘에 닿고, 들짐승이 그 그늘에 있고 공중에 나는 새는 그 가지에 깃들인다(단 4:11-12; 20-22). 에스겔의 백향목 비유에서 새들은 그 그늘 아래 깃든 "모든 큰 나라들"(겔 31:6)을 의미한다. 겨자씨 비유는 볼품없어 보이는 가장 작은 씨앗이 자라서 크게 됨과 같이, 예수를 따르는 마가공동체가 비록 힘도 없고 수적으로 미약할지라도, 예수의 복음을 살아냄으로써 결국 하느님 나라가 세상의 지배체제를 대체할 것을 비유한 말이다.

마가복음 4장에서 군중들은 밖에 있고 제자들은 집 안에 있는 것으로 묘사된다. 이를 통해 마가공동체의 가정교회(house church)를 연상할 수 있다. 편집비평의 관점에서 분석해 보면, 10절부터 25절의 말씀, 곧 청중이 "열둘과 함께 예수 주위에 둘러 있는 사람들"로 제한된 말씀들은 이를 둘러싼 1-9절, 26-32절과 대조를 이룬다. 주목할 점은, 1-9절과 26-32절에서는 씨 뿌리기, 씨앗이 자라는 등 바깥세상의 일들이 비유에 등장한다. 그리고 10-25절에서는 집안의 용품들—등불, 침상, 등경—이 비유의 대상이다.

편집비평을 통해 살펴본 바로는 비유가 공통적으로 바깥세상의 일을 다루고 있기에 1-9절에서 곧바로 26-34절로 넘어가는 것이 자연스러운 흐름이다. 그런데 바깥세상과 집안의 용품들이 뒤섞여 있다는 것은 의도적으로 편집한 것임을 보여준다. 아마도 34절에서 밝혔듯이 예수가 제자들에게 사석에서 가르쳤다는 생각이 10-25절의 부가설명을 가능하게 하지 않았나 여겨진다. 열 두 제자들이 예수의 가르침을 당시에는 깨닫지 못하고, 예수 사후에야 비로소 깨닫고 예수를 전했다는 사실이 이 구절의 역사적, 신학적 배경이다. 마가복음에서 제자들이 깨닫지 못했다는 것은 하느님 나라의 비밀(μυστήριον, mystery, secret)을 상기시킨다(4:11). 또한 제자들의 배교(14:27-50, 66-72)는 나중에 온전하게 깨닫게 된 후 예수 운동에 참여함으로 이루어지는, 초기 기독교 형성을 알리는 서곡에 불과할 뿐이다. 이것이 4장 22절, "숨겨 둔 것은 드러나고, 감추어 둔 것은 나타나기 마련이다"는 말의 의미이다.

"열 두 제자와 함께 예수 주위에 둘러 있는 사람들"이란 표현에서 주어는 "예수 주위에 둘러 있던 사람들"이다. 이를 통해 우리는 두 개의 줄거리(storyline)를 동시에 읽게 된다. 하나는 이미 살펴본 대로 예수의 가르침을 제자들이 깨닫지 못했다는 사실이다. 다른 하나는 제자들이 후에 만나서 가르치게 될 사람들, 곧 "예수 주위에 둘러 있던 사람들"로 묘사되는 마가복음 공동체 역시 처음에는 열 두 제자들처럼 깨닫지 못했다는 초기 교회의 어려움을 암시하고 있다. 아울러, 그들도 결국은 하느님 나라의 비밀을 알게 될 것이므로, 마가공동체가—같은 이유에서, 우리 모두가—예수의 가르침을 전하는 일에 낙심하지 말라는 권면의 말씀이기도 하다.

이렇게 "제자들과 함께 예수 주위에 있던 사람들"을 외부인이 아닌 '내부인'으로 간주하거나 이미 제도(기독교, 교회, 베드로) 속에 들어와 자리 잡은 사람들이라고 단정하기보다는 실제로 예수의 신학을 내 것으로 하여 살아내는 사람들(무명의 제자들)로 보아야 할 것이다. 아마도 이들이 마가복음을 남긴 사람들일 것이다. 바로 이들에게 "하느님 나라의 비밀"(4:11)이 주어졌다.

그러나 마가복음 이야기의 안팎을 모두 볼 수 있는 청중은 결국 독자들이다. 그렇기에 독자들의 결단을 촉구하고 있다. "갈릴리로 가라"(16:7). 예수의 복음을 살아내라는 말이다. 하느님 나라의 비밀을 볼 수 있는 사람들은 정해진 것—그런 의미에서 선택된 제자들—이 아니라 스스로 결단을 통해 하느님 나라를 사는 사람들이다. 이렇게 마가복음은 오늘도 여전히 우리에게 말하고 있다.

생각할 문제

1. 네 가지 신앙인의 모습/형태 중, 나는 어디에 속할까? (길 가, 돌밭, 가시떨기, 좋은 땅)

2. 참 신앙인으로 가는 길에 나를 막는 요인은? 그리고 이를 벗어나는 길은?

3. 겨자씨와 같은 작은 말씀 한 마디가 내 안에서 자라 나의 인생을 변화시킨다. 지금 내 안에서 자라고 있는 말씀 한 단어, 한 마디는 무엇인가?

제10장

경계선 없애기 I(4:35-5:43)

또 다시 기적 이야기가 등장한다. 이쯤에서 다시 한 번 성서를 대하는 우리의 입장을 정리해 보자.

- 그리스도교의 핵심은 예수이다. 예수 이야기가 허구이든지 (Doherty, *The Jesus Puzzle; Freke and Gandy, The Jesus Mysteries*), 그리스도교는 바울의 종교라고 주장하든지, 혹은 그리스도교는 하느님/하나님을 믿는 종교라고 말하든지(대중 종교) 간에, 그리스도교의 독특성은 예수 이야기에 있다. 그러므로 예수 이야기는 그리스도교 담화에서 빠질 수 없을 뿐만 아니라, 핵심이 되어야 한다.
- 성서는 경전으로서 우리에게 여전히 가치가 있다. 다만 성서 언어가 그 자체로는 죽은 언어이고, 당시의 독특한 역사적, 문화적 배경에서 쓰였다는 것을 염두에 둔다면 성서를 읽을 때 문자적 이해에 매여 있어서는 안 되는 점이 자명해진다. 문자가 가리키는 사건/경험을 통해 저자가 품은 의미/가치가 독자에게 전달될 때 비로소 성서의 권위가 되살아난다.
- 교회의 성경공부가 교리와 신앙고백을 통해 기존의 신학을 되풀이하는 것에 머물러서는 안 된다. 그리스도교 전통—좋은 의

미에서 정체성(identity) 문제—속에서 내 삶을 의미 있게 가꾸는 것을 목표로 해야 한다. 기존의 그리스도교 신학에 대한 비판과 반성은 성서연구의 궁극적 목적이 아니라(안티 그리스도교 입장) 단지 부산물일 뿐이다. 아울러 교회 내의 기득권자의 권력 남용이 불러 온 이단 시비 문제(안타깝게도, 기존의 그리스도교 입장) 또한 원초적으로 배격되어야 한다.

복음서에 기적 이야기와 병 고치는 사건들이 나오지만 지금은 더 이상 그런 일들이 일어나지 않는 것은 당연하다. 기적 이야기는 그 속성상 유일무이(唯一無二)하기 때문이다. 그렇다면 그런 이야기를 통해 성서는 무엇을 말하고자 하는가? 사건의 희귀성을 통해 예수의 초월성과 예외성을 주장하려고 했다면, 그런 주장은 단 한 번으로 족하다. 성서 기자가 계속 이야기를 바꿔가며 그 하나의 사실을 반복해야 하는 이유가 있을까? 기적 이야기가 갖는 상징적 의미에 눈을 돌릴 필요가 있다.

바다를 건너다

마가복음에는 예수가 바다/풍랑을 잔잔케 하는 사건이 두 번 기록되어 있는데, 이 사건은 전체적인 구조와 긴밀하게 맞물려 있다. 두 번의 바다를 건너는 사건(4:35-41; 6:45-52)은 두 번의 떡을 떼는 사건으로 마무리되며(6:30-44; 8:1-10), 그 사이에 귀신축출과 병 고침(5:1-43; 6:53-56), 예수가 배척당함(6:1-5; 7:1-23), 귀신축출과 병 고침(6:6-13; 7:24-37)에 관한 이야기들이 배치되어 있다. 예수가 배척당한 기사가 풍랑과 잔치 중간에 삽입되어 있는 셈이다. 그렇다면 예수는 왜 배척당해야만 했을까? 마가복음에서 계속 제기되는 질문이자 제자들과 마가복음 공동체가 역사적으로 당면한 문제였고 풀어야 하는 숙제였다.

마가복음에서 풍랑은 은유적 표현(metaphor)으로 두 개의 이질적인 문화, 이데올로기, 또는 가치관 간의 불협화음, 적대감, 또는 위험을 암시한다. 갈릴리 바다는 사실상 민물 호수이다. 그럼에도 불구하고 본문에서 굳이 바다로 부르는 이유는 바다가 담고 있는 상징적 의미를 염두에 둔 까닭이다. 고대 근동의 신화에서 바다는 종종 최고 위치의 신을 대적하는 세력으로 표현된다. 우가리트(Ugarit) 신화에서 바알은 얌(바다)을 제압하고, 바벨론 신화에서 마르둑(Marduk) 역시 바다로 상징된 티아마트(Tiamat)를 물리치고 천지창조를 이룬다. 그리고 이들과 공동문화권을 형성한 유대인들의 히브리성서에서도 바다는 혼돈과 무질서를 상징한다. 물과 바다를 다스리는 것을 창조의 시작으로 묘사한 것도 그와 같은 배경에서 비롯된다(창 1:2), 홍해를 가르는 사건 역시 바다를 다스리는 행위이며(출애굽 14-15장; 시 77: 16-20; 106:9), 시편 104:9에서 하느님이 바다에 경계를 정하여 바다가 육지를 침범하기 못하도록 한다는 것도 동일한 이해가 바탕에 깔려있음을 보여준다. 고대 농경사회에서 홍수는 농민들이 당면한 최대의 위협이었다. 일 년 농사를 순식간에 망쳐 놓을 수 있는 무서운 자연재해였기 때문에, 그 경험을 바탕으로 신들의 세계 속에서도 바다로 비유되는 신은 통제해야 하는 위협적인 존재였다.

이런 맥락에서 바다에서 이는 풍랑은 경계선에서 오는 긴장, 위험을 뜻한다. 갈릴리 바다는 요단강을 중심으로 서쪽으로는 유대인 지역, 동편으로는 이방인 지역으로 구분된다. 그러므로 바다를 건너 다른 지역으로 이동한다는 것은 기존의 유대 가치관에서 볼 때 부정한 땅에 들어가는 것이고, 이방인들과 어우러짐을 의미한다. 이는 유대 지도자들이 세운 사회질서(틀)를 깨는 행위이다. 당연히 정통 유대인들의 의심과 경계의 눈초리, 그리고 감시와 비난이 뒤따르는 한편, 이방인들로부터는 도전과 위협이 기다리고 있다. 마가복음은 이것을 은유적 표현으로 풍랑이 인다고 기록한다.

풍랑이 일자 제자들은 무서워 어쩔 줄 몰라 예수를 깨운다. 예수가 추궁한다. "아직도 믿음을 가지지 못하느냐"(4:40) 여기에서 믿음이란 무엇을 의미하는 것일까? 막 11:22에서는 "하느님의 믿음"을 말하고, 예수는 "하느님의 복음"(1:14)을 전파한다. 하느님의 믿음이란 로마의 믿음—지배체제의 믿음—과 대치되고 상반되는 믿음, 혹은 가치관, 이데올로기, 철학을 의미한다. 바다에 이는 풍랑을 지배체제의 세력이 보내는 경고, 압력, 핍박으로 볼 때, 하느님의 믿음은 이런 지배이데올로기의 핍박과 도전을 이기는 창조적인 힘으로 작용한다. 혈루증 여인과 야이로 딸 이야기에서도 믿음이 강조된다. 혈루증 여인에게 "네 믿음이 너를 구원했다"(5:34)고 하며, 회당장에게는 "믿기만 하라"(5:36)고 명한다. 이렇게 믿음은 이 장(章)을 이해하는 열쇠이며 마가복음 신학하기의 핵심이다. 마가복음에서 믿음을 언급할 때, 동사 '피스튜오'(πιστεύω, 14번)와 명사 '피스티스'(πίστις, 5번)는 모두 하느님의 믿음을 내 믿음으로 삼아 살아내는 것을 말한다.

군대 귀신

예수는 바다를 건너 이방인 지역 데가볼리(Δεκάπολις, ten cities)의 하나인 거라사로 향한다. 이 지명의 정확한 위치는 밝혀지지 않았지만, 여기서는 이 도시가 요단강 동편 이방인 지역에 위치한다는 사실만으로도 전반적인 이해를 돕기에 충분하다. 주목할 것은 더러운 영에 매인 사람은 가해자가 아닌 피해자다. 그는 무덤 주위를 맴돌며 스스로를 핍박한다. 자해와 함께 죽음의 그림자가 늘 그를 따라 다닌다. 그 안에 더러운 영, '군대 귀신'이 들어가서 생긴 일이다. 이스라엘 사람들뿐 아니라 다른 민족, 그 밖의 문화권 사람들 역시 로마제국 하에서 억눌려 생활하고 있음을 생생하게 보여준다.

이방 땅에 들어서자마자 예수는 귀신들린 자와 맞서게 되는데 아무도 그를 제압할 수 없는 험악한 상황이 연출된다. 여기에 서술된 "아무도 그를 제어할 힘이 없다"(5:4, ἰσχύω)는 표현은 앞에서 예수가 힘센 자를 제압한 비유를 연상케 하고(3:27, ἰσχυρός), 그 이전에 세례 요한이 예수를 소개하면서 한 말, 곧 자기보다 능력 많으신 분이라고 표현한 것을 환기시킨다(1:7, ἰσχυρότερός). 창조신화에 등장하는 힘겨루기—그 언어가 여전히 신약성서에도 살아 있다. '하느님 나라'의 '나라'(바실레이아, βασιλεία, kingdom, rule)라는 표현이 증거하듯, '나라'는 통치를 뜻하는 말이다. 당시 시대적 배경에서 보면 '제국' 혹은 '왕국'으로 번역될 수도 있다. 문제는 어떤 나라, 누구의 통치를 구현하는가이다. 로마 나라인가 아니면 하느님 나라인가? 이렇듯 말이란 쉽게 바뀌지 않는다. 그 뜻(이해)이 바뀔 뿐이다. 예수는 더러운 귀신(영)을 돼지에게 보낸다. 돼지는 유대인들이 먹지 못하는 짐승으로 문화적으로 이방인 지역을 뜻하지만, 이보다 더 큰 의미가 이 말 속에 담겨 있다. 곧 로마 군대, 제국주의와 지배체제를 상징하는 말이다.

군대 귀신들린 사람 이야기의 역사적 배경을 살펴보자. 당시 팔레스타인은 로마제국의 통치 아래 놓여 있었다. 북쪽 시리아에 주둔한 로마제국의 열 번째 군단(Legion)은 (멧)돼지 형상을 군대 기장의 상징으로 썼는데, 이들은 갈릴리와 유대를 포함한 주변 국가에서 만일에 있을 소요와 반란에 대비해 경찰 임무를 수행했다. 특별히 헤롯 대왕 사후 갈릴리 사람 유다가 일으킨 항쟁을 진압하는 과정에 2000여 명의 갈릴리 사람을 십자가에 처형하는가 하면(*Antiquities*, XVII, 295), 유대 전쟁(66-73 C.E.)과 바코흐바 전쟁(132-135 C.E.)을 통해 예루살렘과 온 유대를 초토화시켰다. 퇴역군인들과 로마인들이 요단강 동편, 즉 이 이야기의 배경이 되는 거라사 지역에 많이 거주하고 있었다. 유대인 역사가 요세푸스는 유대전쟁 상황을 다음과 같이 적고 있다:

> 베스파시안은 기병대와 많은 보병과 함께 루키우스 안니우스를 거라사 지방에 보냈다. 안니우스는 마을을 공습한 후에 미처 피하지 못한 천여 명의 청년들을 살해하고 그들의 가족들을 포로로 잡고 또한 군사들로 하여금 재물을 약탈케 했다. 마침내 그는 주거지를 불사르고 주변 마을로 행군해 나갔다. 몸을 움직일 수 있는 사람들은 도망갔지만, 노약자들은 비명에 갔으며 모든 것이 불길에 휩싸여 사라졌다. 이렇게 전쟁은 산과 들로 퍼져나갔다. *War*, IV, ix, 1 (486-489)

돼지는 다른 짐승과 달리 떼로 다니지 않는다. 떼로 모여 있다는 것은 군대가 사열하는 것을 연상하게 한다. 귀신들린 자가 예수를 대적하여 나오는 것이나(ὑπαντάω, 5:2), 예수가 군대 귀신을 떠나게 허락하는 것(ἐπιτρέπω, 해산시킴)이나 돼지 떼가 비탈로 돌격하는 것(ὁρμάω, 5:13) 모두 출정하는 군대의 모습을 연상시킨다. 돼지 떼에 들어간 군대 귀신이 바다에 빠지는 장면은 출애굽 상황을 재연한다. 이스라엘 백성이 이집트 제국을 탈출하면서 바로의 군대가 추격하자 하느님은 모세를 통해 홍해(혹은 갈대 숲)의 물을 쓸어 모아 바로의 군대를 수장시킨다(출

14:26-31; 15:4-5). 이렇게 예수의 귀신축출은 지배체제 이념과의 싸움을 은유적으로 표현한 것이며, 로마체제 하에서 벗어나고자 하는 염원을 출애굽 상황을 통해 재연(再演)하는 것으로 나타낸다.

혈루증 여인과 소녀의 소생

바로 이어서 등장하는 혈루증 여인과 소녀의 이야기는 마가복음의 대표적 문학기법인 샌드위치 기법을 잘 보여준다. 이야기 중간에 나오는 혈루증 여인의 믿음과 행동(5:25-34)은 이를 둘러 싼 본래 이야기(5:21-24; 35-43)—회당장의 딸 야이로—를 해석하는 열쇠이다. 여기서는 무슨 믿음을 말하고 있을까? 분명 여인의 믿음인데, 그 내용은 무엇일까?

혈루증 여인과 회당장의 딸 이야기는 등장인물들의 공통점과 차이점을 동시에 보여준다. 두 이야기는 당시 남성 중심의 사회에서 상대적으로 멸시와 천대를 받던 여자들의 이야기이다. 또한 두 사람 모두 열둘이라는 숫자와 관련이 있다. 한 사람은 12년 간 병고에 시달리고, 다른 한 사람은 12살이 되었다. 어떤 이들은 여인이 12년 동안 피를 흘린 것과 소녀가 이제 비로소 초경의 나이인 12살이 되었다는 점에 주목한다. 그러나 무엇보다도 열둘(12)이라는 숫자는 이스라엘 열 두 부족을 상징하는 것으로 보여진다. 이것은 제자 열둘을 부르는 것과 같은 맥락이다. 한 사람의 운명을 말한다기보다 이스라엘 전체를 함축하는 은유적이고 상징적인 묘사이다. 피는 생명을 상징한다(창 9:4-6). 여인이 열 두 해 동안 피를 흘리고 있었다면, 그만큼 생명이 소진됨을 의미한다. 12살 소녀가 죽어 간다. 매우 급박한 상황이다.

하지만 이 두 사람이 처한 상황을 보면 여인과 소녀는 여러 면에서 차이가 있다. 여인은 헐벗고 가난한 반면, 소녀는 사회적으로 안정된 회당장의 딸이다. 어린 소녀가 경제적, 사회적으로 어려움을 겪었다고 보기는 어렵다. 예수에게 도움을 청하는 장면에서도 회당장—그리고 그 딸—은 공식적인 절차를 통해 예수 앞에 나온다. 겸손하지만 떳떳한 자세다. 그러나 여인은 군중들 틈에 숨어 아무도 눈치채지 못하게 예수에게 접근한다. 여인이 외간 남자에게 다가와 손을 대는 것은 당시 가부장 사회에서 금기시 되는 일이었는데, 더욱이 피를 흘리는 부정한 여인이라면 정결법을 어긴 문제로까지 확대될 수도 있다. 예수가 묻는다. "누가 내 몸에 손을 대었는가?" 제자들은 그 말이 무슨 뜻인지 몰랐다. 사람들이 많아 서로 부딪히는 상황에서 어찌하여 그런 말을 하냐고 오히려 예수를 힐난한다(5:31). 예수는 자기에게서 능력이 나간 것을 느낀다. 여기서 능력(δύναμις)이란 성령의 힘을 뜻하는 말로 예수가 세례를 받고 물에서 올라올 때 하늘로부터 임한 그 신령(Spirit, 1:10)의 나타남이다. 이미 언급한 대로 이 신령은 하느님의 영이고, 그 영이 예수를 광야로 보내 훈련시키고, 그 영에 이끌려 예수는 공생애를 시작한다. 바로 그 영, 그 신학, 그 가치관이 여인에게 흘러 들어간다. 예수의 옷깃을 만지면서 예수의 영이 여인 속에 내면화되는 순간이다. 여인의 믿음이란 하느님의 믿음, 예수의 믿음을 자신의 것으로 선택한 것이다. 그 선택이 여인을 지배체제의 억압으로부터—병고와 아픔으로부터—해방을 가져올 것이란 믿음이고, 그 믿음대로 여인은 고침을 받는다. 이것이 풍랑을 잔잔케 하듯 자신을 옥죄는 세파를 이겨낸 창조적인 믿음 행위이다. 두 번째 이야기에서 예수는 죽은 소녀의 손을 잡는다(5:41). 당연히 예수는 부정함에 전염되어 부정하게 되어야 마땅하다. 그러나 결과는 예수의 성스러움이 여인의 부정함을 깨끗케 한다. 이것이 여인이 가졌던 믿음이고 회당장에게 또한 같은 믿음이 요구되었다.

성과 속, 가진 자와 가지지 못한 자, 지배자와 피지배자, 내부인과 외부인 등은 모두 상대적인 개념이다. 우리는 누구나 지배자임과 동시에 피지배자이다. 가정에서는 지배자 위치에 있지만, 사회적으로 피지배자 위치에 처하는 경우가 허다하다. 혈루증 여인의 이야기를 읽는 독자들은 주인공의 위치에 서 있을 수도 있고 다른 한편으로는 제자나 회당장의 자리에서 가진 자처럼 행동하거나 혹은 주변 군중들처럼 구경꾼 역할을 하기도 할 것이다. 기존체제가 만들어 놓은 질서와 이념에 의해 사람들을 나누고 편 가르기 하는 상황에서 여인은 그 선을 넘어선다. 지배체제가 자신들의 이념을 공고히 할 때, 그 앞에서 당당히 "아니요" 라고 말할 수 있는 것이 예수의 가르침이고 여인의 믿음이다. 이것이야말로 경계선을 허무는, 그래서 소통이 가능한 상생의 신학이다.

다시 군대 귀신 이야기로 돌아가 보자. 이 이야기에는 '간구하다'(παρακαλέω)는 말이 네 번 나온다. 군대 귀신이 자기를 거라사 지역에서 떠나보내지 말기를 간구하고(5:10), 차라리 돼지 떼에 들어가기를 간구한다(5:12). 지배지, 점령 지역을 떠나길 거부하는 행위다. 그런가 하면 지역 사람들은 오히려 예수가 자신들의 지역으로부터 떠나길 간구한다(5:17). 마지막으로 군대 귀신으로부터 놓임을 받은 사람은 예수를 따르길 간구한다(5:18). 간구한다는 말을 통해 우리는 최소한 세 가지 다른 반응을 본다. 지배세력에 속한 사람들은 현 체제를 유지하기를 원한다. 돼지 떼에 들어간다는 것은 자기들 무리 속으로 들어간다는 뜻이다. 자신이 점령한 땅을 떠나는 것과는 전혀 다른 상황이다. 한편 지배체제에 물들어 있는 사람들은 예수가 하는 일이 불편하기만 하다. 예수를 따르지 못할 형편이라면, 예수가 사라지는 것이 차라리 속 편하기 때문이다. 대부분의 방관자들이 취하는 모습이다. 마지막으로 예수는 자신을 따르길 구하는 사람에게 자신이 처한 상황과 위치에서 예수의 신학을 살아내도록 명한다. 반드시 동시대, 같은 공간에서 예수와 함께 있다는 특수한 상황이 사람을 변화시키는 것이 아니다. 제자들을 보면 알 수 있다. 상황과 조건이 사람을 변화시킨다기보다, 오히려 그 사람의 생각과 가치관이 처한 상황을 변화시킨다.

사람들 모두 예수가 한 일을 보았지만, 이들이 모두 예수의 가치관을 자신의 것으로 삼지는 않았다. 가진 것을 내놓기가 싫기 때문이고, 예수와 함께 하기엔 위험 부담이 따르기 때문이다. 그러한 위험을 무릅쓰고서라도 예수의 믿음을 본 받아야 한다는 것이 기적 이야기를 통해 마가복음이 전하는 메시지다.

생각할 문제

1. '간구하다'로 본 세 가지 유형을 교회 내에 도입해 생각해 보자. 나는 어디에 속할까?

2. 군대 귀신들린 사람의 행동은 한 마디로 자해(自害)이다. 잘못된 신앙 혹은 가치관이 사람을 병들게 하는 경우를 말해보라.

3. 여인의 믿음, 회당장의 믿음, 그리고 제자의 믿음을 비교해보라. 나는 어디에 속해 있는가?

제11장

제자 파송, 오병이어(6:1-44)

마가복음 6장에는 배척당하는 예수(6:1-6), 제자 파송(6:7-13), 요한의 죽음(6:14-29), 그리고 오천 명을 먹인 사건(6:30-44) 등이 나온다. 연이어 나오는 두 개의 이야기, 곧 바다를 건너는 이야기(6:45-52)와 병자 치유(6:53-56)는 바다를 사이에 두고 일어나는 또 다른 사이클(6:45-8:10)의 시작 부분에 해당하므로 다음 장에서 함께 다루기로 한다.

배척당하는 예수(6:1-6)

예수가 사람들에게 배척당하는 이야기는 바다를 건너며 전도 여행을 시작하고, 많은 군중과 함께 축제로 마무리 짓는 이야기의 사이클(4:35-6:44) 한 가운데 놓여 있다. 하느님의 일(8:33)은 세상의 권세와 지배체제의 눈에 위협적으로 비춰지므로 감시와 배척, 핍박이 뒤따르기 마련이다. 예수는 안식일에 회당에서 가르치곤 했다(1:23; 3:1). 그때 바리새인과 헤롯당이 예수를 죽이려 했던 것처럼, 이번에는 고향 사람들이 예수의 출신 성분을 들먹이며 그를 배척한다.

마가복음에는 예수의 부친 이야기가 전혀 나오지 않는다(3:31-35).

본문에 쓰인 "마리아의 아들"이란 표현은 "다윗의 자손"(마 1:1) 혹은 "요셉의 아들"(눅 4:22; 요 1:45; 6:42)과는 의미가 사뭇 다르다. "마리아의 아들"(6:3)이란 호칭에서 예수를 업신여기는 그들의 태도가 드러난다. 그 말에는 아비가 누구인지 모른다는 뜻이 담겨 있다. 요한복음에서 예수는 '나를 믿지 않더라도 그 하는 일은 믿으라'고 했다(요 14:11). 하지만 사람들은 예수가 하는 일—그 손으로 이루어지는 권능—을 보고도 그것을 폄하할 목적으로 그의 출신을 들먹인다. 어떻게 이런 엄청난 일이 저런 하찮은 사람을 통해 일어날 수 있는가? '존경받지 못하는 선지자'(6:4) 현상은 출신 성분, 지연, 학연을 따지는 폐습에서 비롯된다. 오늘날에도 전혀 다를 바 없다. 우리 가운데 깊숙이 자리한 이런 패거리 문화가 새로운 가르침과 변화에 거침돌이 된다.

예수가 행한 권능은 어디에서 비롯되는가(6:2)? 예수가 회당에 처음 모습을 보였을 때 사람들이 보인 반응이며(1:22, 27), 또한 예루살렘 입성 후 대제사장, 서기관, 장로들이 물었던 질문이다(11:28). 사람들은 예수의 권능이 하늘로부터, 하느님으로부터 온 것을 모른다. 하지만 마가복음의 독자들은 알고 있다. 처음부터 저자의 눈으로 읽고 있기 때문이다(1:10).

제자 파송(6:7-13)

마가복음 3장에서 바리새인과 헤롯당이 예수를 죽이려 꾀하자 예수는 물러나 제자 열둘을 불러내어 가르쳤다. 6장에서는 고향에서 친척과 친지로부터 배척당한 후 예수가 그 제자들을 전도의 길로 내보낸다. 이들 열둘은 '사도'(apostles)라 불리지만(6:30), 마가복음에는 '열 두 제자'나 '열 두 사도'라는 말이 전혀 나오지 않으며 다만 '열둘'(δώδεκα, twelve)이라고만 쓰고 있다. 세리 레위는 열둘을 택하기 이전에 예수의 부름을 받았지만 열둘에 속하지는 않는다(2:14). '열둘'이란 숫자는 이스라엘의 회복을 의미하는 것으로, 후에 그리스도교 초대 공동체의 지주 역할을 한다. '열둘'보다는 '제자'가 마가복음이 다루는 핵심 주제이다. 사전적 의미에서 '제자'(μαθητής, disciple)는 '배우는 사람'(learner)을 가리키는 말이다. 하지만 마가복음에서 '제자'는 열둘을 포함해서 예수의 일을 하는 모든 사람들을 일컫는다. 아마도 마가복음 공동체는 스스로를 제자로 여겼을 것이다

제자들(여기서는 단순히 "열둘")은 예수의 일을 계승한다. 앞에서 열둘을 부른 이유가 예수와 함께 하고, 전도를 하며, 또 그들에게 더러운 영을 내쫓는 권세를 주기 위함이라고 말했다(3:14-15). 이제까지 제자들은 예수와 함께 생활했으며, 마침내 그들은 전도(가르침)와 함께 "더러운 영/귀신을 제어하는 권세"(6:7)를 실행에 옮기게 된다(6:12-13, 30). 예수가 그동안 계속 해온 일들이다. 제자들이 전한 "회개"(6:12)는 예수가 공생애에서 처음 한 말이자 마가복음 신학의 주제이다(1:15). 지배 이데올로기에 물든 더러운 영으로부터 생각을 바꾸어 하느님의 영에 감동된 삶으로 돌아가는 것이 회개(메타노이아, μετάνοια)이다. 또한 이것이 마가복음 후반에서 재차 당부하는 "갈릴리로 가라"는 말에 담긴 의미이다(14:28; 16:7).

예수가 열둘을 보내며 당부하고 강조했던 주의사항과 오늘날 교회가 행하는 전도 방식을 비교해 보자. 예수는 제자들에게 그들을 환영하지 않는 곳에 머무르지 말라고 명한다. 그러나 오늘날 교회는 거부감과 불편한 반응에도 아랑곳하지 않고 가가호호 방문하는 등 일방적인 전도행위를 하고 있지 않은가? 또한 원치 않는 나라에 선교사로 들어가

서 분쟁을 초래하기도 하는 것은 어떠한가? 심지어 이웃 종교의 성지에 들어가 소위 그리스도교 신앙의 이름으로 행하는 '땅밟기'는 성서를 모르는 몰지각한 행동일 뿐 예수의 가르침과는 전혀 상관이 없는 일이다. 그리스도교 역사를 통해 저지른 수많은 죄가 예수의 이 간단한 명령 하나를 지키지 못해 일어난 일들이다. 예수는 자신을 찾는 마을에서조차 오래 머물지 않고 지속적인 전도활동을 통해 공동체 간의 연계를 도모했다(1:37-38). 강압적인 힘과 위협을 바탕으로 지배와 정복(세력확장)을 꾀한 것이 아니라, 모범된 삶을 통해 공동체 내에서의 변혁을 꿈꿨다.

세례 요한의 죽음과 부활(6:14-29)

제자들이 전도 여행을 떠나 활동한 기사와 돌아와서 예수에게 보고하는 장면 사이에 또 다른 이야기가 삽입되어 있다. 마가복음에 즐겨 쓰이는 '샌드위치 기법'(sandwich technique)이다. 제자들을 통해 많은 능력이 나타나고 예수의 이름이 널리 알려지게 되자, 당시 갈릴리와 베레아 지역 분봉왕이었던 헤롯 안티파스(4 BCE-39 CE)는 얼마 전 자신이 제거했던 세례 요한을 떠올리게 된다. 이 이야기는 세례 요한이 잡힌 후 예수가 활동을 시작한 것을 독자들에게 되새기고(1:14), 요한의 생애를 결말짓는 역할을 한다. 그러나 이 문학적 기법의 가장 두드러지는 역할은 제자들의 전도 여행 중간에 요한의 죽음 기사를 넣음으로써 앞으로 제자들이 겪을 운명, 곧 세상으로부터의 핍박, 위험, 죽음을 암시하고 있는 것이다. 실제로 예수는 세례 요한의 길을 갔으며(9:11-13), 제자들 또한 같은 운명에 처하게 된다(13:9-13).

예수에 대한 사람들의 공통적인 인식은 그를 선지자로 보는 것이었다. 그들은 예수를 엘리야 혹은 선지자 중의 하나로 보았고, 헤롯 안티파스는 세례 요한이 살아난 것으로 생각했다(6:15-16). 이것은 가이사랴 빌립보로 가는 도중에 사람들이 자기를 가리켜 누구라고 말하는가 묻는 예수에게 제자들이 답한 보고와도 일치한다. 사람들은 예수를 세례 요한 혹은 엘리야로 여기거나, 더러는 선지자 중의 하나라고 말한다(8:28). 예수도 선지자가 고향에서는 존경을 받지 못한다고 말함으로써 스스로를 선지자에 비유했다(6:4).

헤롯 안티파스가 세례 요한이 다시 살아났다고 했을 때, 그 말이 시체의 소생을 의미하지는 않았을 것이다. 이미 여기에서부터 부활이 문자적으로 죽은 자가 다시 사는 것—시체가 벌떡 일어나 걸어다님(마 28:52-53)—을 말하는 것이 아니라는 이해를 찾아 볼 수 있다. 부활이란 죽은 자, 즉 앞서 산 자(先生)의 삶과 철학이 그의 제자들, 나중에 사는 이들에게 되살아나 역사함을 경험하는 것이라고 보아야 한다.

이 이야기가 주는 또 하나의 중요한 문학적 기능은 이어지는 이야기, 오병이어와의 관계이다. 이날 모임은 헤롯이 베푼 만찬 자리이다. 그는 자신의 생일잔치에 "대신들, 천부장, 갈릴리 고위층 인사들"(6:21)을 초대했다. 그리고 헤롯과 헤로디아는 이 자리를 세례 요한을 죽일 "좋은 기회"(εὔκαιρος, 6:21)로 삼았다. 이어지는 이야기에 따르면 제자들은 음식 먹을 기회조차 얻지를 못했다(εὐκαιρέω, 6:31). 이렇게 헤롯과 헤로디아가 기회를 틈타 살생(殺生)을 기획했다면, 예수는 없는 기회조차 양생(養生)의 기회로 삼았다.

오병이어: 잔치(6:30-44)

마가복음에서 오천 명의 군중을 먹인 이야기는 문학적인 구조로 볼 때 제자 파송 이야기와 긴밀하게 연관되어 있다. 전도 여행에서 돌아온 제자들은 먹고 휴식할 시간이 필요했다. 그러나 예수의 경우와 마찬가지로(3:20), 제자들 또한 식사할 겨를이 없이 밀려든 군중들에게 말씀을 가르치게 된다. 이 이야기의 백미는 오천 명을 먹이는 부분일 것이다. 이 사건은 다양한 해석과 이해가 있을 뿐 아니라 오해의 소지도 있으므로 논쟁의 대상이 되곤 한다.

먼저 오병이어 이야기의 성서적 배경을 생각해 보자. 이 이야기는 서기 1세기 팔레스타인에서 일어난 새로운 이스라엘 건설이라는 회복운동(restoration movement)의 연장선에서 볼 수 있다. 그런 관점에서 이야기를 읽어 보면 모세 이야기가 연상된다. 출애굽 이후 모세는 가나안 진출에 앞서 장인 이드로의 충고를 받아들여 백성들을 군사적으로 재구성한다. 모세는 자신을 도와 백성들을 이끌 지도자로 천부장, 백부장, 오십부장, 십부장을 선출한다(출 18:21). 마찬가지로 예수는 군중들을 백 명씩 혹은 오십 명씩 앉게 한다(6:40). 그렇다면 이것이 모세가 행했던 군사 소집을 염두에 둔 기획이었을까? 예수는 "목자 없는 양" 같은 백성들을 보고 불쌍히 여긴다. 이 표현은 모세가 여호수아를 세울 때 백성들이 "목자 없는 양"처럼 되지 않게 해달라고 간구했던 기도에 등장한 말이다(민 27:17). '예수'나 '여호수아'는 같은 이름을 달리 표현할 뿐 모두 '구원'을 뜻하는 말이다.

오천 명의 군중을 먹인 (기적적인) 사건 역시 구약성서에서 그 유래를 찾아 볼 수 있다. 출애굽기 16장은 만나와 메추라기로 이스라엘 백성을 먹인 일을 기록하고 있다. 요한복음 저자는 이 만나를 가리켜 '하늘로부터 내린 빵'이라고 표현한다(요 6:31). 또한 엘리야와 엘리사의 이야기도 이 사건과 깊은 연관이 있는 구약성서의 기록이다. 엘리야가 죽은 후 그의 제자인 엘리사가 엘리야의 일을 재현한다(왕하 4:42-44). 특히 엘리사 이야기는 오병이어 이야기와 공통점이 많다. 엘리야와 세례요한의 죽음 이후 엘리사와 예수는 소량의 빵으로 다수의 사람을 먹이고도 남긴다. 엘리야로 비유된 요한은 자신보다 강한 자의 등장을 알리고(막 1:8), 마태복음 저자는 예수를 "선지자보다 더 나은 자"(마 11:9)로 말함으로써 예수를 모세나 엘리야보다, 혹은 그 어떤 지도자보다도 높게 평가한다.

그렇다면 오병이어로 오천 명을 먹인 이야기를 어떻게 이해해야 할까? 가장 쉽고 일반적인 이해는 단순히 초자연적인 기적으로 보는 것이다. 즉 이 사건의 초점이 예수의 신성과 유일성, 예외성을 증거하는 것에 맞추어져 있다는 것이다. 이러한 이해에서 비롯되는 문제는 그 이상의 의미가 없다는 점이다. 우리는 그런 기적을 행할 수도 없고 또 행해서도 안 된다. 오직 신만이 가능한 일을 우리가 행한다는 것은 신적 권위에 대한 도전이기 때문이다.

그런데 이 엄청난 이야기를 서술하는 저자의 문체가 지극히 기계적이고 형식적이다. 초자연적인 기적을 보도할 때 수반되기 마련인 감동이나 흥분, 놀라움을 도무지 찾아 볼 수가 없다. 떡을 먹은 군중들의 반응도 비교적 조용하다. 오히려 이 점이 독자들에게는 더 이상하게 보인다. 그래서 자주 등장하는 것이 윤리적 해석이다. 오병이어 이야기를 서로 가진 것을 나누라는 도덕적 교훈 정도로 받아들인다. 제자들이 먼저 자신들의 가진 것을 내놓자 모든 사람들이 먹을 것을 꺼내어 서로 나누었다는 말이다. 한 사람의 기적 이야기보다는 한결 그럴 듯한 해석이고 또한 우리에게 생각할 거리를 제공한다. 문제는 그러한 암시가 본문 어디에도 나타나지 않는다는 점이다. 그 자리에 모인 많은 사람들은 우연히 예수를 마주치자 행여 그를 놓칠세라 급히 바다 건너편에 미리 가서 대기하고 있었던 상황이었다. 자신들이 날이 저물도록 그 장소에 머무를 것이라고는 예상하지 못했을 것이므로 먹을 것을 따로 준비해 왔다고 보는 것은 무리가 있다. 무엇보다도 문학적 구성에서 볼 때 이 사건을 제자들의 전도 여행, 그리고 세례 요한의 죽음과 함께 배치하고 있다는 점이다.

혹자는 오천 명(five thousand men)을 다섯(five) 천부장(officials over thousands)이라고 읽어야 한다고 주장한다. 모인 사람들을 백 명씩, 오십 명씩 앉게 한 것 역시 백부장, 오십부장 별로 따로 앉은 것으로 보아야 한다고 말한다. 하지만 이런 견해는 아람어 성경(Peshitta)을 포함한 어떤 사본에도 반영되지 않은 번역과 이해이다. 물론 이런 식으로 읽으면 오병이어로 오천 명을 먹이고도 남겼다는 말이 보다 쉽게 이해되겠지만, 성서를 읽을 때 있는 그대로의 상태에서 의미를 파악하는 일이 우선이다. 가장 먼저 초점을 두어야 할 것은 저자가 전달하고자 하는 뜻이다.

제자들이 제기한 이백 데나리온에 해당하는 음식은 일일 노동자 이백 명의 일당에 해당하는 것이다. 그리고 그 질문의 저변에는 먹여야 할 사람은 많은데 비해 가진 것이 터무니없이 적다는 불평이 깔려 있다. 무엇보다 예수는 무력항쟁에 반대하는 입장이었고 소수의 사람들만 예수를 따랐기 때문에 천부장은 커녕 백부장 오십부장과 같은 직위가 필요했는지 조차도 의문이다. 떼를 지어 앉게 한 것 역시 반드시 군사적 사열을 염두에 두었다고 볼 수는 없다. 오히려 무리를 지어 앉힌 것은 향연을 위한 배치로 볼 수 있으며 문학적으로는 앞에 기술한 헤롯의 향연과도 긴밀한 연관이 있다.

빈들에서 푸른 잔디를 찾아 떼를 지어 앉았다는 말(39-40)은 헤롯의 생일 축하연과 비교된다. 비록 지도자와 고위층이 배석한 화려한 향연은 아닐지라도, 이것을 표현하면서 저자는 심포지엄(συμπόσιον, party)이라는 말을 선택했다. 심포지엄이라고 하면 흔히 좌담회, 토론회 등 학회를 연상하게 된다. 이 말이 랍비 문학에서는 토라 연구를 뜻했다(Boring, *Mark*, 186). 그러나 이 단어는 본래 '함께 마시다'(συμπίνω, 행 10:41)에서 파생된 말로 주연(酒宴), 향연을 뜻한다. 헤롯의 향연이 방탕함으로 살생을 가져왔던 반면, 예수가 베푼 향연은 모든 사람들을 생명의 자리로 초대한다.

요세푸스는 세례 요한이 정치적 이유로 처형되었다고 쓰고 있다(*Jewish Antiquities*, 18.119). 만약 헤롯에게 요한의 악몽이 떠올랐다면, 예수는 더욱 위험한 상황에 처해 있었을 것이다. 그래서 다른 곳으로 피신하려는데, 사람들이 또 몰려든다. 이들은 아마도 예수를 왕으로 삼으려 했을지도 모른다(요 6:14-15). 예수는 결국 '유대인의 왕'으로 처형된다(막 15:2, 26). 예수가 원치 않았던 무력항쟁—젤롯당—이 그가 생존했던 역사적 상황에서는 가능한 이야기였다. 그러나 마가복음의 문학적 배경이 되는 마가공동체의 사회적 상황 그리고 예루살렘 성전이 이미 무너져버린 역사적 현실 앞에서는 아무 의미 없는 구상일 뿐이다. 예수의 정신, 말과 행동을 자신의 삶 속에 구체화하는 것이 마가공동체에게는 보다 의의가 있었을 것이다.

오병이어 사건을 말할 때, 우리는 먼저 그 어마어마한 숫자와 불가능성(기적)에 눈을 돌리게 된다. 그러나 이미 말한 대로 이 사건을 단지 기적으로만 이해하면, 이것은 우리에게 별다른 교훈을 남기지 못한다. 그렇다면 이 이야기를 어떻게 이해하면 좋을까? 숫자에 굳이 의미를 두자면, 오천 명에서 다섯(五)은 모세 오경(五經)을 의미하며, 천(千, *mille*)은 무한정 많은 양을 숫자로 표시한 것으로 볼 수 있다. 구약성서에서 하느님은 축복을 통해 자손을 천 배나 많게 하고(신 1:11), 천 대(generations)에 이르기까지 자신의 언약을 지킨다(신 7:9). 시편 105:8은 영원함과 천 대를 시적 평행구로 표기한다. 인간의 천 년과 하느님의 하루를 비교한 표현(시 84:10; 벧후 3:8)이라든가 계시록의 천년왕국 역시 영원함과 무한함을 상징한 말이다. 비밀스런 숫자인 144,000(계 7:1; 14:1, 3)을 12x12x1000으로 분석하면, 열둘로 상징되는 이스라엘이 영원할 것을 암시한 말로 보인다. 이렇게 떡 다섯은 오경, 더 나아가 구약성서(토라)를 상징한다.

본래 예수가 제자에게 물었던 것은 떡(ἄρτος, bread)이 얼마나 있는가, 곧 떡의 수량이었다(6:38). 말씀과 떡은 쉽게 연관 지을 수 있다. 그러면 물고기는 어떠한가? 예수는 베드로를 부르면서 그가 사람을 낚는 어부가 될 것이라고 말했다. 물고기와 어부는 예수를 따르는 사람들을 빗댄 암묵적 표현이다. 초기 그리스도교에서는 물고기 문양이 그들 회합장소나 무덤에 쓰였을 뿐 아니라, 그리스도인과 이방인을 구별하는 표식으로 쓰였다고 한다. 물고기는 헬라어로 ἰχθύς(ichthus로 발음)라고 쓰는데, 각각을 머리글자로 만들면 예수(Ἰησοῦς), 그리스도(Χριστός), 하느님(θεός), 아들(υἱός), 구주(σωτήρ)가 된다. 곧 예수가 그리스도, 하느님의 아들, 구세주라는 신앙고백을 담고 있다.

그러면 물고기 두 마리는 어떻게 이해할 수 있을까? 오경과 관련해 어떤 서기관이 묻는다. 모든 계명 중 첫째가 무엇입니까?(12:28). 첫째는 하느님을 공경하고 둘째는 이웃을 사랑하는 것이다. 오경을 한 마디로 정리하면 어떻게 되는가를 묻는 장면에서, 예수는 두 마디로 답한다. 빵 다섯이 오경, 더 나아가 구약성서(토라)를 상징한다고 볼 때, 그 말씀을 정리한 것이 물고기 두 마리가 상징하는 의미이다. 첫째 계명을 묻는 서기관에게 예수가 두 마디로 정리한 것처럼, 빵의 숫자를 묻는 예수에게 제자들 또한 빵과 함께 물고기 숫자로 답한다. 여기서 빵은 성서와 전통을 가리키고 물고기는 그것을 나름대로 정리한 '신학하기'로 볼 수 있다. 이것이 오병이어를 통해 생각해 볼 수 있는 또 다른 교훈이다.

생각할 문제

1. 마가복음 6장 본문을 읽고 내게 있어 가장 이해하기 어려운 구절은 무엇인가? 왜 그렇게 생각하는가? 이것을 이해하기 위한 나의 노력(해석)은 무엇인가? 그리고 그 근거는?

2. 예수는 제자들에게 "너희가" 먹을 것을 주라고 명한다. 내가 다른 사람들과 나눌 수 있는 것은 무엇인가?

3. 오병이어 사건은 목자 없는 양 같이 체제 밖에서 떠도는 사람들을 사람대접하며 함께 나눈 말씀의 향연이라고 볼 수 있다. 나는 이런 오병이어의 사건을 지금 내 삶에서 어떻게 실천하고 있는가?

4. 예수의 고향 사람들은 과거의 예수를 알고 있다는 선입견에 사

로잡혀 예수의 가르침을 받아들이지 못했다. 이렇듯 선입견은 새로운 것을 가로막는 장애물이 되기도 한다. 나도 이런 선입견 때문에 내 생각과 다른 것들을 배척한 적이 있는가?

제12장

경계선 없애기 II(6:45-7:37)

오천 명의 군중을 먹인 사건 이후 예수와 제자들은 다시 갈릴리 바다를 건너 이방인 지역인 벳새다로 향한다. 이미 살펴본 대로 바다는 경계선을 의미한다. 갈릴리 바다가 지역적으로는 유대인 지역(갈릴리 바다 서편)과 이방인 지역(갈릴리 바다 동편)을 가르기도 하지만, 신학적 의미에서 바다는 고대근동의 신화에 잘 나타나 있듯이 하느님을 대적하는 세력으로 비유된다.

첫 번째 바다를 건너는 사건에서는 예수가 배 안에 타고 있었던 반면, 두 번째에는 제자들만 배를 타고 간다. 이번에는 예수가 제자들을 '재촉해서'(force, compel) 먼저 보내고 있다는 점이 특이하다. 이것은 제자들로 하여금 스스로 세상풍파를 경험하고 견뎌보라는 뜻으로 해석할 수 있다. 일종의 현장 실습이다. 제자들이 바람과 풍파로 고생하는 것을 보고도 예수가 짐짓 '지나가려'(pass by) 했다는 점이 이런 해석을 뒷받침한다. 그러나 제자들은 바다를 건너는 일—이방 전도—에 실패하고 다시 원점인 갈릴리 바다 서편 게네사렛 땅으로 되돌아오고 만다. 이러한 실패에 대해 마가복음 저자는 제자들이 '떡 떼시던 일'을 깨닫지 못했기 때문이라고 그 이유를 설명한다(6:52). 이것이 무슨 뜻일까? 이 구절은 다음에 이어지는 두 번째 군중을 먹이는 사건(8:1-10)과 관련

지어 읽어야 뜻이 분명해진다. 이 작업은 보다 자세한 설명이 필요하기에 다음 장에서 다루기로 하고, 여기서는 경계선 없애기와 관련된 부분만 생각해 보기로 한다.

두 번의 바다를 건너는 사건과 두 번의 축제 사이에 예수는 두 번에 걸쳐 배척을 당한다. 앞에서 고향 사람들이 예수를 배척했다면(6:1-5), 두 번째는 예루살렘에서 온 바리새인들과 서기관들이 예수를 배척한다(7:1-5). 첫 번째 분쟁에서는 유대인 내의 계급분쟁, 곧 출신 성분 때문에 고향 사람들이 예수의 능력을 인정하지 않았던 것에 반해, 두 번째는 예수가 장로들의 전통—정결법—을 따르지 않은 것을 예루살렘 지도층이 지적하고 나선다. 유대인과 이방인과의 관계를 염두에 둔 포석에서 볼 때, 두 번째 분쟁이 첫 번째보다 더욱 근본적이고 심각한 신학적 문제를 다루고 있다.

정결법의 신학적 조명

바리새인들과 서기관들은 예수와 제자들이 씻지 않은 손—문자적 의미는 '보통'(κοινός, common), '공동의,' '일반적'이란 뜻—으로 떡을 먹는 것을 보고 왜 장로들의 유전을 지키지 않는지 따져 묻는다. '씻지 않은 손'은 제의적으로 깨끗지 못하기 때문에 부정한 것으로 여긴다. 반대로 '침수하다'(βαπτίζω, baptize, 7:4)는 제의적 씻음(ritual bath)인 침례(浸禮)를 말한다. 제자 중 몇이 손을 씻지 않고 먹었다는 표현을 뒤집어 읽으면, 다른 제자들은 그런 제의를 지켰다는 말이 된다. 마가복음이 기록하고 있는 정황으로 보아 예수와 함께 했던 당시 제자들이 정결법에 따라 손을 씻고 음식을 먹었다고 보기는 어렵고, 아마도 후기 초대 교회의 모습을 반영한 것으로 보인다(갈 2:11-14). 더 나아가 마가공동체의 신학적 관심사를 반영하고 있다.

떡(bread)은 바로 앞에서 오천 명을 먹인 일과도 연관된다. 또한 시장(ἀγορά, marketplace)이란 말 역시 앞에서 사람들이 시장에서 예수를 만지고자 한 일을 상기시킨다(6:56; 7:4). 이렇게 보통 사람들, 일상의 떡, 많은 사람들이 붐비는 공동의 시장이 예수의 일터였고 생활권이었다. 이와는 달리, 바리새인과 서기관들은 보통의 삶과 분리된 자신들만의 영역에서 활동하고 있다. 그렇다면, 마가복음 7장에서 바리새인과의 논쟁은 이에 대한 신학적 성찰로 보인다.

바리새인이 말하는 정결함(purity)은 질서를 상징한다. 마찬가지로 부정함과 오염(dirt)은 무질서를 상징한다(Mary Douglas, *Purity and Danger*). 그런데 이러한 질서를 누가 세웠으며 무질서가 누구의 눈에 그토록 불편한가? 언제나 그 잣대가 되는 것은 가진 자, 지배계층, 체제를 수호하려는 자의 시각이다. 그러나 예수는 그런 구별 자체를 거부한다. 본래 더러운 것이란 없다(7:17-19). 다만 "더러운 영"이 있을 뿐인데, 이것은 더러운 생각과 신학, 그리고 그로부터 비롯된 삶을 말한다(막 7:20-23). "마음에서 나오는 것"이란 표현에서 마음(καρδία, heart)은 감정이 아닌 생각의 자리를 가리키는 말이다. 예수는 보다 심각한 가치관과 신학의 문제를 제기하고 있다.

바리새인과 서기관들이 신봉하는 예루살렘의 신학은 정결법에 기초한다. 탈무드는 613 계명을 열거하고 제사장을 필두로 유대인들이 지켜야 할 248가지 명령과 365가지 금령에 대해 말한다(Tractate Makkot 23b). 예수와 제자들이 주창하는 신학 또한 토라에 기초하지만 예수가 이해한 토라(Torah, instruction)는 모든 사람들을 위한 가르침이다. 이를 두 마디로 줄여 표현한 것이 경천애인(敬天愛人)이다(막 12:29-31). 바리새인과 서기관들이 잔이나 주발, 놋그릇을 씻는 것과 같은 외형상의 정결을 강조했다면(7:4), 예수는 마음과 생각, 성령과 더러운 영의 비교에서 볼 수 있듯이 내적인 정결을 촉구한다.

예루살렘 제의신학은 부정한 것이 외부로부터 들어온다고 전제했기 때문에 그것을 차단하는 길을 모색했다. 외부와의 접촉을 피함으로써 정결을 유지하는 방식이다. 반면에 예수는 오히려 부정한 생각이 밖으로 나오는 것을 경계했다. 정결과 부정은 인간의 내부, 즉 마음과 생각에서 비롯되는 것이라고 믿었기 때문이다. 우리 마음속의 거룩한 영과 더러운 영, 이 둘을 분별하는 것이 마가복음 신학의 기초이다.

이렇게 신학(하기)의 출발점과 목적에 커다란 차이가 있다. 예루살렘 신학이 경계선을 세움으로써 이스라엘과 이방인을 구분하고 자신들만의 신성함(holiness)를 유지했다면, 예수는 그 경계선을 타파함으로써 온전함(wholeness)를 추구했다. 당시 배타주의적 입장에 서 있던 바리새인들은 성전을 중심으로 제사장과 나실인 그 외 일반 사람들 그리고 이방인과 불구자 등 신분에 따라 성결함이 점차 희석되어 사라진다고 생각했다. 그들에게 경계선이란 외부로부터 오염되는 것을 방지하기 위한 울타리였다. 또한 예루살렘 제의신학에서 추구하는 분리를 통한 신성함은 보통(common), 일상의 존재를 부정한 것으로 보고, 이것을 대속할 온전한(complete, without blemish) 제물을 필요로 한다. 그러나 예수는 외부에 의해 신성함이 오염된다기보다는 오히려 신성함이 더러운 것을 깨끗하게 할 수 있다고 보았다. 또한 기존의 경계선이 통치와 압제의 수단으로 쓰였기에, 예수는 이를 타파함으로 이스라엘과 이방인 모두가 '하느님 나라'에 동참하는 길을 모색했다. 이는 기존의 신학과 가치관을 통째로 뒤집는 것이다. 예수의 신학(하기)는 외부와의 단절과 분리를 통한 신성함(holiness)에 초점을 두기보다는 내면으로부터의 깨끗한 영을 드러냄으로써 이루어지는 포괄적 온전함(wholeness)을 강조한 것이다(9:42-49; 12:33).

마음으로부터 신학하기

예수가 가르치고 행한 일들을 종합하면 "안에서부터, 마음으로부터 신학하기"라고 말할 수 있겠다. 즉 가치관을 새롭게 해야 한다는 것이다.

막 7:21-23에 나열한 악한 생각은 모두 열 두 가지이다, 복수형으로 표기된 음란, 도적질, 살인, 간음, 탐욕, 악독은 그 악한 생각이 표면화된 각각의 행동을 총칭한다. 또한 단수형으로 표기된 속임, 음탕, 흘기는 눈, 훼방, 교만, 어리석음은 그 마음의 상태, 성격을 말하는 것으로서, 도덕적 개념이라기보다는 신학적 입장이다. 이와 같은 리스트는 당시 유대, 헬라 문학에도 종종 등장한다(롬 1:29-31; 고전 6:9-10; 고후 12:20; 갈 5:19-21;골 3:5, 8; 딤전 1:9-10; 딤후 3:2-5; 딛 3:3; 벧전 4:3).

처음과 마지막에 열거된 '음란'과 '어리석음'은 구약성서에서 하나님을 배반하거나 대적하는 행위에 대한 상징적 표현이다. 선지자 호세아는 이스라엘이 자신들의 하나님 야훼를 버리고 바알을 좇는 것을 음란한 행위에 비유했으며, 어리석음이란 지혜와 지식의 부족을 말한다기보다는 하나님을 의식적으로 거부, 대적하는 자세를 일컫는다. 시편에서 "어리석은 자는 하나님이 없다고 말한다"(시14:1)라고 기술한 것은 하나님을 인정하지 않는 가치관을 빗댄 말이다.

예수는 모든 음식물을 깨끗하다고 (선포)한다(καθαρίζω, 7:19). 앞에서 문둥병자가 예수에게 구했던 말을 떠올리게 하는 선언이다(1:40-42). 그 동안의 예수 행적을 살펴보면 지배체제가 체제유지를 위해 만든 경계선을 넘나드는 일들의 연속이었다. 문둥병자 치유(1:40-45), 안식일을 범한 일(1:29-31; 2:23-28; 3:1-6), 사람이 안식일의 주인이라는 선포(2:28), 죽은 자에 손대기(5:39-42), 더러운 영 축출(1:21-28; 5:1- 20), 죄인 용서(2:1-12), 죄인과 세리와 어울림(2:13-17)과 더불어 7장에서 부정한 손으로 음식을 먹는 것 등이 그 예이다. 장로들의 전통인 정결법을 지키지 않았을 뿐 아니라 오히려 그 법을 정면으로 부정하고 나선 것이다. 이러한 행적들은 곧 예루살렘의 권위에 대한 도전으로 여겨졌는데, 그 결말은 자명하다. 예루살렘의 권위(당국자)는 결국 그를 십자가에서 처형하기에 이른다(3:6; 15:15).

수로보니게 여인 이야기

수로보니게 여인과 예수의 담화는 여러모로 두드러져 보인다. 예수와 논쟁을 벌여 이긴 (혹은 예수가 수긍하는) 경우는 수로보니게 여인이 유일하다. 예수는 바다와 더러운 영을 꾸짖고, 깨닫지 못하는 제자들을 나무랐다. 또한 자신을 시험하고 배척하는 사람들과의 논쟁에서 한 마디도 물러서지 않았다. 그런데 유독 이 여인을 상대해서는 예수가 수긍하고 상대의 의견을 따른다.

동떨어진 이야기 같지만, 이 짧은 이야기는 두 번의 떡 떼는 사건과도 맞물려 있다. '배불리 먹다'(χορτάζω)는 표현이 세 군데 나오는데, 오천 명을 먹이는 사건(6:42), 사천 명을 먹이는 사건(8:4, 8), 그리고 또한 번 여기 나오는 비유에 쓰인다(7:27). “자녀의 떡”(7:27)과 “먹던 부스러기”(7:28) 라는 표현 역시 앞에 등장한 떡 떼는 사건을 연상시킨다(6:31-44). 비유에서 먹는 것이 문자적으로는 빵 이야기처럼 들리지만, 이는 말씀과 신학을 뜻하는 은유적인 표현으로 볼 수 있다. 예수가 수긍한 이유를 다음과 같이 말한다: “이 말(λόγος)을 하였으니 돌아가라, 귀신이 네 딸에게서 나갔다”(7:29). 마가복음에 자주 쓰이는 표현은 ‘네 믿음이 너를 구원했다’(2:5; 5:34; 10:52)는 말이고 이것은 제자들의 믿음 없음과 확연히 구별된다(4:40; 11:22). 그런데 여기서는 여인의 믿음이 아니라, 그녀가 한 말 때문에 구원(귀신축출)이 이루어진다. 그것도 예수가 함께 한 현장이 아니라 동떨어진 장소에서 말씀의 효력이 발생한 것이다. 여기서 여인의 말(λόγος, 로고스)은 생각이라고 번역해도 된다. 입 밖으로 나온 말뿐 아니라 그 말을 가능케 한 생각, 사상을 가리킨다. 곧 예수의 생각, 신학에 바탕을 둔 여인의 ‘말’이기 때문에 예수는 그 ‘말’을 높이 산 것이다.

제자들 이야기

아마도 이방인 전도는 예수 시대보다 제자들 시대에 더 어울리는 주제이며 당면한 과제였을 것이다(사도행전 15장). 그 어려움이 풍랑으로 묘사되고 있다. 마가공동체는 유대인들 간의 소통과 화목에 중점을 두기보다는 유대인과 이방인 사이에 이루어진 다문화 다민족 공동체 성격을 띄었으리라 추정된다. 그 신학적 기반이 수로보니게 여인과 이어지는 이방 지역에서의 전도 여행 보고로 나타난다.

바리새인이나 서기관들과의 논쟁은 곧바로 예수가 군중들을 가르치는 것으로 넘어가고(7:14-17), 또 다시 제자들의 질문으로 이어지는데, 마가복음 공동체를 염두에 둔 포석으로 보인다. 제자들은 여전히 예수의 비유와 가르침을 이해하지 못하고 있다(7:18). 제자 중 몇이 손을 씻지 않고 먹었다는 표현을 바꾸어 말하면, 다른 제자들은 그런 제의를 지켰다는 뜻이 된다.

예수가 일어나(ἀνίστημι) 거기를 떠나 두로 지경으로 가는데(7:24), '일어나다'는 동사는 단지 자리에서 벌떡 일어나는 것만을 의미하지는 않는다. 마가복음에 17번 쓰인 이 단어는 부활과 연관된 언어이다. 예수가 삼일 후에 살아난다고 할 때 쓰인 표현이고(8:31, 9:31; 10:34), 예수가 죽은 자 가운데서 살아나거나(9:9-10), 마침내 안식 후 첫날 살아났다(16:9)고 말할 때도 같은 동사가 사용된다. 참고로 이와 평행본문인 마태복음은 일어남(ἀνίστημι) 없이 단순히 "예수께서 거기를 떠났다"(마 15:21)고 적고 있다.

이방인 전도가 예수의 공생애 동안 일어났는가 아니면 예수 사후의 일인가? 물론 예수와 제자들 모두 이 일에 관심을 가졌다고 볼 수 있다. 하지만 예수가 짧은 공생애(6개월 남짓?) 동안 이방 선교에 깊이 관여했다고 보기는 어렵다. 만약 이방 전도가 예수 사후의 신학적 과제였다면, 수로보니게 여인의 이야기는 마가공동체의 신학하기를 보여주는 좋은 예가 된다. 제자들은 깨닫지 못했지만(6:52; 8:17, 21), 이 이방 여인은 예수의 말씀과 신학을 자기 것으로 만들고 있기 때문이다. 그것이 무엇이었을까? 본문은 단지 "이 말을 했으니 가라"고 적고 있는데, 헬라어 용법에서 이 구절을 두 가지로 이해할 수 있다.

하나는 "이 말을 했기 때문에"라고 이해하는 것으로 이유와 근거를 제시한다. 다른 하나는 "이 말을 위해서"라는 의미로, 목적과 목표를 말한다. 씨 뿌리는 자의 비유에서 "이 말씀을 인하여"(διὰ τὸν λόγον, 4:17)라고 한 것이 첫 번째 이해라면, 2장 마지막에 "사람을 위하여"(διὰ τὸν ἄνθρωπον) 그리고 "안식일을 위하여"(διὰ τὸ σάββατον)는 두 번째 이해를 반영한 해석이다.

무엇이 여인의 어린 딸을 고쳤는가? 예수는 명령을 하지도 않았고(1:25; 2:11; 3:5; 5:8), 안수를 하지도 않았으며(1:31, 41; 5:41), 그렇다고 병자가 예수의 옷깃을 만진 것도(5:27) 아니다. 병자는 그 자리에 없었고 단지 처방만 있을 뿐이다. 그리고 처방이란 여인의 말과 생각이다. 예수가 여인의 청을 들어준 이유는 여인의 말과 태도가 공손해서라기보다는, 그 신학과 복음이 예수의 그것과 일치했기 때문이다. 혹자는 이 여인만이 예수를 주(Lord)라고 고백했기 때문에 홀로 예수의 메시아 비밀을 알아차렸다고 말하겠지만, 이는 마가복음의 신학과는 무관한 생각이다. 이 여인이 예수를 가리켜 주라고 말한 것은 부탁하는 입장에서 상대를 높이는 말(Lord, Sir)에 불과하다. 오히려 여인은 예수를 처음 만나기 때문에 선생과 랍비로 부르기는 아직 이른 상황이다. 마태복음에서는 여인의 믿음을 칭찬하지만(마 15:28), 마가복음은 여인의 깨달음을 추켜세운다. 제자들이 필요로 했던 그 설명(7:17-18)을 여인은 듣지 않고도 이미 알고 있다. 바로 그런 신학 때문에, 혹은 그런 신학을 (세우기) 위해 예수는 여인의 청을 들어준다. 예수가 처음이자 마지막으로 자신의 뜻을 굽히는 장면이다.

그런데 과연 예수가 뜻을 굽힌 것일까? 마가공동체의 눈으로 읽어보면 저자는 자신들의 이야기를 하고 있음을 알 수 있다. 수로보니게 여인은 경계선 바깥에 서 있는 존재이다. 그녀는 이방인이고, 여인이며, 또한 힘과 지위가 없는 가난한 자에 속한다. 여인이 이중 삼중으로 사회적으로 배척당하는 존재였다면, 예수가 이루고자 하는 모두가 함께 하는 세상을 누구보다도 간절히 원했던 사람의 모습일 것이다. 예수와 마가공동체는 이처럼 여인의 청을 들어줌으로써 기존의 경계선을 무너뜨리고 있다. 마태복음은 예수가 이방인이나 사마리아 사람과는 상관없이 이스라엘의 잃어버린 양에게만 보냄을 받은 것으로 적고 있다(마 10:5-6; 15:24). 하지만 마가복음에서는 힘없는 이방 여인이야말로 예수의 복음과 신학 속에 자리 잡은 하느님 나라 백성이다. 그런 의미에서 수로보니게 여인은 마가복음의 숨은 주인공이다.

생각할 문제

1. 내게 있어 사람들과 어울리는 것을 힘들게 하는 것은?

2. 이것이 예수의 "경계선 없애기"와 관련이 있나? 이를 극복하는 길은?

3. 선조로부터 물려받은 집안의 가풍, 전통이 있는지 생각해보라. 이런 전통들이 나에게 미친 영향은? 이런 전통, 가풍을 지금 나와 다음 세대를 위해 새롭게 하고 싶다면 어떤 식으로 바꾸고 싶은가?

제13장

"아직도 깨닫지 못하느냐?"(8:1-21)

이 장에서 다룰 본문(막 8:1-21)은 구조상 앞뒤에 위치한 이야기들과 서로 긴밀하게 연결되어 있다. 사천 명을 먹이는 사건(8:1-10)은 바다를 건너고 풍랑을 잠재우는 두 번째 사이클(6:45-8:10)을 마무리 짓고 있으며, 바리새인의 시비와 시험으로 발단된 신학적 논쟁은 제자들이 깨닫지 못하고 있다는 점을 부각시킨다(8:11-21). 그리고 이것을 계기로 지금까지 빠르게 이야기를 전개시켰던 것과는 사뭇 다르게 차분한 자성의 시간을 가지며 그 동안의 예수의 행적을 되돌아보고 있다.

앞에서 예수는 두로, 시돈, 데가볼리를 포함한 이방 지역을 순회하고 갈릴리 지역으로 되돌아왔다(7:31). 시간을 나타내는 부사구—"그 무렵에"(in those days)—와 함께 시작되는 새로운 이야기는 여전히 이방인 전도 상황을 배경으로 한다(8:1). 모여든 군중 가운데 섞여 있는 "멀리서 온 이들"(8:3)이란 이방인을 염두에 두고 하는 말이다. 그리고 유대 지역(갈릴리 바다 서편)에서 축제(6:30-44)를 열었듯이 이방지역(갈릴리 바다 동편)에서도 예수는 군중들과 축제를 벌인다(8:1-10). 바로 사천 명을 먹이는 이야기이다. 이후 예수는 갈릴리 바다 서편으로 건너가 바리새인들과의 논쟁을 벌인 후 다시 이방 지역인 뱃새다로 향한다. 그리고 배 안에서 예수는 또 한 차례 제자들을 가르칠 기회를 갖는다.

사건의 발단은 바리새인들의 누룩과 헤롯의 누룩을 조심하라는 예수의 경고를 제자들이 이해하지 못하는 데서 비롯된다. 예수는 바리새인들의 가르침—그들의 신학과 이데올로기—을 경계한 것인데, 제자들은 이것을 자신들이 떡을 가져오지 않아서 책망하는 것으로 이해한다. "아직도 깨닫지 못하느냐?"(8:17, 21)는 말과 함께 예수는 제자들에게 그 동안의 행적을 상기시킨다. 그러는 가운데 제자들이 스스로 숨은 가르침을 깨닫게 되기를 바라고 있다. 비록 이 질문은 제자들이 깨닫지 못하고 있는 것에 대한 한탄같이 들리지만, 그런 와중에도 "아직도"라는 말을 통해 예수—그리고 마가공동체—는 실낱같은 희망의 끈을 놓지 않고 있다는 것을 알 수 있다. 이것은 제자들이 나중에는 결국 깨닫게 될 것이라는 믿음을 보여주고 있고, 이어지는 8:22-10:52에 이에 대한 사려 깊은 변론이 나온다.

떡의 숫자와 의미

첫 번째 군중을 먹이는 사건에서 예수는 "너희에게 떡이 몇 개나 있느냐"고 물었는데(6:38), 똑같은 질문이 두 번째 군중을 먹이는 사건에도 나온다(8:5). 이번에도 숫자에 특별한 의미가 있을까? 마가복음 저자가 아무 의미 없이 구체적인 숫자를 언급했을 것이라고 보긴 어렵다. 만일 명시된 숫자에 어떤 의미가 담겨 있다면 그 뜻을 살펴보는 것이 독자의 해석학적 권리이자 의무일 것이다. 떡 다섯 개과 물고기 두 마리로 오천 명을 먹이고 열 두 바구니를 거두는 것의 의미에 대해서는 이미 살펴보았다. 이번에는 떡 일곱 개과 작은 생선 두어 마리로, 사천 명을 먹이고 일곱 광주리를 남긴다. 이 숫자들이 뜻하는 바는 무엇일까?

떡 '다섯'이 모세 오경을 연상시키고 이스라엘 민족을 비유하는 숫자라면, 떡 '일곱'은 이스라엘의 주변 국가와 민족을 뜻한다고 볼 수 있다(신 7:1; 수 3:10; 24:11; 행 13:19). 먹고 남은 떡의 숫자 '열둘'과 '일곱' 역시 같은 맥락에서 각각 이스라엘 열 두 부족과 이방 국가(민족) 일곱을 상징한다. 초기 교회는 열 두 사도의 일을 돕기 위해 일곱 집사를 세운다. 여기서 일곱 집사는 헬라파 사람들을 위해 세운 것인데 열 두 사도가 이스라엘을 상징하는 것과 같은 맥락이다(행 6:1-6). 다섯과 천의 배합으로 살펴 본 오천 명이 이스라엘의 많은 사람을 상징한 것처럼, 사천 명은 넷과 천의 배합으로 볼 수 있다. 넷은 사방, 곧 온 세상을 말할 때 자주 쓰이는 표현으로 "땅 끝 사방"—four corners of the earth—을 뜻한다(사 11:12; 겔 7:2; 계 7:1; 20:8). 당시 우주관에서는 땅뿐 아니라 하늘도 사방이 있는 것으로 보았다(렘 49:36). 이처럼 사방을 뜻하는 숫자 넷과 무한정 많은 양을 뜻하는 천이 합하여 사천 명이 되고, 결과적으로 이 숫자는 그들의 우주관에서 세상의 모든 사람을 비유한 말이 된다.

여기에 쓰인 열 두 바구니와 일곱 광주리를 뜻하는 단어들 또한 눈여겨 볼만 하다. 영어 성경에는 둘 다 바스켓(basket)으로 번역되나, 헬라어 본문에는 두 개의 다른 단어를 사용하고 있다. 크기에 있어 광주리(σπυρίς)보다 작은 바구니(κόφινος)가 이스라엘에서 주로 사용된 것으로 보인다. 신약성서에는 오병이어 사건과 관련해서만 바구니(κόφινος)가 쓰였고, 구약에는 기드온이 하느님의 사자에게 고기를 바구니에 담아 바치는 장면에 등장한다(삿 6:19). 광주리(σπυρίς)는 사도행전에서 바울을 다메섹 성에서 달아내려 보낼 때 사용된다(행 9:25). 이렇게 광주리는 사람이 들어가 앉을 만큼 큰 것으로 여겨진다. 이스라엘을 구성하는 부족 단위가 이방 국가나 민족 단위보다는 작은 개념이기 때문에 "열 두 바구니"와 "일곱 광주리"는 매우 적합한 단어 선택으로 보인다.

표적과 바리새인의 누룩

예수가 달마누다 지방으로 되돌아오자 바리새인들이 나와서 그에게 시비를 걸기 시작한다. 달마누다의 정확한 위치는 알려지지 않았지만 바다 서편에 위치한 도시로 예수의 행적이 갈릴리 바다 동편으로부터 유대인 지역으로 이동해 왔음을 암시한다. 마태복음은 이 지역을 마가단 지경으로 이해하고 있는데(마 15:39), 일부 사본은 막달라로 표기하기도 한다. 바리새인들의 활동(막 8:11)으로 보아 이 지역이 이방지역과 구분되는 것은 확실한데 이것만으로도 독자들을 위한 문학적 기능은 다 한 셈이다. 바리새인들이 예수에게 "하늘로부터 오는 표적"을 요구하는데, 마가복음 저자는 이를 가리켜 '시험하고자 한 것'이라고 해석의 틀을 짠다. 이 이야기는 갈릴리 유대인 지역에서 예수가 유대 지도자들과 마지막으로 대면하는 장면이다. 이후 예수는 더 이상 그들과 접촉을 하지 않고 이방지역을 거쳐서 예루살렘으로 향한다.

바리새인들이 예수와의 대화에서 사용한 단어를 주목해 보자. 마가복음은 기적, 능력, 권능을 뜻하는 말을 쓸 때 두나미스(δύναμις, power)라는 단어를 많이 썼다(5:30; 6:2, 5, 14; 9:1, 39; 12:24; 13:25, 26; 14:62). 그런데 여기서 바리새인은 표적(σημεῖον, sign)을 구한다. 이것은 그들이 예수가 행한 권능을 무시하거나 아예 인정하지 않기 때문이다. 당시 성서 전통에서 표적을 요구하는 것 자체가 잘못된 것은 아니다(삿 6:36-40; 왕하 20:8-11). 그러나 여기에서는 또 다른 표적을 통해서 예수를 믿기 위해서라기보다는 오히려 그를 폄하할 목적으로 요구하기 때문에 잘못된 것으로 보아야 한다. 예수의 권능, 기적 자체가 이미 "하늘로부터 오는" 표적임에도 불구하고, 그들은 불순한 의도로 표적을 요구한다. '시험하기 위해서'라는 표현이 이를 뒷받침한다(8:11; cf. 3:22-30). 예수가 "이 세대"에 표적을 주지 않으려 한 것은 4장의 씨 뿌리는 비유에서처럼, 외부인들에게는 비유로 이야기하고 나중에 제자들에게 설명하는 것과 같은 이치다. 후에 13장에서 제자들이 마지막 때에 일어날 표적(징조)을 물을 때 예수는 표적을 이야기한다. "표적"(σημεῖον, sign)이란 말은 신호등처럼 무엇인가를 가리키는 말이다. 표적 그 자체보다는 그것을 통해 전하고자 하는 뜻에 초점이 있다. 전달의 매개체인 표적 없이도 그 뜻을 알 수 있다면 이것은 최상의 깨달음이다. 사람들은 대부분 많은 일들을 그냥 직감으로 안다. 타고난 내적 능력이 발동하기 때문이다. 깨닫지 못할 때는 표적과 징조를 주어도 모른다. 또 표적이라고 모두 유익한 것은 아니다. 거짓 표적(징조)도 있기 때문이다(막 13:22; cf. 신 13:1-3).

예수는 바리새인과 헤롯의 누룩을 조심하라고 경고하는데, 제자들은 그 뜻을 문자적으로 이해—혹은 오해—하여 자신들이 떡을 갖고 오지 않은 것 때문에 불안해한다. 예수의 말은 은유적인 표현이다. 앞서 마가복음 저자는 예수가 비유 외에는 말씀하지 않았다고 주장했는데(4:34), 여기에서도 문자를 넘어 그 이면에 자리한 뜻을 살펴 볼 필요가 있다. 누룩은 빵을 부풀리는 작용을 하는 것으로 빵을 만드는 데 반드시 필요하다. 여기서 빵이 말씀이라면 누룩은 그 말씀을 해석하는 신학적 틀이고 가르침이다. "구슬이 서 말이라도 꿰어야 보배다"라는 말이 있다. 꿰는 일, 일관성 있는 이해가 신학하기라면, 이것이 누룩에 해당한다. 문제는 어떤 누룩인가라는 점이다. 빵을 부풀리듯 생명을 일으키는 누룩인가, 혹은 위선과 독재로 가득 차 해악을 끼치는 누룩인가(눅

12:1)? 마가복음 속의 제자들은 누룩의 의미를 깨닫지 못하는데 반해, 마태복음의 제자들은 이것이 바리새인의 가르침을 의미한 것을 단박에 깨닫는다(마 16:12). 마가복음에서 바리새인과 헤롯(당)은 지배체제를 대표한다. 이렇게 종교와 정치가 야합하여 함께 등장하는 곳이 두 군데 더 나오는데, 두 경우 모두 예수를 책잡아 죽이려고 모의한다(3:6; 12:13). 예수와 지배체제가 정면으로 대립하는 장면이다.

아직도 깨닫지 못하느냐?

제자들이 떡이 한 개밖에 없는 것을 걱정한 이유는 세상의 눈(이데올로기, 가치관, 신학)으로 현실을 보았기 때문이다. 많은 사람을 먹이려면 많은 양의 빵이 필요하다는 주장은 언뜻 당연해 보이지만, 이것은 성서를 문자적으로 읽은 데에서 기인된 오해이다. 다시 말하면, 세상의 경제 원리, 지배체제의 논리로 현실을 인식한 결과이다. 적은 양으로 많은 사람들을 먹인 사건을 두 번이나 경험한 제자들이라면 떡의 숫자가 문제가 되는 것이 아니라, 무엇인가 다른 이야기를 하고 있다는 것을 알아차렸어야 한다. 떡이 하나밖에 없다는 말은 역설적으로 말하면 하나로 충분하다는 뜻이 된다. 제자들에게 말씀(떡)은 예수의 말씀과 가르침뿐이다. 그것으로 충분하다.

마가복음에 떡이라는 단어가 총 21번 쓰이는데 그 중 18번이 이 논쟁과 관련된 이야기에 사용된다. 후에 마지막 만찬에서 "이것이 내 몸이라(14:22)" 말하면서 예수는 자신을 떡에 비유한다. 마가복음에서 떡은 예수의 말씀과 신학을 의미한다. 떡을 함께 먹는다는 것은 예수의 말씀을 듣고 그 신학을 공유하는 것을 뜻한다.

제자들이 깨닫지 못한 것에 대해 마가복음은 그들의 마음이 둔하여졌기 때문이라고 그 이유를 설명하고 있다(6:52; 8:17). 두 번의 바다를 건너는 사건에서 제자들이 두려워한 이유는 그들에게 믿음이 없었기 때문이고(4:40), 또한 떡에 관하여 깨닫지 못했기 때문이라고 말한다. 특별히 두 번째 바다를 건너는 일과 관련해 우리 말 성경번역에 반영된 것처럼 떡 떼시던 일, 떡의 기적이 이야기의 초점이 아님을 알아차려야 한다. 그 떡의 의미—"떡에 관하여"(ἐπὶ τοῖς ἄρτοις, about the loaves)—를 깨닫지 못한 것이 문제이다. 깨닫지 못한 것은 눈이 있어도 보지 못하고 귀가 있어도 듣지 못한 것과 같다(8:18). 마음, 곧 생각, 인지 능력이 둔하여진 것은 씨 뿌리는 자의 비유에서도 등장한다(4:12). 외부인들이 깨닫지 못하는 것은 바로 그 마음이 둔하여졌기 때문이다. 제자들도 외부인처럼 그리고 바리새인들처럼 예수의 능력(가르침과 삶)을 이해하지 못하고 있다.

그럼에도 아직 희망이 있다. 씨 뿌리는 자의 비유에서는 '눈이 있어도 보지 못하고 귀가 있어도 듣지 못하는 것'이 심판을 위한 목적구로 쓰였지만, 제자들에게는 같은 내용이 의문문 형식으로 쓰였다: "너희가 눈을 가지고 있어도 보지 못하고, 귀를 가지고 있어도 듣지 못하느냐?"(8:21) 한 번 스스로 되새겨보라는 권면의 말씀이다. 헬라어에서 부정의문문은 문구 자체 내에 종종 그 대답을 이미 함축하고 있다. 긍정적 대답을 기대할 때는 불변화사(particle) '우'(οὐ)를 쓰고, 부정적 대답을 기대할 때는 '메이'(μή)를 쓴다. 본문에서는 긍정적 대답을 기대한 것으로, "너희가 보고 또 듣지 않느냐"(You do see and do hear, don't you?)는 의미다. 또한 "아직도 깨닫지 못하느냐"는 말 속에 "아직도"(yet)는 시간상으로 때가 되지 않았음을 뜻하고, 이후 제자들이 영적 눈을 뜨게 됨—깨달음—을 기대하게 만든다. 예수는 앞서 듣지 못하는 한 사람을 고치는데(7:32), 듣고 보는 것은 깨달음의 전초 작업이다. 이방 땅에서 이루어진 이 능력은 눈 뜨는 사건과 함께 상징적 의미를 담는다. 제자들이 보지 못하고 깨닫지 못하는 상황을 고치는 이야기는 이후 두 번 등장하는 소경이 눈 뜨는 이야기(8:22-26; 10:46-52)를 통해 보다 상세히 전개된다.

예수의 가르침과 크리스천 정체성

떡과 말씀은 모두 예수의 가르침과 깊이 연계되어 있다. 가르침과 깨달음은 마가복음 신학의 핵심 주제이다. 예수가 처음 회당에서 능력을 보였을 때, 사람들이 외친다. "새로운 가르침이다!"(1:27). 누구나 기적, 표적, 능력을 언급해야 할 그런 상황에서, 저자는 '가르침'이라는 단어를 선보였다. 예수의 행적—능력, 권능, 기적—을 한 마디로 요약한 말이다. 예수는 우리들의 생각과 삶을 변화시키는 분이다. 이것이 마가복음에 드러난 제자들의 정체성 선언이다.

예수의 가르침을 한 마디로 요약하면 경계선 없애기이다. 지배체제를 수호하기 위해 세상이 만들어 놓은 경계선을 허무는 일이다. 서로 소통하는 사회가 내적으로는 이스라엘 공동체의 계급 타파를 통해서 그리고 외적으로는 이방인과의 교류를 통해서 이루어진다. 수로보니게 여인은 그런 의미에서 민족, 성별, 계급, 모든 면에서 경계선 밖에 있는 상징적 존재이다.

제자들이 예수의 가르침(복음)을 이해하지 못하는 이유는 세상 이데올로기로 예수를 대하기 때문이다. 세상에서 가장 높은 자리(왕)에 예수를 놓고, 그를 통해 세상에서 최고로 여기는 가치—맘몬—를 추구하기 때문이다. 제자들은 자리다툼에 눈이 멀었다(9:33-35; 10:35-45). 예수는 오히려 그런 지배체제에 맞서 투쟁하고 하느님 나라를 전했다. 자신들의 욕심을 따라 예수를 오해한 모든 제자들이 예수를 부인하고 떠나게 되는데(14:50), 이 모두는 예수의 가르침을 이해하지 못한 결과이다.

신학을 한다는 것은 우리가 누구인가, 어떻게 살아야 하는가를 묻는 일이다. 마가복음은 예수가 누구인지, 그가 어떻게 살았는지를 잘 보여준다. 마가복음 서두에 "예수가 그리스도이다, 예수는 하느님의 아들이다"는 고백은 마가복음 공동체가 지향하는 정체성 선언이다. 당시의 언어와 글로 쓰였지만, 그 의미는 어떤 신학의 틀(누룩)로 해석하는가에 따라 천양지차로 다르게 나타난다. 어떻게 사는가? 정체성에 따라 산다. 이것이 그리스도인의 삶의 모습이다.

"아직도 이해를 못하느냐?"라는 예수의 책망에 '아직(yet)'이란 표현이 들어 있는 것은 여전히 희망을 담고 있음을 보여준다. 예수가 외부인들에게서는 떠났지만, 제자들에게는 지속적으로 기회를 주고 있다(4:34). 아직 깨닫지 못했다는 표현은 결국 깨닫게 될 것임을 암시한다. '드러내려 하지 않고는 숨긴 것이 없고 나타내려 하지 않고는 감추인 것이 없기 때문이다'(4:22). 곧 숨겨진 것은 드러나게 마련이다. 깨닫지 못함 또한 깨달음의 순간을 위해 있다.

생각할 문제

1. 우리는 예수 (혹은 하느님)에게서 무엇(표적, sign)을 구하는가?

2. 지금까지 예수의 행적을 정리해 보라. 내가 이해한 것은?

3. 우리도 제자들처럼 눈, 귀, 마음에 우리 생각이 자리 잡고 있기 때문에 아직도 같은 과오(실패)를 범하는 경우가 있다. 나에게 반복되어 계속 일어나는 과오나 문제가 있다면 무엇인가?

4. 오천 명과 사천 명을 먹인 사건 속에서 우리는 예수의 사람을 향한 일관된 열정(compassion)을 볼 수 있다. 이는 제자들의 무심/무관한 듯한 태도와 비교가 된다. 나는 사람들을 향해 어떤 태도를 지니고 있는지 솔직하게 말해보라.

제14장

메시아 비밀과 신학 다시하기 (8:22-30)

막 8:22-10:52이 "아직도 깨닫지 못하느냐?"(8:17, 21)라는 예수의 질문에 대한 우회적인 답변이자 보충설명이라는 것은 앞 장에서 이미 언급한 바 있다. 이 단락의 구조를 살펴보면 첫 부분과 마지막 부분에 소경이 눈뜨는 사건이 배치되어 하나의 문학적 단위를 형성하고 있다. 두 번의 유사한 사건 중 첫 번째 경우는 소경이 눈을 뜨는 과정이 천천히, 단계적으로 이루어지는 것으로 묘사되는 것에 반해, 뒤에 나오는 이야기에서는 소경이 단번에 눈을 뜬다. 이는 제자들이 점차 영적으로 눈을 뜨게 되어 마침내 깨닫게 될 것을 암시하는 문학적 구성이다. 또한 예수가 세 번에 걸쳐 고난과 십자가처형, 그리고 부활에 대해 언급하는 장면에서는 하나같이 사건의 핵심에 대한 제자들의 몰이해가 뒤따르며 이에 대한 예수의 가르침이 이어진다. 이 모두는 그리스도인의 정체성(예수가 누구인가)과 행동윤리(어떻게 살아야 하나)에 대한 가르침이다.

이 이야기는 지리적으로 멀리 이방 땅에서 출발하여 갈릴리와 유대를 거쳐 예루살렘에 이른다. 이 기간 동안 예수의 모든 가르침은 제자들에게만 집중된다. 군중을 대상으로 한 가르침은 더 이상 나오지 않는다. 따라서 예수는 비유가 아니라 "드러내 놓고" 말하기 시작한다(8:

32). 이렇게 길에서(on the way) 행해지는 예수의 가르침은 또 하나의 길(道)을 염두에 두고 있다. "길에서"란 말이 여러 번 중요한 장면에 쓰이는데(8:27; 9:33; 10:32), 모두 예수가 앞으로 당할 일을 말하는 수난 이야기의 배경으로 예수의 "길"을 언급하고 있다. 이것을 그대로 따르는 이가 소경 바디매오인데 그는 길가에서—길 밖에서—구걸하다가 예수를 만나고는 길에서 예수를 따른다. 막 8:22-10:52은 이렇게 끝을 맺는다.

브레데(Wilhelm Wrede): **메시아 비밀**(1901)

마가복음을 이해하는 해석학적 열쇠 혹은 신학적 입장 가운데 가장 대표적인 것이 소위 '메시아 비밀'(The Messianic Secret) 가설이다. 대표적인 현대 주석들 중 일부를 들여다보자.

> 여기서 금하고 있는 것은 기독론적 사고(思考)나 혹은 제자들의 이런 사적인 견해가 아니라 그들이 이것을 공개적으로 나타내는 것이다…. 14:61-62에 이에 대한 공표(公表)가 나오지만, 아직은 때가 아니다. 때가 오면 제자들이 아닌 예수 스스로 이 비밀을 깰 것이다. (R. T. France, *The Gospel of Mark*, 330).

> 베드로의 '고백'과 마찬가지로, 예수의 침묵명령은 메시아 비밀의 한 요인으로 이해되어야 한다(M. Eugene Boring, *Mark: A Commentary*, 238); 마가복음에서 예수의 진정한 정체는 십자가와 부활 때까지는 알려지지 않는다(270).

> 예수는 세례와 함께 메시아로 인침을 받았지만, 부활한 이후에야 비로소 그 메시아 직(office)을 수행한다(9:9; 14:61-21을 보라). (Adela Yarbro Collins, *Mark: A Commentary*, 66).

'메시아 비밀'의 저자, 브레데(Wrede)는 마가복음에 나타나는 예수의 침묵 명령에 주목한다. 곧 예수 자신에 대해 나타내지 말라는 명령이다. 먼저 자신을 알아보는 더러운 영들에게 예수는 침묵할 것을 명한다(1:25, 34; 3:12). 또 병자들을 고친 후 그들에게 침묵을 요구한다(1:43-45; 5:43; 7:36; 8:26). 베드로와 제자들에게는 자신이 누구인지 숨기고 말하지 못하게 하며(8:30; 9:9), 예수 스스로도 자신의 신분을 의도적으로 숨기려 한다(7:24; 9:30). 예수가 아닌 다른 사람들이 바디매오를 침묵시키려고 시도한 것(10:47-48) 또한 같은 모티브로 보아야 한다는 주장이다(*The Messianic Secret*, 34).

이 외에 예수가 외부 사람들로 하여금 자신의 의도를 깨닫지 못하도록 비유로 말한 것도 메시아 비밀과 연관되어 있다(4:10-12, 34). 예수의 정체와 그의 가르침을 제자들이 깨닫지 못한 것 역시 같은 맥락에서 이해해야 한다는 생각이다(4:13; 4:40-41; 6:50-52; 7:18; 8:16-21; 9:5-6, 19; 10:24; 14:37-41).

브레데가 메시아 비밀을 마가복음 저자의 창작으로 여기는 것은 아니다. 단지 당시 예수에 대한 두 가지 대표적인 기독론을 절충하려는 노력이 마가복음에서 엿보인다고 생각할 뿐이다. 보다 오래된 전승에서는 예수가 부활과 함께 메시아로 승격되었다고 주장한다(행 2:36; 롬 1:4; 빌 2:6-11). 그 이후 예수는 처음부터 메시아였다는 이해가 등장한다(요한복음). 브레데에 의하면, 예수는 스스로를 메시아로 여기지 않았고 제자들 또한 그렇게 이해하지 못했다. 이렇게 부활을 전후로 예수에 대한 서로 다른 생각이 공존함에 따라, 이를 설명할 목적으로 메시아 비밀이라는 가설이 등장한다. 이 가설의 핵심은 예수는 본래 자신이 메시아인 것을 알았지만, 자신의 생애 동안에는 이 사실을 비밀에 붙이도록 명했기 때문에 사람들이 알지 못했고 제자들 또한 예수가 드러내 놓고 가르쳐 주기 전에는 깨닫지 못했다는 주장이다(8:30; 9:9).

브레데의 메시아 비밀 가설은 후대 마가복음 연구에 지대한 영향을 끼쳤다. 당시 일반적 이해는 마가복음을 역사적 예수 연구를 위한 역사적 기록(자료)으로 여겼지만, 브레데는 마가복음 역시 또 하나의 신앙/신학적, 문학적 산물임을 밝힌다. 마가복음 또한 교리의 영역에 속한다는 주장이다(131). 후대의 편집비평(redaction criticism)과 20세기 말 역사적 예수 연구를 통해 드러난 '역사적 예수'와 '신앙의 그리스도' 사이의 간격을 메우려는 최초의 학문적 시도였다는 점에서 브레데의 논문은 나름대로 의의를 갖는다.

여기에 물론 문제점도 있다. 메시아 비밀 모티브가 일관성을 갖지 못하기 때문이다. 예수는 여러 번 자신의 정체가 알려져 숨어 다니곤 했다(1:44-45). 또 침묵명령(1:44-45; 7:36; cf. 7:24; 10:52)이 지켜지지도 않았을 뿐 아니라 때로는 자신을 공개적으로 나타내기도 했다(5:19-20). 이 점은 브레데도 인정한 것인데 '메시아 비밀'이 마가의 순수한 창작이 아니고 당시 유행한 초기 교회의 추세(Tendenz)를 반영했기 때문이라고 주장한다(145). 또 다른 의문은 만일 제자들이 예수가 누구인지 알지 못했다면, 예수는 왜 그들을 전도하도록 보냈으며 또 무엇을 가르치게 했을까? 또 부활 때까지 예수의 참 모습을 몰랐던 제자들에게 교회의 사도 권위는 무슨 의미가 있을까? 하는 점이다.

신약성서 비평가들 사이에도 의견이 분분하다. 슈바이처와 영미학파에서는 예수가 처음부터 스스로 메시아 의식을 갖고 있었다고 주장하는가 하면, 그 이외 대부분 학자들은 그런 생각을 도외시한다. 문제는 마가복음에서 예수의 역사성을 찾았던 브레데 이전 학자들이나 브레데 모두 막 8:29-30을 해석할 때 베드로의 고백을 문자적 사실로 받아들이거나, 적어도 이를 통해 마가복음에 메시아 비밀이 존재한다는 확신을 가졌다는 데 있다. 이 모두는 마가복음의 거친 표현, '꾸짖음'(에피티마오, ἐπιτιμάω)에 대한 잘못된 이해에서 비롯된다. 예수는 처음부터 메시아였다는 주장(근본주의)이나 그것은 후대의 산물이라는 주장(자유주의) 모두 "메시아 비밀"이라는 가설에서 벗어나지 못하고 있다.

메시아 비밀인가, 신학 다시 하기인가?

브레데는 막 8:30과 9:9을 메시아 비밀의 핵심으로 보았다. 필자는 여기에 10:45을 추가하여 이 세 구절을 8:22-10:52에서 가장 난해한 문구로 꼽고 싶다. 여기서는 신학 다시하기 관점에서, 8:30을 중심으로 이 구절들에 접근하고자 한다.

8:30	이에 [예수께서] 그[것]에 관해서 아무에게도 말하지 말도록 그들을 꾸짖으시고 *καὶ ἐπετίμησεν αὐτοῖς ἵνα μηδενὶ λέγωσιν περὶ αὐτοῦ.*
KJV	And he charged them that they should tell no man of him.
NRSV	And he sternly ordered them not to tell anyone about him.
NIV	Jesus warned them not to tell anyone about him.

개역	이에 **자기의 일을** 아무에게도 말하지 말라 경계하시고
표준새번역	예수께서 그들에게 엄중히 경고하시기를, **자기에 관하여** 아무에게도 말하지 말라고 하셨다.
공동번역	그러자 예수께서는 **자기 이야기를** 아무에게도 하지 말라고 단단히 당부하셨다.

번역본 어디에도 '꾸짖다'(rebuked)라는 해석을 찾아볼 수가 없다. 또 우리말 성경에서 (인칭)대명사가 하나 같이 예수를 가리키고 있다.

'꾸짖다'(ἐπιτιμάω)는 말은 신약성서에 많이 등장한다: 마 8:26; 12:16; 16:22; 17:18; 19:13; 20:31 (6번); 막 1:25; 3:12; 4:39; 8:30, 32f; 9:25; 10:13, 48; (9번); 눅 4:35, 39, 41; 8:24; 9:21, 42, 55; 17:3; 18:15, 39; 19:39; 23:40; (12번). 이렇게 공관복음서에만 27번 나오고, 그 외 2번 더 등장한다(딤후 4:2; 유 1:9). 이 중 복음서의 특징을 살펴보기 위해 공관복음에 나타난 것들만 비교해 보자.

꾸짖음의 대상	마가복음	마태복음	누가복음
회당의 더러운 영	1:25	x	4:35
더러운 영	3:12	12:16	4:41 //막 1:34
바람	4:39	8:26	8:24
제자들	8:30	x	9:21
베드로가 예수를	8:32	16:22	
베드로를	8:33	x	
벙어리, 귀먹은 영	9:25	17:18	9:42
어린아이들	10:13	19:13	18:15
사람들이 소경을	10:48	20:31	18:39

			4:39; 9:55; 17:3; 19:39; 23:40

위 도표에서 확연히 드러나는 점이 두 가지 있다. 마태복음과 마가복음을 비교할 때, 마가복음에 있는 3가지 '꾸짖는 이야기'가 마태복음에는 나타나지 않는다. 회당에서 더러운 영을 꾸짖는 사건이 누락된 것은 마태복음의 문학적 성격에서 볼 때 이해할 만하다. 마가복음에서 예수는 제자를 부른 후 곧바로 회당으로 들어가 가르치지만(1:21), 마태복음에서는 예수가 산에 올라 군중들을 가르친다(5:1). 당연히 회당의 사건은 마태복음의 문학적 구성과 잘 어울리지 않는다. 나머지 두 경우는 예수가 베드로를 꾸짖는 장면으로 베드로의 사도 권위에 손상을 끼칠 만한 구절들이다(8:30, 33). 마태복음에서 베드로의 신앙고백은 교회의 모범이다(16:17-19). 따라서 그의 고백이 꾸짖음의 대상일 수가 없다. 여기서 주목할 것은 선택된 단어인데 마태복음에서 제자들을 경계한 말(διαστέλλω)은 유일하게 여기에만 쓰였을 뿐 아니라 다른 신약성서에서도 매우 드물게 쓰이는 말이다(행 15:24; 히 12:20). 그럼에도 마가복음에서는 같은 단어 '경계하다'(διαστέλλω)가 무려 5번이나 쓰였다(5:43; 7:36*; 8:15; 9:9). 만일 마가복음이 베드로의 고백을 경계할 목적을 가지고 있었다면, 마태복음의 경우처럼 그에 합당한 단어를 썼을 것이다. 그러나 마가복음은 베드로를 꾸짖었다(ἐπιτιμάω)고 분명히 기록한다. 각 복음서 저자들이 단어 선택에 신중을 기하고 있는 것을 엿볼 수 있다.

그럼 예수는 왜 베드로를 꾸짖었을까? 그리스도에 대한 이해에서 차이가 있었기 때문이다. 이 구절은 예수와 베드로 사이에 신학/복음/이데올로기의 차이를 들어낼 뿐 메시아 비밀로 설명될 소지는 찾아볼 수 없다. 그리스도라는 말은 마가복음에 총 7번 나오는데 이를 통해 마가복음 속에 내재된 그리스도 이해를 살펴볼 수 있다(1:1; 8:29; 9:41; 12:35; 13:21; 14:61; 15:32).

- 1:1 하나님의 아들 그리스도 예수의 복음의 시작이라
- 8:29 또 물으시되 너희는 나를 누구라 하느냐 베드로가 대답하여 가로되 주는 그리스도시니이다
- 9:41 누구든지 너희를 그리스도에게 속한 자라 하여 물 한 그릇을 주면 내가 진실로 너희에게 이르노니 저가 결단코 상을 잃지 않으리라
- 12:35 예수께서 성전에서 가르치실새 대답하여 가라사대 어찌하여 서기관들이 그리스도를 다윗의 자손이라 하느뇨
- 13:21 그 때에 누가 너희에게 말하되 보라 그리스도가 여기 있다 보라 저기 있다 하여도 믿지 말라
- 14:61 잠잠하고 아무 대답도 아니하시거늘 대제사장이 다시 물어 가로되 네가 찬송 받을 자의 아들 그리스도냐
- 15:32 이스라엘의 왕 그리스도가 지금 십자가에서 내려와 우리로 보고 믿게 할지어다 하며 함께 십자가에 못 박힌 자들도 예수를 욕하더라

1:1은 마가복음의 신앙고백을 요약한 말로 이 말만 따로 떼어 놓고 보면 어떤 그리스도를 말하고 있는 것인지 파악하기 어렵다. 8:29은 이 장의 핵심 본문인데 해석에서는 가장 어려운 구절이라 할 수 있으므로 보다 세밀한 분석이 필요하다. 9:41과 12:35은 예수가 직접 한 말 속에 그리스도 이해가 반영되어 있는 구절이다. 여기서 우리는 예수가 일반적인 이해와 전혀 다른 그리스도 이해를 갖고 있었다는 것을 알

수 있다. 다윗의 후손으로, 왕권을 가진 통치자라는 의미의 그리스도라면, 세상 사람들은 물 한 그릇이 아니라 사과 궤짝이라도 마다하지 않고 가지고 나올 것이다. 나머지 세 구절(13:21; 14:61; 15:32)은 모두 외부 사람들의 입을 통해 나온 말이다. 따라서 예수—혹은 마가복음의 예수—의 이해를 바탕으로 베드로의 고백(8:29)을 되짚고 판단할 필요가 있다. 베드로가 세상의 눈으로 이해한 그리스도를 염두에 두고 예수에게 답한 것이라면 이것은 당연히 꾸짖음의 대상이다. 이어지는 베드로의 행동이 이런 이해를 뒷받침한다(8:32). 그는 고난과 죽음을 예고하는 예수를 말린다. 이는 권세를 가진 그리스도를 염두에 두고 있는 베드로에게, 십자가에 처형되는 그리스도란 받아들일 수 없는 것이기 때문이다.

사람들은 나를 누구라 하느냐?
너(희)는 나를 누구라 하느냐?

예수는 제자들과 가이사랴 빌립보로 가는 길에서 사람들이 자신을 어떻게 생각하는지 묻는다. 가이사랴 빌립보에서의 행적을 따로 보고하지 않고 있고, 또 이어지는 예수의 행적이 멀리 빌립보에서 예루살렘까지 이어지는 것으로 미루어 볼 때, 예수는 제자들과 조용한 시간을 갖기를 원했는지도 모른다(6:31 참조). 예수의 질문은 자신이 누구인지 몰라서 묻는 말이 아니고, 이를 계기로 제자들을 교육하는 것이 목적이다.

예수의 물음에 대한 제자들의 대답이 공관복음에 모두 다르게 표현되어 있다.

- 막 8:30: 예수께서 그들을 꾸짖고(ἐπετίμησεν), 그(αὐτοῦ, 그/그것)에

관하여 아무에게도 말하지 말라고 하셨다.

- 마 16:20: 이에 제자들을 경계하사(διεστείλατο) 자기가 그리스도인 것을 아무에게도 이르지 말라 하시니라
- 눅 9:21: 꾸짖고(ἐπιτιμήσας) 이 말(τοῦτο)을 아무에게도 이르지 말라 명하시고

마가복음에서 인칭대명사 '그'가 가리키는 대상은 예수 자신일 수도 있고 '그리스도'일 수도 있다. 우리말 번역에서는 "자신"으로 되어 있지만 그리스도를 지칭하는 것이 보다 자연스럽다. 여기서 말하는 그리스도란 제자들이 이해한 그런 그리스도이다. 누가복음은 '그것'에 대해 이야기하지 말 것을 명한다. 그것은 중성이기 때문에 문법적으로 남성형인 예수나 그리스도를 지칭할 수는 없고 베드로의 고백을 말한다고 보아야 한다. 즉 그런 말(이해, 신학)을 하지 말라는 명령이다. 이런 꾸짖음이 마태복음에서는 칭찬으로 둔갑한다. "꾸중하다" 대신에 "경계하다"는 말을 쓴 것도 신중한 단어 선택이지만, 무엇보다도 베드로의 고백을 분명히 하는 것에 더 큰 의의가 있다. 그(예수) 자신이 그리스도임을 알리지 말라는 말이다. 이 문장만 따로 읽으면 분명 예수가 베드로의 고백에 전적으로 동의하고 있는 것처럼 보인다. 이렇게 베드로의 고백에 대한 마태복음의 이해는 마가복음과는 전혀 다른 것이다.

하느님에 대한 이해가 우리들 삶의 태도를 결정짓는다. 예수에 대한 이해가 우리들 각자의 신앙생활을 결정한다. 각각의 복음서는 그것을 산출케 한 공동체의 신앙과 삶을 반영한다. 우리 모두의 성격과 유전인자가 각기 다르듯 복음서들은 저마다 자신들 고유의 신앙고백을 담고 있다. 이 점을 간과한 채 복음서 간의 상충되는 이해를 무조건 일치시키려는(harmonize) 노력은 성서 연구와 신학적 담론에서 배제되어

야 마땅하다. 일관성 있는 신학과 신앙생활이란 가치관의 설정과 함께 성서를 보는 건전한 해석학적 눈을 갖게 됨을 의미한다. 서로 다른 생각을 가졌다는 것을 풍요로움으로 받아들여야지 결코 분열과 배척의 대상으로 봐서는 안 된다. 마태복음과 마가복음의 서로 다른 신학적 입장은 존중되어야 한다. 따라서 마가복음에서 예수의 반응을 마태복음의 눈으로 해석하는 것은 대단히 위험하고 파괴적인 행위다. 본문을 통해 예수는 우리에게 묻는다: 너는 나를 누구라고 말하느냐(8:29)?

생각할 문제

1. 나는 예수를 누구라고 생각하는가?

2. 이 이해가 내 삶에 미치는 영향은? (만일 아무런 차이를 가져오지 못한다면, 예수를 믿고 따르는 이유가 무엇인가?)

3. 두 번에 걸친 소경이 눈뜨는 이야기는 우리의 깨달음/이해를 되돌아보게 한다. 혹시라도 나는 사람이 나무같이 보이는 부분적인 깨달음을 온전한 것으로 여기며 새로운 배움에 마음을 닫고 있지는 않은가?

제15장

제자도 I: 십자가와 부활(8:31-9:29)

앞에서 살펴 본 대로 막 8:22-10:52은 하나의 문학적 단위를 이룬다. 이 단락에는 예수가 자신의 고난과 죽음, 부활을 예고하는 장면이 세 번에 걸쳐 나오는데(8:31; 9:31; 10:33-34) 이들은 문학적으로 평행 구조를 이루고 있다. 이것을 제자의 길(道)이라는 큰 틀 아래 세 가지 소주제로 나누어 살펴보고자 한다. 먼저 이번 장에서는 '십자가와 부활'(8:31-9:29)을 다루고, 이어지는 두 장에서 '섬김과 나눔'(9:30-10:31), '눈 뜸과 예수 살기'(10:32-52)에 대해 생각해 보기로 한다.

십자가를 지는 생활

십자가는 그리스도교의 핵심이며 상징이다. 매년 고난주간 때마다 지구촌 곳곳에서 십자가를 지는 사람들의 행렬을 보는 것은 그리 어렵지 않다. 어떤 이는 실제로 십자가에 못 박힌 채로 매달려 몸소 그 고통을 체험하곤 한다. 교회 예배당에는 늘 십자가가 걸려 있고, 독실한 신자가 아닐지라도 많은 이들이 십자가 모양의 목걸이를 목에 걸고 다닌다. 바울은 십자가 외에는 자랑하지 않기로 작정하고(갈 6:14), 십자가에 내포된 하느님의 능력과 지혜를 선포했다(고전 1:18-31). 복음서를 보더라도 십자가는 빼 놓을 수 없는 역사적 사건이다. 십자가 처형을 당한 예수는 제자들에게 십자가를 지고 자신을 따르라고 명한다(마 16:24; 막 8:34; 눅 9:23).

"나를 따라 오려거든 자기를 부인하고 자기 십자가를 지고 나를 좇을 것이니라"(8:34). 예수를 따르는 일에는 두 가지 전제조건이 따른다. 하나는 자신을 부인하는 것이고, 다른 하나는 자기 십자가를 지는 일이다.

자신을 부인한다는 것은 어떤 의미일까? 내가 나를 부인하면, 부인하는 나는 누구인가? 이것은 모든 종교와 철학이 던지는 궁극적 물음이다. 그런데 이 질문은 현재 내가 인식하고 지키려는 내가 본래의 나, '참나'가 아니라는 이해를 전제로 한다. 세상의 기준과 관습이라는 운명적 현실 속에 존재하는 나를 심리학에서는 에고(Ego)라고 한다. 세상 이데올로기에 사로잡혀 허우적거리는 것이 바로 그런 나의 모습이다. 그런 나를 완전히 떨쳐낼 수가 있을까? 바울은 그러기 위해서는 세상을 떠나야 한다고 말한다(고전 5:10). 한 마디로 불가능하다는 뜻이다. 바울의 선택은 그리스도와 함께 에고를 십자가에 못 박는 길이었다(갈 2:19-20). 또 다른 방법은 복음서가 제시하는 것처럼 회개하고(메타노에오, *μετανοέω*)—마음 씀을 바꾸고—하느님의 복음을 따라 사는 길이다(1:14). 이것은 세상의 이데올로기와는 전혀 다른 가치관을 따라 사는 것을 말한다. 즉 본래의 나, 참나(진아, 眞我)를 따라 사는 것이다. 요한복음의 이해에 따르면, 참나는 보혜사 성령, 곧 하느님의 영이 나와 함께 할 때 발견되는 나이다(요 14:17, 26; 15:26; 16:13). 참나를 발견하는 것은 성경의 언어로 말하면 하느님과 하나 되는 것(요 14:20)이며, 비종교적 언어로는 자아(Self) 발견이다. 본문에서는 이것을 십자가를 지는 일로 표현한다.

자기를 부인하는 것과 십자가를 지고 예수를 따르는 것은 하나의 연속적인 사건이다. 자기를 부인하면 빈자리가 생기기 때문에 무엇인가로 채워야 한다. 그 자리를 채워야 할 것이 바로 예수의 가르침이다. 어린아이가 위험한 물건을 손에 들고 있는데, 그것을 빼앗으면 아이는 대개 울음을 터뜨린다. 그럴 때 손에 사탕을 쥐어주면 아이는 아마도 울음을 멈출 것이다. 회개만 하고 그 자리를 예수의 복음(가치관)으로 채우지 않으면 더 악한 영들이 그 자리를 채우는 법이다(눅 11:24-26). 십자가를 지고 예수를 따른다는 것은 회개와 동시에, 연속적으로 이루어지는 제자도(道)의 모습이다. '참나'(Self)가 드러나는 삶을 사는 것이다.

십자가를 진다는 것은 무슨 뜻일까? 로마통치 하에서 지배체제는 반정부 세력들을 십자가에 매달아 처형하곤 했는데, 그 수가 너무 많아 나중에는 십자가가 모자랄 지경이었다고 한다. 그렇다면 예수가 친절하게 자신이 달려 죽을 십자가를 스스로 미리 마련해 다니라고 말한 것일까? 십자가형은 그리스도교 역사상 가장 잔혹한 처형수단이었다. 그런 것은 없었더라면 더욱 좋았을 것이다. 그런데 신자들에게 매일 십자가를 질 것을 요구한다면, 그리스도교가 대중의 환영을 받을 수 있을까? 예수가 문자적 의미로 십자가 질 것을 요구하는 것이 아니라는 것은 자명하다. 그렇다면 십자가는 무엇을 상징하고 있을까?

십자가란 내가 원치 않는 상황, 운명을 뜻한다. 주어진 운명은 내 뜻과 상관없이 외부로부터 오는 것이다. 내가 어느 특정한 나라에서 태어나는 것도, 어느 특정한 사회적 환경과 경제적 조건 속에 사는 것도 내가 선택한 일이 아니다. 십자가를 지고 예수를 따른다는 말은 어떠한 환경과 악조건 속에서도 예수의 길, 사상, 가르침을 선택하고 그것에 따라 살아가는 것을 의미한다. 필자는 이것을 소명(召命)으로 이해한다. 내가 이 세상에서 이루며 살도록 하늘로부터 부름 받은 것, 그것이 나의 소명이며 나의 십자가이다. 사람마다 각기 다른 환경과 조건 속에서 살고 있기 때문에 저마다 '자기 십자가'가 있다. 내가 지어야 하는 짐(소명)이기에 그것을 다른 사람에게 떠넘길 수 없다. 다른 사람이 '나의 십자가'를 대신 질 수가 없다는 말이다. 예수는 '나의 십자가'를 대신 진 것이 아니고, 예수 자신의 십자가를 졌다. 그리고 제자들 또한 자신들의 십자가를 지라고 명한다.

우리는 흔히 외부 조건에 대해 불평을 늘어놓는다. 그리고 예수를 따르더라도 이왕이면 좋은 환경 속에서 그리하길 희망한다. 그 소원 자체를 탓할 수는 없다. 그러나 예수를 섬기고 따르는 일은 정치적 상황, 경제적 조건, 문화와 역사적 배경에 달려 있지 않다. 오히려 악조건 속에서 참 신앙인의 모습을 보여준 예를 그리스도교 역사를 통해 수없이 만날 수 있지 않은가? 누군가가 진정으로 예수를 따르는가 보려면 그 사람 안에 예수의 영과 가르침이 살아 움직이는가를 보면 된다. 세상의 가치관에 물들어 '참나'가 가려진 채, 에고 놀음에 빠져 헤매는 사람에게 '예수를 따르라, 자기 십자가를 지라'는 주문은 엄청난 도전일 수밖에 없다.

부활의 의미

우리는 앞서 세례 요한의 죽음과 관련해 부활의 개념을 간단히 엿보았다. 헤롯 안티파스는 예수의 제자들이 능력을 보이는 것을 자신이 제거한 세례 요한이 다시 살아나 운동하기 때문이라고 보았다(6:14).

변화산 체험 이후 예수가 제자들에게 한 말 속에서 우리는 부활의 또 다른 의미를 발견한다. 십자가와 부활은 따로 떼어서 생각할 수가 없다. 죽은 자와 산 자, 두 사람의 이야기가 아니라, 한 사람의 죽음과 삶을 말하기 때문이다. 남의 이야기가 아니라 나 자신의 이야기로 전환되어야 한다. 나와 관련되지 않은 예수의 부활이란 무의미하다. 먼저 본문을 살펴보자.

> 저희가 산에서 내려 올 때에 예수께서 경계하시되 인자가 죽은 자 가운데서 **살아나지 않는 한**(εἰ μὴ ὅταν ... ἀναστῇ) 본 것을 아무에게도 이르지 말라(9:9)

우리 말 번역은 이 문장을 직설법(indicative mood)으로 이해한다: "살아날 때까지는"(개역, 표준새번역); "죽었다 다시 살아날 때까지는"(공동번역). 영어 번역에도 별반 차이가 없다: till/until(KJV, RSV, NIV). 그러나 헬라어 본문은 직설법이 아닌 가정법(subjunctive mood)을 사용하고 있다. 예수가 살아나는 것이 현재 일어나지 않은 상황이기 때문이다. 이 문장을 직설법으로 번역할 때 예수가 '살아나는 것'은 기정사실이 된다. 단지 그 시간이 아직 이르지 않았을 뿐이다. 그러나 헬라어 가정법은 미래 사건에 대해 가능성을 열어 놓고 말하는 용법이다. 예수가 살아날 수도 있고 살아나지 않을 수도 있다. 좀 더 풀어서 살펴보자. 이 말을 직설법으로 이해한다면 예수가 살아나는 것은 예수 개인의 일이다. 하지만 가정법으로 이해할 때 예수가 살아나는 것은 제자들의 몫이 된다. 제자들의 선택에 따라 예수가 제자들 마음속에 살아날 수도 있고 그렇지 못할 수도 있다는 뜻이다.

"살아날 때까지는"이라고 이해할 때 또 다른 의문이 생긴다. 그럼 그 때까지 무엇을 하고 있어야 하나? 혹은 (예수가) 살아나지 못한다면 언제까지 계속 기다려야 하나? "마가복음에서 예수의 정체가 십자가와 부활 때까지는 알려지지 않는다"(Boring, 270)는 것이 메시아 비밀 가설의 주장이다. 하지만 이것은 지난 100여 년 간의 학문이 그리스도인의 삶에 아무런 영향과 변화를 주지 못하고 있다는 것을 말해주는 증거가 되기도 한다. 우리는 예수의 부활을 예수 자신의 이야기라기보다 오히려 예수를 따르는 제자들 이야기로 이해해야 한다.

'**살아나지 않는 한** 본 것을 아무에게도 이르지 말라'는 명령은 언행을 주의하라는 경계의 말씀(διαστέλλω)이다. 우리들 삶 속에 예수의 신학을 온전히 되살리지 못하는 한(9:9; 6:14 참조), 예수의 일을 함부로 말하지 말라는 경고의 말씀이다. 산 위에서 무엇을 경험했던 간에—영적 체험과 신비한 환상—그 경험을 예수의 신학으로 재조명하라는 명령이다. 예수의 가치관과 철학이 없는 그리스도교는 엄밀한 의미에서 그리스도교가 아니다. 그리스도교는 예수가 그리스도임을 가르치는 종교(으뜸 가르침)이기 때문이다. 일반적—혹은 특별한—종교 현상이 예수의 가치관과 철학이라는 틀 안에서 재조명되고, 정리되고, 이해될 때 비로소 우리는 그리스도교를 말하고 교회 간판을 내걸 수가 있다.

죽은 자 가운데서 살아나는 것(*τὸ ἐκ νεκρῶν ἀναστῆναι*)은 무슨 뜻일까(9:10)? 예수를 가까이 따르던 제자들조차 그 의미를 몰라 서로 묻고 있다. 죽은 자의 부활은 죽은 자의 몫이다. 예수의 부활은 예수 자신의 숙제이다. 그러나 예수의 복음과 신학이 우리들 가운데서 다시 살아나는 것은 우리 자신들의 문제이다. 예수의 십자가 처형 이후, 제자들은 두려움에 사로잡혀 집 안에 꼭꼭 숨어 있었다. 무덤에 갇혀 있는 꼴이다. 이것 역시 죽은 자의 모습이다. 죽음의 시간을 깨치고 일어나는 것을 마태복음은 가장 적나라한 표현을 써서 진술한다. 성도들이 다시 살아나 무덤에서 나와 예루살렘 거리를 활보했다(마 27:52-53). 죽은 자 가운데—가장 어렵고 힘든 순간에—예수의 가르침, 하느님의 일(8:33)을 떠 올릴 수 있고, 그것을 일상생활에서 살아낼 수 있다면 이런 삶이 진정한 그리스도인의 모습이다.

우린 왜 잘 안되나?(9:14-29)

산에서 내려온 예수와 세 제자들은 다른 제자들이 군중에 둘러싸여 서기관들과 논쟁하는 것을 보게 된다. 서기관들은 장로와 대제사장들과 함께 지배체제와 그 이데올로기를 대표하는 인물들이다(8:31; 11:27; 14:43, 53; 15:1). 예수는 나중에 서기관들의 그리스도 이해에 대해 정면으로 도전한다(12:35).

예수가 제자들에게 다가오자 그 주위에 많은 사람들이 모여 들지만(9:14), 예수의 관심은 오직 제자들에게만 쏠려 있다: 너희가 무엇을 저희와 변론하느냐(9:16)? 이 질문 다음에 당연히 서기관들과 논쟁한 내용이 나올 법한데 그 다음에 이어지는 이야기는 엉뚱하게도 벙어리, 귀머거리 이야기이다. 예수가 제자들에게 묻고 있는데 제자들은 아무런 대답도 못하고 오히려 군중들이 답한다. 그들은 제자들이 벙어리, 귀머거리, 귀신들린 아이를 고치지 못한 것을 지적한다. 흥미로운 것은 제자들이 바로 벙어리의 모습을 하고 있다는 것이다. 그들의 신앙은 벙어리 신앙이다. 후에 제자들이 자신들은 어째서 귀머거리, 벙어리 들린 영을 좇아내지 못했는지 묻는다. 그것은 그들 스스로가 벙어리요, 귀머거리이기 때문이다. 당연히 들어야 할 소리—주위의 아픔—를 듣지 못하는 것이 귀머거리이고, 당연히 말해야 할 소리를 내지 못하는 것이 벙어리의 모습이다. 제자들이 서기관들과의 논쟁에서 이기지 못했던 이유는 그들이 지배체제의 언어와 신학의 틀에서 벗어나지 못했기 때문이다. 세상의 이데올로기로는 세상을 이길 수가 없다. 내가 얼마나 너희와 함께 있으며 얼마나 너희를 참으리요(9:19). 이 탄식 속에 '너희가 아직도 깨닫지 못하느냐'(8:17, 21)에 비견되는 예수의 안타까운 마음이 잘 드러난다.

언제부터 이렇게 되었느냐? 어릴 때부터입니다. 상황이 이렇게 한가한가? 아이가 거품을 물고 곧 숨이 넘어갈 지경인데 예수는 아이의 병이 언제 시작되었는지를 묻고 있다. 여기서 예수의 질문은 무엇을 의미할까? '어릴 때부터'(9:21)라는 말을 신앙생활에 견주어 보면 모태 신앙—'못해'(?) 신앙—에 해당한다. 세상의 믿음, 복음, 가치관을 어릴 때부터 교육받았다는 의미이다. 이런 의미에서 제자들에게 믿음이 없다는 말(9:19)은 하느님의 믿음이 없다는 뜻으로 이해해야 한다. 앞에서 제자들의 믿음 없음을 꾸짖을 때 했던 말(4:40)과 하느님의 믿음(11:22)을 가지라는 말의 연장선에서 생각할 수 있는 대목이다. 하느님의 믿음이 아닌 세상의 믿음—가치관, 이데올로기—을 따라 살았기 때문에 제자들이 세상의 가치관으로는 세상을 이길 수가 없다. 게임의 법칙이 소수의 가진 자를 위한 체제에서 제자들은 서기관과 맞서 이미 지는 게임을 하고 있는 것이다. 귀신이 귀신을 몰아낼 수는 없다(3:23-27). 강한 자를 결박하려면 더 강한 자의 힘이 필요하다. 세상의 믿음을 이기려면 하느님의 믿음으로 대처해야 한다. 이것이 믿는 자—하느님의 믿음을 가진 자—에게 모든 것이 가능하다는 말의 진정한 의미이다.

"왜 우리는 귀신—더러운 영, 세상의 지배 이데올로기—을 쫓아낼 수가 없었습니까?" 제자들의 질문에 대해 예수는 이렇게 답한다. "기도 외에는 이런 유가 나가지 않는다(9:29)" 기도를 한다는 것은 떼를 써가며 자신의 뜻을 관철시키려는 노력이 아니라 내 생각을 하느님 생각에 맞추는 작업이다. 내 안에 하느님의 영이 드러나게 하는 일이다. 에고의 뜻과 욕심을 잠시 잊고 하느님의 영에 귀를 기울이는 행위가 기도이다. 기도는 사람의 일이 아니라 하느님의 일에 마음을 쓰는 것이다(8:33).

결론

십자가는 고난을 상징한다기보다는 내가 원치 않는 상황을 뜻하는 은유적 표현으로 읽어야 한다. 따라서 십자가 지는 삶을 살라는 것은 고난의 생활을 하라는 주문이 아니다. 세상의 가치관에 물든 에고(Ego)의 욕심을 따라 살지 않고 '참나'의 눈으로 세상을 바라보며 살라는 것을 뜻한다. 주어진 환경 속에서 어떻게 행동하는가는 우리들의 신앙과 밀접한 관계가 있다. 예수의 복음으로 살 것인가, 아니면 세상의 지배이데올로기로 살 것인가? 2014년 부활절을 한 주 앞둔 고난주간에 발생했던 세월호 침몰과 꽃다운 아이들의 죽음은 아직도 우리 가슴 속에 커다란 상처로 남아 있다. 이 사건은 우리로 하여금 십자가와 부활을 다시 생각하게 한다. 자신의 목숨을 구하고자 십자가(소명)를 내던진 이가 있는가 하면, 그 때문에 자신의 소중한 생명을 바다에 던진 이도 있다. 누구든지 제 목숨을 구원코자 하면 잃을 것이요 누구든지 나와 복음을 위하여 제 목숨을 잃으면 구원하리라 (8:35). 따로 부연설명이 필요할까? 사람들 마음속에 남겨진 이 교훈은 굳이 풀어서 말하지 않아도 모두가 이미 답을 알고 있다.

십자가를 지는 삶이란 주어진 현실 속에서 자신의 소명을 점검하며 사는 것을 말한다. 내 삶의 현장에서 예수의 영이 내 안에 운동하고 있다면 나는 어떤 결정을 내리고 어떤 삶을 살게 될까? 이것을 생각해 보는 것이 그리스도인, 곧 그리스도 예수의 제자로 사는 길이다.

생각할 문제

1. 나에게 십자가의 의미는?(8:34) 혹은 나의 십자가는?

2. 나는 십자가를 지고 예수를 따르는가? 어떤 의미에서? (구체적으로 답하라.)

3. 죽은 자 가운데서 살아나는 것이 나에게는 어떤 뜻인가? 나는 이런 경험을 한 적이 있는가?

4. 예수는 자신의 생각 속에 갇혀 있는 제자들에게 새로운 유형의 기도를 제시한다. 내가 하는 기도는 이런 기도와 유사한가 아니면 다른가? 이런 기도가 나에게 주는 도전은?

제16장

제자도 II: 섬김과 나눔(9:30-10:31)

십자가와 부활에 대한 이해가 제자들의 정체성을 형성하고 공동체의 신학적 기반이 되었다는 것을 앞 장에서 살펴보았다. 우리는 스스로를 예수의 제자라고 생각하는가? 그렇다면 마땅히 예수의 정신이 우리의 삶의 현장에서 살아 움직이는 모습으로 나타나야 할 것이다. 예수의 삶과 가르침은 한 마디로 더불어 살라는 것이며, 서로 다른 가치를 인정하며 살라는 것이다. 이것을 실제 삶에 적용한다면 섬김과 나눔의 실천일 것이다. 다른 사람을 섬긴다는 것은 그들이 하나님의 형상을 갖고 있음을 인정하는 것이다. 또 나눈다는 것은 내가 가진 재능과 재물이 하나님으로부터 왔다는 것을 고백하는 것이다. 그러므로 내게 있는 것을 다른 사람들에게 자랑하거나 위세를 부리는 것이 아니라 청지기로서의 절제된 삶이 요구된다.

제자도(Discipleship)

제자도(道)—제자의 길—는 예수를 선생으로 고백하는 것으로 시작한다. 이것은 예수를 "주"로 고백하는 것과는 다른 신학적 입장을 표명하는 것이다. 마가복음에서 예수의 공식적인 호칭은 선생(4:38; 5:35; 9:17, 38; 10:17, 20, 35; 12:14, 19, 32; 13:1; 14:14) 또는 랍비(9:5; 10:51; 11:21; 14:45)이다. "주님"(κύριε)이란 호칭은 오직 한 번 등장하는데(7:28), 마태복음에 34번 나오는 것과 비교하면 대단한 차이를 보인다. 마태복음에서는 예수를 넘겨준 유다만 예수를 랍비/선생으로 부를 뿐(마 26:25, 49) 다른 모든 제자들은 하나 같이 예수를 주님이라고 부른다(마 26:22).

혹자는 소위 '메시아 비밀'의 가설을 들어, 마가복음에서 제자들이나 군중들이 예수를 주로 고백하지 못한 이유를 변론하곤 하는데, 이는 마가복음을 마태복음의 눈으로 읽기 때문에 일어나는 현상이다. 예수를 주로 고백할 때에는 주종관계가 성립한다. 그리고 종의 할 일이란 주어진 일, 정해진 임무에 충실한 것이다. 여기에는 자발적인 삶이나 발전적인 생각이 결여되어 있다. 그러나 예수를 선생(先生)이라고 부를 때에는, 선생에게서 보고 배운 것을 내 것으로 만들어 보다 나은 생각, 진일보한 삶을 추구하게 된다. 이 책에서 우리가 쓰는 말로 신학 다시하기이다. 요한복음에서 너희를 종이라 하지 않고 친구라 부르며(15:15), 너희가 나보다 더 큰 일을 하리라(14:12)고 말한 것도 예수를 선생으로 본 마가복음과 같은 맥락에서 출발한 것으로 볼 수 있다(요 13:13-14).

우리는 성서를 통해 '나는 누구인가(정체성)'를 발견하고, '어떻게 살아야 하는가(삶의 방식)'를 배운다. 이 때 예수에 대한 우리의 생각(신학)이 곧바로 나의 정체성과 연결된다. 예수를 본받는다는 것은 예수를 어떻게 보고 이해하는가에 따라 다르게 나타난다. "너희는 나를 누구라 하느냐?" 지배자들이 본대로 예수가 사회 전복자라면 그는 위험인물로 제거 대상이다(Crossan). 그들은 결국 예수를 십자가에 처형

했다. 세상 사람들이 본대로 예수가 사회의 하층계급과 어울리는 것을 즐기는 술주정꾼이라면, 그는 죄인들과 한 패이거나 그저 하찮은 존재일 뿐이다(마 11:19; 눅 7:34). 실제로 많은 사람들은 예수를 멸시했다. 많은 현대인들이 생각하듯이 그가 옛 성인 중 하나라면, 예수는 그저 훌륭한 인물로 기억될 뿐 나와는 상관없는 존재일 것이다. 하지만 예수를 나는 누구인지 또 어떻게 살아야 할지를 보이고 가르친 선생으로 본다면, 그는 모범이 되어 우리를 더불어 사는 삶으로 이끄는 주(Lord, Master)가 될 것이다.

누가 큰 자인가

예수의 두 번째 가르침 역시 도상에서(on the way) 이루어진다(9:34). 여기서 길이란 문자적으로 여행의 행로를 가리키는 것을 넘어 사람이 마땅히 걸어가야 하는 길, 도(道)를 암시한다. 제자의 길에 관한 두 번째 가르침도 첫 번째 경우와 마찬가지로 제자들의 몰이해로 이어진다. 예수의 길과는 상관없이 제자들은 누가 더 큰 자인지 길 위에서 서로 논쟁한다. 다른 도(道), 가치관에 마음을 두기 때문이다.

누구든지 첫째가 되고자 하면, 모든 사람의 꼴찌가 되어 모든 사람을 섬겨야 한다(9:35). 제자의 길에 관한 두 번째 가르침이다. 첫 번째 가르침 "누구든지, 나를 따라오려거든, 자기를 부인하고, 자기 십자가를 지고 나를 따라오라"(8:34)는 말과 일맥상통한 점이 있다. 신약성서에 나오는 가정법 중 가장 많이 쓰인 이 용법은 논쟁을 전제로 한 가정문이다. 만일 누군가 나를 따르고자 한다고 전제하고, 혹은 누군가 첫째가 되고자 한다고 가정하고, 이어지는 종속절이 논리적으로 해법을 제시하는 구조이다.

첫째(first)와 꼴찌(last)라는 표현은 이 장에서 다룰 문단의 처음과 마지막 부분에 등장함으로써 하나의 문학적 단위를 형성한다(9:35; 10:31). 십자가를 지는 행위가 지배체제를 향한 저항을 의미한다면, 누가 크냐는 논쟁은 어떤 가치관과 이데올로기를 가지고 실제로 생활하는지를 묻고 있다. 누가 더 많이 가졌는가? 누구 지위가 더 높은가? 누가 더 많은 권력을 행사하는가? 이런 질문들에 대해 재물, 지위, 힘의 잣대로 판단한다면 권력자가 큰 자가 된다. 반면 여자와 어린 아이는 그런 사회구조 속에서 가장 힘이 없기 때문에 약탈과 멸시의 대상이 된다. 예수는 이런 지배체제 속에서 가장 상처받기 쉬운 어린 아이를 통해 일종의 실물교육(object lesson)을 선보인다. 가장 작은 자를 가장 큰 자처럼 여기라. 세상의 가치관과는 전혀 다른 가치관을 적용하고 있다.

우리를 반대하지 않는 자는 우리를 위하는 자이다(9:40). 이것을 바꾸어 말하면, 우리가 반대하지 않으면 반대하지 않는 그것을 우리가 위하는 것이다. 반대해야 할 상황에서 침묵한다면, 그것을 지지하는 셈이 된다. 침묵하는 정의란 맥없는 일이다. 불의 앞에서 침묵하는 것은 그것을 인정하는 것과 다름이 없다. 행동하는 양심이란 어린 아이를 (소위 세상의 눈에서 볼 때) 큰 자처럼 여기는 것이다.

손과 발, 눈을 제거해서라도 생명에 드는 것이 낫다(9:43-47). 우리가 받아들이기 어려운 또 하나의 구절이다. 이 가르침은 어린 아이를 실족하게 할 경우를 전제한 후 이어지고 있다. 어린 아이를 실족하게 하는 상황이라면 차라리 그 원인을 제거함이 옳지 않겠냐는 반문이다. 연자 맷돌을 목에 매단 채 바다 속에 빠져버려야 하는 상황에서, 지체의 일부를 잃고서라도 살아남는 것이 차라리 낫지 않겠냐는 역설적인 물음이다(9:42). 하지만 실제로 그런 상황에서는 지체의 일부를 제거하는 것이 근본적인 변화를 가져오지는 않는다. 도박꾼이 손목을 자른다 하더라도 발을 가지고 도박을 한다고 하지 않는가? 결국 이 본문은 근본적인 가치관의 변화 없이는 생명에 드는 일 자체가 불가능하므로, 생각과 가치관을 바꾸어야 할 것을 말하고 있다.

마가복음 10장으로 넘어오면서 예수와 제자들은 갈릴리를 떠나 요단강 동편으로 이동한다. 하지만 예수는 계속해서 무리를 가르친다. 이번에는 결혼과 이혼에 관한 논쟁이다. 이 문제는 당시 바리새파에서 쌍벽을 이루는 힐렐(Hillel)과 샴마이(Shammai) 사이에 뚜렷한 의견 차이를 보였다. 신 24:1-4를 해석하면서 샴마이는 음행한 연고 없이는 아내를 버릴 수 없다는 입장을 취한 반면(마 19:3, 9 참조), 힐렐은 어떤 이유든 맘에 들지 않으면 남편이 아내를 버릴 수 있다고 보았다. 랍비 아키바는 한술 더 떠, 자신의 아내보다 더 매력 있는 여인을 찾은 것만으로도 이혼의 사유가 된다고 보았다. 본문에서 바리새인들은 예수를 시험하려고 했는데, 그들의 관심은 아내를 내칠 근거를 말하게 해 그것을 기초로 예수를 곤경에 빠뜨리려는 데 있었다. 예수는 그 질문에는 직접 대답하지 않고 오히려 결혼제도의 핵심을 이야기 한다. 창세기를 근거로 결혼제도가 본래 하느님의 창조질서에 기초한 것임을 상기시킨다(창 1:27; 2:24). 가족은 사회의 가장 기본 단위이며 그것은 결혼으로부터 시작한다. 그리고 아이들이 새로운 가족의 일원으로 생겨난다.

결혼제도와 관련한 예수의 말 중에 "사람이 그 부모를 떠나서" (10:7)라고 번역된 부분이 있는데, 여기서는 사람이 아니라 남자로 이해해야 한다. 남자(이쉬, אִישׁ)가 그 부모를 떠나서(창 2:24) 여자와 새로운 가족을 이룬다는 말이다. 곧 남자가 남존여비의 사회제도를 떠나, 남녀가 평등한 그런 가족 관계로 새롭게 태어나는 것을 설정하고 있다. 다른 말로 가족은 사회제도의 축소판이 아니고, 오히려 사회제도의 근간이다. 서로 사랑하고 위하고 섬기는 삶이 바로 우리가 꿈꾸는 사회제도의 모형이다.

어린 아이는 가족 중에서도 가장 힘이 없고 상처 받기 쉬운 존재이다. 어린 아이처럼 하느님 나라를 받는다는 것은 어린 아이가 순진하고 믿음이 좋기 때문이 아니다. 그들이 당시 사회에서 스스로 서지 못하고 보호받지 못하는 사람이기 때문이다. 이렇게 사회의 기본 단위를 구성하는 여인과 아이를 배척하는 것은 사회질서의 근간을 허무는 행위이다. 우리가 재난과 같은 극한 상황에서 어린 아이와 노약자, 여인들을 먼저 생각하는 것은 그들의 도덕적 심성과 상관없이 사회적으로 연약한 부분에 더욱 관심을 두어야 하는 책임감 때문이다. 이렇게 제자들에게 요구되는 두 번째 제자의 길은 기존의 지배체제의 가치관에 따라 권력을 행사하지 않고 평등과 존엄성을 최상의 가치로 둔 더불어 사는 삶으로 요약된다.

재물과 하느님 나라

예수가 길을 걷고 있을 때 한 사람이 달려와 묻는다(10:17). 어떻게 하면 영생을 얻을 수 있겠습니까? 더러는 '영생을 얻다'로 번역하지만, 이 단어는 산상수훈에 나오는 "기업으로 받다"(inherit, κληρονομέω)와 같은 말이다(마 5:5). 질문한 사람은 영생을 마치 유산 상속 받듯 특권층에게 대를 이어 전해지는 것으로 가정한다. 세상의 지배체제의 연장선에서 생각하기 때문이다. 재물을 가질 만큼 가진 사람이 미처 손에 넣지 못한 또 다른 상속물, 영생을 바라는 것이다. 이 사람은 가진 것 위에 더 많은 것을 구하고 있다.

먼저 영생에 대해 생각해 보자. 마가복음에는 '영생'이란 말이 오직 한 번 여기에 나온다. 개역한글은 마가복음 9장 43절과 45절을 '영생'으로 번역하지만, 실제 본문은 '생명'(ζωή)이다. 47절의 '하느님 나라'(βασιλεία τοῦ θεοῦ)와 문맥상 똑같은 의미라고 할 수 있다. 이는 당시 로마제국(지배체제)에 대항하는 공동체 개념으로, 하느님 나라에서의 삶을 가리키는 말이다. 10장 17절에는 그 뜻을 이해하지 못하는 사람이 '영생'에 대해 묻지만, 예수는 그것을 '하느님 나라'로 정정해 말하고 있다(10:23).

재물이 있는 자는 하느님 나라에 들어가기가 심히 어렵다(10:23). 이 말이 재물 자체에 문제가 있다고 지적하는 것은 아니다. 재물에 눈이 먼 마음가짐, 혹은 물질만능주의 가치관을 꾸짖는 말이다. 부자의 약점은 역설적으로 그가 부유하다는 점이다. 가진 것의 상대 개념을 갖지 못한 것이라고 하기보다는 오히려 더 많이 가진 것이라고 볼 수 있다. 부의 축적에 끝이 없기 때문에 가졌다는 강점이 상대적으로 부족하다는 약점으로 등장한다. 스스로 한계를 정해 자족할 줄 알고 재물에 얽매이지 않아야 하는데 이 사람은 끊임없이 구하고 또 구한다는 데 문제가 있다. 끝없이 이어지는 욕망의 순환고리이다. 자신이 가진 것에 만족하지 못하는 마음이 그를 불행하게 만든다. 이런 악순환의 고리를 끊어야 자본주의 제도와 지배체제 가치관의 해악으로부터 탈출할 수 있다. 예수가 한 말, '네 있는 것을 다 팔아 가난한 자들에게 주고 나를 따르라'는 말은 누구에게나 적용되는 일반적인 명령으로 보긴 어렵다. 오히려 부와 재물의 속박에서 벗어나지 못하는 사람에게 한 말로 봐야 한다. 병자에게 내리는 최후의 처방전이다. 재물을 가진 자에게 내뱉는 저주가 아니라 그를 사랑해서(10:21) 한 말이다.

비유 속에 등장하는 낙타와 문은 불가능성을 말하려는 의도인데, 이것을 가능한 것으로 해석하려는 노력은 오히려 그 뜻을 흐릴 위험이 있다. 예를 들어, 예루살렘 성에 아주 작은 문이 있는데, 낙타가 무릎을 꿇어야 겨우 들어갈 정도라고 중세 이후 설교자들은 가르쳤다. 이것을 근거로 자기를 낮춤으로 성전에 들어간다는 식으로 해석하는 것은 불가능을 말하려는 비유에서 애써 버려야 할 것을 지키는 구실을 찾는 것과 같다. 그 재물—지배체제와 그 가치관에서 성공—을 가지고는 하느님 나라를 살아낼 수 없다. 마치 세상의 복을 더 많이 받으려고 교회에 나오는 것과 같은 이치이다. 처음부터 잘못된 가치관 설정이고, 불가능한 일이다. 하느님과 맘몬을 동시에 추구하는 것은 오늘날 물질만능주의 눈으로 보면 하느님과 재물을 동일시하는 행위이기 때문이다. 재물로 표현되는 세상의 가치관, 지배체제의 이데올로기와 하느님 나라의 복음을 혼동하기 때문에 빚어진 슬픈 이야기이다. 예수가 성령을 훼방하는 죄를 들어 말한 대목과 맞물려 있다(3:22-30).

섬김과 나눔

섬김은 누군가의 종이 된다는 말이 결코 아니다. 누군가를 섬기기 위해 내 정체성을 상실해야 한다면 이것은 아무 의미가 없다. 섬김은 내가 나를 아끼듯 이웃도 아끼는 행위이다. 하느님을 경외하는 것처럼 이웃을 사랑하는 일이다. 바울은 교회를 몸에 비유해서 많은 지체들이 서로 아껴야 한다고 말했다. 손과 발이 서로 다투는 것이 몸에 유익하지 않고, 눈과 코의 맡은 바 임무가 다르듯 교회의 지체된 우리는 서로를 인정하되, 특히 약한 지체를 더욱 돌보라는 권고이다(고전 12:12-27).

나눔은 동냥과는 전혀 다른 의미를 담고 있다. 일시적인 자선, 구제를 넘어 항상 돌보는 행위는 이웃을 가족처럼 여길 때 가능하다. 비록 몸은 지배체제(십자가) 하에 있지만, 마음은 그들의 정신—가치관, 이데올로기—을 따르지 않는다. 재물 자체에 문제가 있는 것이 아니다. 우리들 눈에 재물이 권세와 힘을 상징한다면, 이는 우리가 지배체제의 가치관을 숭배하기 때문에 그렇게 보일 뿐이다. 재물을 나눈다 하는 것은 하느님 나라의 생활 방식으로 삶을 영위한다는 뜻이다. 재물이 힘과 권력과 함께 지배체제에서의 성공을 뜻하는 것으로 여기지 않고, 자신에게 주어진 달란트(talent)의 일부로 여기는 마음가짐이다. 달란트는 하늘로부터 온 것이기 때문에 그 뜻과 목적에 맞게 사용되어야 한다. 우리에게 있는 모든 달란트는 세상의 유익을 위해 쓰여야 하는 하느님의 자원이다. 자기 자랑, 욕심을 위해 사용되지 않고, 청지기로서의 생활, 그것이 섬김과 나눔의 삶이다.

소유가 곧 권력이라는 기존의 가치체계와 지배 이데올로기의 틀에서 나눔은 자신이 가진 것의 손실을 뜻한다. 세상의 가치관과는 상반되는 행위이다. 세상의 가치관이 하느님 나라의 가치관과 상충하기 때문에 이런 생각을 지닌 채로는 하느님 나라의 삶을 살아낼 수가 없다. 복음서 용어로 말해 하느님 나라에 들어갈 수가 없다. 오늘날 우리가 신앙생활을 통해 세상이 추구하는 것을 얻고자 한다면—"기업으로 받고자 한다면"—이는 하느님 나라에 대한 모욕이다. 하느님과 맘몬을 동일시하는 행위이다. 재물(맘몬)을 가지고 하느님 나라에 들 수 없다(마 6:24; 눅 16:13). 현 지배체제에서 가장 상처 받기 쉬운 어린 아이를 실족하게 하는 손과 발과 눈을 제거하듯이 하느님 나라를 살지 못하게 하는 물질 만능주의는 우리들 가운데에서 제거되어야 마땅하다. 물론 은유적인 표현이다. 손, 발, 눈을 자를 수 없듯이, 물질 자체를 버릴 수는 없다. 세상이 추구하는 물질만능주의 가치관에 얽매이지 말라는 뼈아픈 가르침이다.

생각할 문제

1. 내 주위에서 내가 만나는 가장 작은 자는? 또 큰 자는? 나는 이런 이들과 어떤 관계 속에 있나?

2. 내 삶 속에서 재물이 갖는 의미는?

3. 과유불급(過猶不及), 정도가 지나치면 미치지 못함과 같다는 말이 있다. 내 삶 속에서 내가 알게 모르게 정도를 넘어 지나치게 추구하는 것이 있다면 무엇인가? 이런 올무로부터 어떻게 해방/구원될 수 있는가?

제17장

제자도 III: 눈 뜸과 예수 살기(10:32-52)

이 장(章)을 끝으로 제자도에 대한 예수의 가르침(8:22-10:52)을 마무리 짓는다. 예수는 여전히 길 위에 서 있다. 마가복음 8-10장에 '길에서'라는 표현이 많이 등장하는데, 예수가 도(道)—인간이 마땅히 걸어가야 할 길—에 관해 가르치고 있기 때문이다. 예수는 길에서 제자들에게 자신을 누구라고 생각하는지 묻는다(8:27). 제자들은 예수를 어떤 존재로 이해하느냐에 따라 자신들의 삶이 달라질 수 있다는 것을 깨닫지 못한다. 오히려 그들은 길에서 서로 누가 큰 자인지 논쟁하고 있다(9:33-34). 예수는 길에서 자신이 예루살렘에서 당할 일에 대해 가르친다(10:32-34). 하지만 제자들은 길 되신 예수와 함께 길을 가고 있으면서도 그 길의 의미를 깨닫지 못한다. 오직 소경으로 있다가 눈을 뜬 바디매오만 '길에서' 예수를 따른다(10:52).

예수는 우리들 삶의 본보기(Role Model)

마가복음에서 예수는 선생으로서, 예외가 아닌 모범적 삶을 선보인다. 이와 관련해 매우 의미심장한 구절 하나를 살펴보자. '인자의 온 것 **역시** 섬김을 받으려 함이 아니라 도리어 섬기려 하고 자기 목숨을—많은 사람의 대속물로—주려 함이니라'(10:45). 대부분 우리말 성경은 "인자는"(표준새번역) 혹은 "인자가 온 것은"(개역)이라고 번역함으로써 예수와 그의 신학을 예외적으로 취급하는데, 오히려 마가복음은 예수의 신학을 복음의 모범(ἀρχή)으로 이해한다. '나는'이 아니라, '나도'(I also) 혹은 '나조차도'(Even I)라고 읽어야 한다. 참고로 공동번역은 "사람의 아들도"라고 번역하고 있다. 야보고와 요한의 엉뚱한 요구에서 시작된 예수의 가르침은 세상의 권력자들처럼 남을 지배하려 하지 말고 섬기는 자가 되라고 권고한다. 그리고 뒤를 이어 나오는 막 10:45은 예수의 가르침의 결론에 해당한다. 예수는 공생애 처음부터 지배이데올로기에 맞서 하느님께 순종하는, 하느님의 권위에 따른 삶을 택했다(1:27). 그 대전제에 따라 예수 역시 이웃을 섬기고 산다는 뜻이다. 예수도 그렇게 사셨으니, 그의 길을 따르고자 하는 우리 역시 섬기는 삶을 사는 것이 마땅할 것이다.

"많은 사람들을 대신한 값/삯"(λύτρον ἀντὶ πολλῶν)이란 말은 무슨 의미일까? 이 단어(λύτρον)가 신약성서를 통틀어 여기에만(막 10:45 // 마 20:28) 쓰였기 때문에 의미 파악이 쉽지 않다. 구약성서에서 이 단어는 무엇을 사거나 보상할 목적으로 치르는 값을 의미했는데, 피해 보상금(출 21:30), 토지 무르기(레위기 25장), 혹은 몸 값(민수기 3장) 등이 이에 해당한다. 여기서 파생되는 신학적 문제는 보상금을 누구에게 지불하는가 하는 점이다. 하느님인가? 하느님이 왜 그것을 요구하나? 혹은 많은 사람을 볼모로 쥐고 있는 어떤 채권자나 사탄과 같은 또 다른 권세를 전제하는가? 어떤 경우든 하느님의 능력에 제한을 두는 결과를 초래하기 때문에 이것 역시 답이 되기보다는 더 큰 신학적 문제를 야기한다. 마가복음에는 그 값을 누구에게 주는지, 또 그 값을 통해 벗어나야 할 상황이 무엇인지가 드러나 있지 않다. 무엇보다 소위 '대속의 교리'로 본 이해가 예수가 세 번이나 반복해 말한 죽음 예언(8:31; 9:31; 10:33-34)이나 또는 이어지는 예수의 수난사(14-15장)에 전혀 포함되어 있지 않다. 예수가 십자가에서 흘린 피를 통한 구원, 곧 대속의 죽음이라는 교리는 마가복음의 핵심도 아니고 관심사도 아니다. 그렇다면 "대속물(ransom)" 혹은 "몸값"을 어떻게 이해해야 할까?

"많은 사람들을 대신한 값/삯"이란 말은 많은 사람들과 맞바꿀 만한 값, 그에 상응하는 가치가 있다는 것을 전제한다. 그리고 그 가치란 많은 사람들이 추구하는—추구해야만 했던—가치를 뜻한다. 지배체제에서는 힘과 권력을 말하고, 자본주의 제도에서는 돈과 재물을 의미할 것이다. 오늘날처럼 권력과 재물이 유기적으로 맞물려 있는 사회제도하에서 그것으로부터 벗어나는 것은 대단히 어렵다. 따라서 그에 상응하는, 혹은 더 나은 가치를 제시하는 것이 요구된다. 이것이 '하느님의 복음'(1:14-15)이며 '하느님의 믿음'(11:22)이다. 예수가 주창한 '하느님 나라', 곧 더불어 사는 삶이 바로 세상의 가치관을 대신하는 값/삯이다. 경쟁 사회에서 돈과 재물, 힘과 권력이 행복을 약속한다면, 예수는 서로 돕고 더불어 사는 삶을 통해 행복을 추구한다. 행복한 삶을 원하지 않는 사람은 없을 것이다. 모로 가도 서울만 가면 된다지만—그리고 진리에 이르는 여러 갈래의 길이 있겠지만—기왕이면 더 많은 사람이 혜택을 누릴 수 있는 길(道)을 택하는 것이 마땅하지 않을까?

이 구절을 읽을 때 주의할 점이 하나 있다. 대속(代贖) 교리의 영향으로 흔히들 예수가 "많은 사람을 대신해 죽었다"로 읽고 이해한다. "자기 목숨을—많은 사람의 대속물로—주려 함이니라"(10:45)에서 '자기 목숨'은 '자신'을 말하는 관용어니, '자기 목숨을 주다'는 말은 '자신을 주다', 곧 '자신을 걸다', '자신을 내던지다'라는 표현과 같다. 자기 십자가를 지는 삶처럼 자신에게 주어진 삶을 위해 한 몸을 던진다는 문학적 표현이다. 단지 생각뿐만 아니라 몸으로 살아낸다는 말이다. 자기 목숨을 주되—곧 스스로의 삶, 신학을 끝까지 살되—이것이 결과적으로 "많은 사람의 대속물," 곧 많은 사람들이 추구하는 가치를 대신했다는 말이다. 문법적으로 판단해도, 이 구절의 핵심은 섬기고 목숨을 주는(거는) 것이고, "많은 사람을 대신한 값/삯"은 이에 대한 부연설명이다("to serve and to give his life-as a price/token in place of many"). 이런 표현 방식은 마가복음 저자의 독특한 문체로 학자들은 이것을 가리켜 "두 단계 진행"(two-step progressions)이라고 부른다. 예를 들어, "저물어, 해 질 때에"(1:32); "바깥, 한적한 곳"(1:45); "헬라인이요, 수로보니게 족속"(7:26); "자기 모든 소유, 곧 생활비 전부"(12:44) 등이 있다. 두 번째 표현을 통해 처음의 뜻을 보다 분명히 한다. To serve and to give his life—섬기고 목숨을 건다. 예수도 남을 섬기되 그 일에 자신의 삶을 건다, 올인(all-in)한다는 뜻이다.

우리의 현실을 보자. 온통 지배체제의 가치관(이데올로기)과 권세 잡은 자들이 추구하는 이념으로 둘러싸여 있다. 지배문화와 신학은 우리에게 두 가지 길만 제시하고 선택을 강요한다. 가만히 있으면서 주어진 현실을 따를 것인가, 아니면 그로부터 벗어날 것인가? 현실에 적응함으로써 부와 성공을 추구할 것인가, 아니면 아예 경쟁을 포기하고 홀로 사는 삶을 선택할 것인가? 경쟁사회에서 많은 사람들은 부와 행복을 누릴 수 없기 때문에 어떤 종교는 이를 아예 포기할 것을 종용한다. 혹은 이런 혜택을 먼 미래의 시간과 장소로 투영해 버리기도 한다. 그러나 예수는 이런 선택 둘 다 아닌 제3의 길을 제시한다. 곧 상생의 도리를 보여준다. 도피가 아니라 참여이다. 이것은 저절로 생기는 것이 아니라 내가 적극적으로 참여해야 얻는 것이다. 지배체제의 짐으로부터 벗어나는 길은 자신의 신학을 세우고 살아내는 일로 시작한다. 정체성을 바로 세우는 일이다. 마가복음의 표현으로 지배체제의 더러운 영을 내보내고, 하느님으로부터 오는 거룩한 영으로 내 마음을 채우는 길이다. 섬김의 신학, 곧 목숨을 버리기까지 이웃을 섬기는 삶이다.

너희에게 무엇을 하여 주기를 원하느냐?

야고보와 요한이 구한 것은 세상의 가치관을 그대로 반영한다. 그들은 예수가 예루살렘에서 다윗의 정권을 이어 받을 것으로 보았다. 그래서 예수가 영광의 자리에 오를 때 그 좌우편에서 행세하기를 원했다(9:37). 지배이데올로기에 사로잡혀 잘못된 신학과 신앙을 갖고 있었음을 보여준다. 나머지 제자들도 별반 다를 바 없다. 이들은 야고보와 요한의 말을 듣고 분개한다(10:41). 그들의 분노가 동료들의 잘못된 가치관을 탓한 것으로 보기는 어렵다. 이렇게 모두가 자신의 욕심을 채우기 위해 예수를 따랐다. 세상의 것을 얻기 위해 교회와 종교를 이용한 셈이다. 예수와 가장 가까이 있었던 제자 세 명은 하나같이 예수를 제대로 이해하지 못했다. 즉 베드로는 예수를 영광의 그리스도로 보고 그의 갈 길을 막았으며(8:32), 야고보와 요한 또한 예수가 예루살렘에서 정권을 이어받을 것으로 여겼다. 예수는 작은 자와 함께 하라고 가르쳤지만, 제자들은 권력과 높은 지위를 동경했다.

예수가 말한 잔과 세례는 예수가 당할 고난을 의미한다. 예수는 자기 십자가를 지고 예수를 따르라고 명한다(8:34). 두 제자는 예수의 잔과 세례에 참여할 수 있다고 장담했지만, 얄궂게도 예수의 좌우에 배치된 사람은 야고보와 요한이 아니라 "강도"들이다(ληστής, 14; 48; 15:27).

이 장면에서 우리는 흔히 복면하고 무기를 손에 든 은행강도를 연상하기 쉬운데, 여기에 쓰인 단어는 부패한 사회를 심판하려고 일어선 의적(義賊)에 비유할 수 있다.(Richard A. Horsley and John S. Hanson, *Bandits, Prophets, and Messiahs: Popular Movements in the Time of Jesus*).

- 예수께서 무리에게 말씀하여 가라사대 너희가 강도를 잡는 것같이 검과 몽치를 가지고 나를 잡으러 나왔느냐(14:48)
- 강도 둘을 예수와 함께 십자가에 못 박으니 하나는 그의 우편에, 하나는 좌편에 있더라(15:27)

예수의 죄가 신성모독이었다면, 돌에 맞아 죽어야 마땅하다(요 10:31-33). 형량과 처형은 죄질에 따라 다르기 때문이다. 잡범은 잡범들끼리, 경제사범, 정치범, 그리고 사형수들은 따로 격리해 둔다. 예수가 강도와 함께 처형되었다면, 예수의 삶이 그만큼 사회 전복적이며 그의 죽음이 정치적 성격을 띠었다는 말이 된다.

다시 본래의 주제로 돌아가 보자. 그렇다면 야고보와 요한이 마땅히 구해야 했던 것은 무엇일까? 너희에게 무엇을 하여주기를 원하느냐? 영광(지배 이데올로기)과 깨달음(예수의 복음) 사이에서 그들은 세상의 가치관을 선택했다. 그들이 무지한 까닭이다. 너희가 무엇을 구하는지를 너희가 모른다(10:38). 자신이 원하는 것도, 자신들에게 필요한 것도, 그리고 예수의 가르침도 제자들은 깨닫지 못하고 있다.

눈 뜸과 예수 살기

소경 바디매오 이야기는 벳새다의 소경 이야기와 한 짝을 이룬다. 다른 복음서에는 나오지 않는 벳새다의 소경 이야기가 마가복음에 삽입되어 있는 것은 신학적 의도에 따른 문학적 구성으로 보인다. 앞의 이야기에서는 소경의 이름이 언급되지 않는 데 반해 두 번째 이야기에서는 굳이 소경의 이름을 밝힌다. 참고로 마태복음에는 두 명의 소경이(20:29-34) 또 누가복음에는 한 명의 소경이(18:35-43) 이름을 밝히지 않은 채 나온다. 마가복음에서 소경은 '디매오의 아들, 바디매오(בר־טימי)'라는 이름으로 소개된다. 그런데 '바르'가 아람어로 아들이란 말이니 결국 같은 말을 두 번 쓴 셈이다. 디매오라는 이름이 헬라 문화권에서 비교적 흔한 이름일 수 있지만(Plato, *Timaeus*), 유대 문화권에서는 "부정함, 더러움"(טָמֵא, unclean)이라는 뜻의 단어에서 나온 이름이다. 사사기 3:7-11에 메소포타미아 왕 구산 리사다임(Cushan-of double wickedness)이 나온다. 왕의 이름이 이렇게 명명된 것은 '악함'(רִשְׁעָתַיִם)을 강조하려 했던 저자의 뛰어난 상상력의 결과였다. 바디매오(בר־טימי, son of unclean)—더러운 이의 아들, 과연 이런 이름도 있을까? 마가복음에는 오직 더러운 영이 있을 뿐이다. 지배체제의 더러운 영에 둘러싸여 그 가치체계에 물들어 있는 모습을 '더러운 이'라고 본다. 이것이 바로 마가복음 저자가 주인공에게 이런 이름을 붙인 연유이다.

바디매오는 예수를 만난 후 삶의 태도가 완전히 바뀐다. 예수를 만나기 전에는 앞을 못 보는 상황—깨닫지 못하는 상태—에서 단지 구걸만 했었다. 길 가(παρὰ τὴν ὁδόν)에 앉아 있는 그는 길 가에 떨어진 씨앗처럼 존재감이 없다(4:4, 15). 그런 상태에서 예수를 "다윗의 자손"이라 부른다(10:47-48). 마가복음 신학에서 볼 때 이는 예수를 제대로 본 것이 아니다(12:35). 다만 한 푼 동냥을 위해 남들이 하는 말을 그대로 되풀이 하고 있을 뿐이다.

예수를 만난 바디매오는 일시적 배고픔을 면하기 위해 구걸하지 않는다. 그가 구하는 것은 눈을 떠서 다시 보게 되는 것이다. 자신이 구걸하게 된 원인을 돌이켜 깨달아 알기를 원한다는 뜻이다. 그리고 마침내 그는 예수를 '선생'이라 부르게 된다(10:51). 제자들이 예수를 호칭할 때 쓴 말이고, 요한복음에서 막달라 마리아가 예수를 부를 때 썼던 말이다(요 20:16). 예수를 만난 후 걸인이었던 바디매오는 겉옷을 내어 던지고 마침내 예수를 '길에서'(ἐν τῇ ὁδῷ) 좇는다. 겉옷은 옛 자신을 말하는 은유적 표현이다. 체제에 순응하며 그 안에서 겨우 연명하는, 남들에 의해 길들여진 나를 벗어던지는 것을 뜻한다. 그리하여 본래의 자신을 회복하게 되는 것을 의미한다. 그 후 바디매오는 예수의 길에 동참한다. 이와 짝을 이루는 벳새다 소경 이야기에서 예수는 눈 뜬 사람에게 "마을에도 들어가지 말라"(8:26)고 말한다. 이는 다시 구걸하지 말라는 말이며, 그러한 상황과 체제 안으로 다시는 들어가지 말라는 뜻이다. 과거의 틀에서 벗어났으면 그에 걸맞은 새로운 삶을 살아야 한다.

제2부를 마치면서

예루살렘 입성에 앞서 예수는 제자들에게 그들이 마땅히 걸어야 할 길에 대해 정리하여 가르친다. 십자가와 부활은 분리해서 생각할 문제가 아니다. 또 다른 사람의 이야기도 아니다. 주어진 삶의 현장이 어떠하든지 거기로부터 도피하거나 불평하며 허송세월 하지 말고 그 안에서 주인의식을 가지고 자신의 삶을 영위할 것을 요구하는 것이다. 이것이 십자가를 지는 삶이다. 현실은 피하고 싶은 십자가와 같다. 그러나 이것을 하느님의 믿음과 가치관으로 바라볼 때 우리는 십자가를 소명으로 받아들일 수 있다. 예수의 정신이 내 안에 살아 움직이기 때문이다. 이것이 부활이 주는 진정한 의미이다.

제자들에게 요구되는 것은 서로 사랑하라는 것이다. 이것은 섬김과 나눔으로 실현된다. 집권자들은 나와 남을 가르고 경계선을 세워 분리를 통해 다스린다. 이와는 달리 예수를 따르는 사람들은 하느님 나라의 가치관을 따라 모든 사람에게서 하느님의 형상을 보아야 한다. 이것이 섬김의 출발점이다. 특별히 눈에 들지 않는 사람들, 힘없는 어린 아이들을 큰 자처럼 섬기라고 가르친다. 나눔은 일시적 동정이 아니다. 재물뿐 아니라 내게 있는 모든 달란트—재물, 건강, 지식, 능력—가 '위로부터' 왔음을 고백하고, 나뿐 아니라 모든 세상을 유익하게 하는 데 쓰여야 한다.

제자도의 처음과 끝은 예수가 누구인지(정체성), 어떻게 살았는지(생활윤리)를 깨달아 아는 것이다. 예수를 누구라고 생각하는가? 그렇게 생각하는 근거는 무엇인가? 우리가 가장 범하기 쉬운 오해는 크리스천이 하느님을 믿는 사람들이라고 생각하는 점이다. 전혀 틀린 말은 아니지만, 거꾸로 말해 하느님을 믿는다고 말하는 사람들이 모두 크리스천은 아니다. 좋고 나쁘고, 맞고 틀리고를 떠나 이것은 정체성 문제와 직결된다. 크리스천이란 예수가 그리스도임을 고백하는 사람이고, 또 예수가 하느님의 아들이라고 믿는 사람이다. '그리스도,' '하느님의 아들'은 모두 당시 지배체제 하에서 최고 집권자, 곧 왕(황제)에게 붙였던 칭호이다. 이를 본래 의미로 되돌려, 하느님의 뜻을 행하는 자로 이해할 때, 우리는 예수야말로 하느님의 뜻을 제대로 구현한 사람이라는 고백을 하게 된다. 그럴 때 세상의 가치관, 이데올로기에서 하느님의 복음, 믿음으로 가치관의 전환이 일어난다.

예수를 믿는다는 것은 예수의 믿음을 내 믿음으로 삼고, 그의 제자로서 그의 가르침과 생활방식을 본받는다는 말이다. 소경이 눈을 뜨는 사건은 우리가 지금까지 제대로 보고 있지 못했다는 인식에서 시작한다. 그리고 깨달음을 통해 본래의 모습을 회복하게 되는 것을 상징적으로 보여준다. 우리는 본래 하느님의 영을 가지고 세상에 나왔다. 그런데 세상의 가치관(이데올로기, 세상의 복음)에 눈이 멀어 마땅히 보아야 할 것을 보지 못하고 귀가 멀어 듣지 못하고, 또 말하지 못하는 상태로 지냈다. 소경이요 귀머거리요 벙어리의 모습이다. 깨달음이 반드시 오랜 시간의 배움이나 수행을 전제로 하는 것은 아니다. 깨달음은 한 가지로되 사람마다 처한 상황에 따라, 또는 절실함의 정도에 따라 다소 시간이 걸릴 수도 있고, 그렇지 않을 수도 있다. 첫 번째 소경은 천천히 눈을 뜬다. 두 번째 소경 바디매오는 단박에 눈을 뜬다. 깨닫는다. 두 경우 모두, 눈 뜬 사람—깨달은 사람—은 예전의 처한 자리로부터 벗어난다. 벳새다 소경에게는 마을로 들어가지 말 것을 명하고, 바디매오는 길에서 예수를 좇는다. 이전의 생활로 돌아가지 않고 새로운 길로 들어선다. 가치관이 바뀌면 생활도 바뀐다. 정체성(나는 누구인가)과 생활방식(어떻게 살아야 하는가)은 분리될 수가 없다.

생각할 문제

1. 일상의 삶 속에서 내 눈에 잘 들어오지 않는 것은? (들리지 않고, 또 말하기 거북한 것은?)

2. 크리스천으로서 예수를 따르는 길에 걸림돌은 무엇인가? 내 안에는 예수처럼 새로운 인간이 되고자 하는 갈망과 다른 한편 그러기 위해 치러야 하는 십자가에 대한 막연한 두려움이 공존하고 있다. 이런 두려움이나 불편함의 원인은 어디에서 오는가? 이러한 갈등/걸림돌을 해결할 수 있는 구체적인 방법은 무엇인가?

3. 섬김과 나눔이라는 제자도를 지금 나는 어떻게 실천하고 있는가?

제3부

예루살렘에서

제18장

성전 개혁인가 타파인가?(11:1-33)

마가복음에서 예수의 행적을 크게 두 부분으로 나누면, 하나는 갈릴리 지역을 중심으로 기적과 병 고침을 행한 것이고(1-10장) 다른 하나는 예루살렘을 중심으로 한 지배체제와의 정면대립이다(11-16장). 후반부에는 기적과 병 고침 이야기가 더 이상 나타나지 않는데, 이는 마가복음의 신학적 입장과 무관하지 않다. 지배체제의 문제는 고쳐서 될 성질이 아니다. 멀리 지방에 위치한 갈릴리가 당시 로마제국의 피지배지역을 대표한다면, 예루살렘과 성전은 식민지 아래에서 지배체제를 상징한다.

예수는 공생애를 시작할 때부터 지배체제와 충돌했었다. 갈릴리 회당에서 유대 지도자들과의 일련의 대립(1-3장)은 예수가 물러나 제자들을 가르치는 계기가 되었고(4장), 제자들의 몰이해 속에서도 귀신축출, 병 고침과 가르침은 계속되었다. 예루살렘에 들어선 후 예수는 성전 권력과 연이어 부딪친다(11-12장). 예수의 종말론적 담화(13장)는 성전체제의 붕괴를 암시하고, 그의 수난과 죽음을 향한 저항은 제자들이 모두 도망함으로 무의미하게 끝나는 듯 보인다(14-15장). 그러나 그 가운데에도 희망의 불씨가 남아 있다. 전반부에서 소경 바디매오가 눈뜨는 사건을 통해 예수를 길에서 좇는 것(10:52)과 마찬가지로, 후반부에서는 몇몇 여인과 이방인들이 예수를 끝까지 좇는다(15:39-41).

예루살렘 입성

예수의 예루살렘 입성을 두고 흔히들 '승리의 입성'(triumphal entry)이라고 말한다. 하지만 그 규모로 보나 사람들의 반응으로 보나 예수의 대열이 전쟁에서 승리하고 돌아오는 군대를 축하하는 개선식과는 거리가 멀다. 본문의 장면은 군대 사열과 같이 웅장하고 질서를 갖춘 개선 장군의 입성이 아니다. 이 행진에 참여한 것은 군인들이 아닌 농민들이요, 잘 훈련된 말 대신 처음 타보는 나귀 새끼이다. 어떤 면에서 보면 한 편의 코미디요 우스갯거리다. 예수와 제자들은 무장도 하지 않았다. 군중들은 다윗 왕조의 부활을 꿈꾸었을지 모르지만 마가복음이 묘사하고 있는 예수의 입성은 다윗 솔로몬의 왕권—성전 체제와는 전혀 어울리지 않는 그림이다(12:35-37).

"주의 이름으로 오시는 이"(11:9)는 시편에서 왕이 왕권을 회복하고 왕좌에 오르는 대관식을 배경으로 하고 있다(시 118:25). 여기서 '주'(κύριος)는 히브리어 '야훼'(יהוה)를 번역한 말로, 예수는 '주'가 아니라 '주의 이름으로 오시는 이'다. 나귀 새끼를 가져올 때 누가 묻거든, "주께서 그것을 필요로 하신다"(11:3)에서 '주' 역시 같은 맥락에서 하느님으로 이해할 수 있다. 성서 언어로 모든 일이 하느님의 섭리와 계획 속에 있다는 뜻이다. 혹은 주를 단순히 '주인'(owner)이라고 이해할 수도 있다(2:28; 12:9). 예수가 미리 준비해 둔 것이기 때문에 나귀 새끼의 주인은 예수이다. 예수가 스스로를 '주'라고 부른 것을 두고 자신이 메시아임을 인식한 것이라고 해석하는 것은 너무 성급한 결론이다.

'호산나'(ὡσαννά)는 히브리어 '호쉬아-나'(הוֹשִׁיעָה נָּא)를 음역한 것으로, "구하소서"라는 뜻이다. 이는 시편에서 쓰인 것처럼 개인과 공동체가 하느님께 기도를 드릴 때 쓰는 제의적인 표현이기도 하지만, 억울한 상황에서 도움을 청할 때 쓰였던 표현이기도 하다. 왕은 최고 의결권을 가진 사람이기 때문에 사람들이 왕에게 달려가 가장 먼저 던지는 말이 "구하소서"이다. 억울한 누명을 쓴 상태에서 공정한 재판을 열어 달라는 요청이다(삼하 14:4; 왕하 6:26). 바디매오가 예수를 다윗의 후손으로 보았듯이 군중들 역시 예수가 다윗 왕조를 이을 것으로 보았다. 그러나 그들의 찬미는 전통적인 구조 속에서의 행동일 뿐이다. 체제 자체의 변혁이라기보다는 기존체제 속에서 지도자만 바뀔 뿐이다.

'나귀 새끼를 타고 오는 왕'(슥 9:9)과 감람산(슥 14:4)은 스가랴의 예언에 나오는 말로 마지막 심판 날에 메시아가 등장할 것을 알린다. 이는 유대 전통에서 다윗 왕조의 부활을 예언한 것이다. 이렇게 마가복음 본문의 구성은 시편과 스가랴 예언과 맞물려 마지막 때 메시아가 예루살렘 동편 감람산을 통해 예루살렘에 입성하는 것을 재연한다. 그리고 예루살렘 성전 동편의 문을 열어 환영해주는 사람은 제사장이다. "찬송하리로다, 주의 이름으로 오시는 이여"(막 11:9; 시 118: 26). 제사장이 메시아로 오는 왕을 맞는다. 그러나 마가복음에서 예수를 환영하는 사람은 힘없는 농민들이다. 기존체제 속의 권력자가 아니다. 군중들이 자신들의 겉옷을 땅에 깔고 새로운 왕을 외칠 때에는 현 체제의 종말을 의미한다(왕하 9:13). 예루살렘 입성은 이만큼 정치적 의미를 담는다. 한마디로 혁명이다.

예수가 성전에 들어서지만 아무도 그를 환대하지 않는다. 예수는 성전을 둘러만 보고 나간다. 그것으로 상황 끝이다. 처음 방문하는 성전에서 예수는 사람들의 이목을 끌만한 어떤 행동도 하지 않는다. 다음

날까지 기다린 후 나온 행동은 예루살렘에서 자신의 할 일을 세 번이나 말해왔듯(8:31; 9:31; 10:32-34) 우발적인 것이 아니라 계산된 행동이다.

성전 개혁인가 타파인가

이어지는 이야기는 마가복음 특유의 샌드위치 기법으로 쓰여졌다. 전후에 무화과나무 비유를 배치하고(12-14, 20-25) 그 중간에 예수가 성전에서 장사하는 사람들을 내쫓는 장면을 삽입하고 있다(15-19). 하나는 제자들과 사적인 자리에서 일어나고, 다른 하나는 많은 사람이 모인 장소에서 공개적으로 일어난다. 서로 어울릴 것 같지 않은 두 이야기가 톱니바퀴처럼 맞물려서 각각의 뜻을 밝히는 해석학적 열쇠로 작용한다.

예수가 시장하여 무화과 열매를 구하는 것으로 이야기는 시작된다. 열매가 없는 것을 본 예수는 무화과나무를 향해 저주를 내린다. 그리고 생뚱맞게도 저자는 아직 무화과 때가 아니라고 밝힌다. 예수가 무화과를 저주한 행동도 이해하기 힘든데 아직 열매 맺을 시기가 아닌 때에 무화과를 찾고, 열매가 없다고 저주를 내렸다는 이야기이다. 이것은 예수에게 매우 불리한 증언이다. 예수의 행동을 변호하는 것이 더욱 더 어려워진다. 문자대로 이해한다면 예수의 성격이 괴팍하다는 결론이 나올 수밖에 없다. 왜 제자들은 가만 있는데 예수만 홀로 배가 고팠을까? 그리고 굳이 배를 채울 요량이었다면, 떡을 부풀려 수천 명을 배불리 먹인 사람이 자신의 허기쯤 채우지 못했을까? 이쯤 되면 굶주림과 무화과에 어떤 상징적 의미가 있다고 보는 것이 타당할 것이다.

무화과는 종종 이스라엘 사람들을 상징한다. 예레미야 24장의 환상 이야기에 무화과 두 광주리가 등장한다. 여기에서는 바벨론 포로로 간 사람들을 좋은 무화과에, 그리고 유대 땅에 남은 백성들과 이집트 땅으로 이주해 간 사람들을 나쁜 무화과에 비유했다. 호세아도 이스라엘을 포도와 무화과에 비유했다(호 9:10). 이사야는 포도원 비유에서 하느님이 유대 지도자들로부터 '공평과 의로움'을 기대했지만 열매는 '포악과 부르짖음'이라고 고발하며 나라의 멸망을 선포했다(사 5:1-7). 이렇게 무화과 열매 또는 포도 열매가 지도자들이 갖출 덕목으로 정의와 공의를 말한다면, 그 열매를 애타게 바리는 것은 굶주림과 목마름에 비유할 수 있다. 예수가 시장하여 무화과 열매를 구한 것은, 무화과로 비유된 이스라엘 사람들—더 정확히는 제사장을 포함한 유대 지도자들—에게서 정의를 기대한다는 뜻이다. 의에 주리고 목마른 자는 복이 있도다(마 5:6). 마태복음의 '주림'과 마가복음의 '시장함'은 모두 같은 단어(πεινάω)를 쓰고 있다.

무화과나무에 잎사귀 외에는 아무것도 없다는 것은 겉모양만 그럴듯 하고 내용이 없다는 뜻이다. 웅장한 성전의 외형에 감탄한 제자들(13:1-2)과는 달리 예수는 그것의 알맹이, 곧 열매를 구하고 있다. 이것이 바로 멀리서 무성한 잎사귀만 보는 것으로 만족하지 않고 가까이 가서 열매를 살핀 까닭이고(11:13), 무화과 비유 사이에 배치된 구절에서 예루살렘 성전을 구석구석 둘러 본 이유이다(11:11). 여기서 열매가 없다거나 때가 아니라는 말은 이제는 성전 시대가 아니라는 것을 뜻한다. 무화과가 마른 것을 보고하는 제자들에게 '이 산더러 들리어 바다에 빠지라'고 해도 이루어 질 것이라고 말한다. 예수가 무화과와 성전을 함께 보고 있다는 것을 보여주는 말이다. 13장에서 예수는 성전의 붕괴를 보다 분명하게 예고한다.

예수는 성전에서 매매하는 자들을 내쫓고, 돈 바꾸어주는 자들의 상과 비둘기를 파는 자들의 의자를 둘러엎는다. 여기에 쓰인 '내쫓다'(ἐκβάλλω)는 말은 더러운 영을 내 보낼 때 쓴 말이다. 그 당시 성전에서는 성전체제를 유지하기 위해 매매가 허용되었다. 환전상들은 성전 방문자들이 성전세(temple tax)를 낼 수 있도록 성전에서 유통되는 화폐로 바꾸어 주었고, 비둘기 파는 이는 흠 없는 희생제물을 제공했다. 그러나 그 이면에 이윤을 추구하는 기업정신이 도사리고 있었다. 대제사장(기업인)들은 상행위를 독점하다시피 하여 엄청난 부와 권력을 누렸다. 특별히 비둘기를 제물로 바치도록 한 것은 어린 양을 바칠 만한 능력이 되지 않는 사람들을 위한 배려였다(레 5:7). 이런 가난한 사람들로부터 성전은 매매를 통해 횡포를 일삼고 부당한 이득을 취했다.

예수가 모든 상행위를 금지했다고 하지만 이것이 실제로 이루어졌을 가능성은 매우 낮다. 성전체제 유지를 위해 제사장들은 자체 경찰력을 동원했고(14:43) 또한 당시 로마 군인들이 절기 때 마다 혹시 있을지 모를 민란에 대비해 항시 감시하고 있던 상태였다. 그렇기 때문에 예수의 행동은 눈에 띌 수밖에 없었을 것이고 곧바로 제지를 당했을 것이다. 그렇다면 성전에서 예수의 행위는 일종의 예언자의 상징적 행위(prophetic symbolic acts)이다. 메시지를 담은 계획된 행동이다.

예수의 시대와 마가공동체의 시대를 함께 생각해 볼 필요가 있다. 예수 시대에는 성전이 번듯이 서 있었고 정치와 종교의 중심 무대였지만, 70년 예루살렘 성전 붕괴 이후를 살았던 마가공동체에게 성전은 더 이상 존재하지 않고 과거의 역사로만 남아 있다. 그들은 물었을 것이다. 왜 이런 일이 일어났을까? 예루살렘 성전은 그들과 하느님의 특별한 관계를 설명하는 뚜렷한 표징이었는데, 이제 그것 없이 어떻게 자신들의 정체성을 유지하며 살 수 있을까? 그들이 내린 결론은 이러했을 것이다. 로마의 지배체제와 마찬가지로 예루살렘 성전체제는 사람들을 억압하는 부패한 체제였기 때문에 사라져야만 했다. 그리고 마가복음 공동체 스스로가 성전 역할을 한다. 도둑의 소굴(렘 7:11)이 된 성전에는 더 이상 희망이 없다. 이 구절은 예레미야의 유명한 성전설교에 기초한다. "너희는 이것이 여호와의 전이라, 여호와의 전이라, 여호와의 전이라 하는 거짓말을 믿지 말라"(렘 7:4). 성전을 깨끗하게 하는 정도의 개혁이 아니라, 그 체제 자체를 부정하고 있다. 또한 마가복음은 성전을 희생 제사를 드리는 제의적 기관이 아니라, 만민의 기도하는 집으로 여긴다. 용서를 구하고 하느님의 뜻을 구하는 것이 성전의 존립 목적이라면 일시적, 수동적, 임시방편적인 성전이어서는 안 된다. 스스로 성전이 되어 능동적으로 하느님을 자신 안에 모시고 살 것을 요구한다.

"하느님의 믿음을 가지라"(ἔχετε πίστιν θεοῦ, 11:22). 우리말 성경은 하나같이 "하느님을 믿으라"로 번역하지만 본문은 "하느님의 믿음"을 강조하고 있다. 지배체제의 가치관과 차별화를 선언하기 때문이다. 번역본들이 새로운 번역과 이해를 내놓지 못하는 이유는 기존의 신학적 입장에서 정해진 해석의 틀을 가지고 성서를 대하기 때문이다. 이와 관련해서 신학적 논쟁이 될 만한 구절로 "예수의 믿음"을 들 수 있는데, 그 믿음을 통해 우리가 구원을 받는다는 이해이다(롬 3:22; 갈2:16; 3:22). 예수를 대속을 위한 희생 제물로 생각하면 그를 믿음으로써 구원에 이르지만(전통적 해석), 본문은 예수의 믿음을 우리들의 본보기로 세운다. 그 믿음과 가치관을 가지고 우리가 구원에 이른다는 뜻이다. '하느님의 믿음' 또한 마찬가지 용법이다. 세상의 믿음/가치관이 아니라 하느님의 믿음/가치관을 강조한다. 그러나 '예수의 믿음'을 생각지 못하는 상태에서 '하느님의 믿음'을 말하는 것이 '성전체제'에 물든 사람들에게는 무척이나 어려울 것이다.

"하느님의 믿음을 가지라!" 이 명령은 무화과나무가 뿌리째 마른 것을 보고 놀란 제자들에게 예수가 던진 말이다. 하느님이 계신다고 믿는 성전에 더 이상 하느님도, 하느님의 믿음도 없다. 그 하느님의 믿음을 너희가 가지라는 말이다. 문자적으로 산을 옮길 만한 믿음을 가진 이는 없다. 더욱이 아무 산이나 다 옮기는 것도 아니다. 여기서 '이 산'은 성전이 세워져 있는 산을 가리킨다. '이 산'이 성전과 함께 바다에 빠진다고 말한 것은 앞에 5장에서 군대 귀신이 바다에 빠지는 것을 연상시킨다. 곧 로마의 지배체제가 함몰되는 것처럼 예루살렘의 성전체제 또한 붕괴되고 사라질 것을 뜻한다. 산과 같이 앞을 가로막는 거대한 힘, 그 지배체제를 하느님의 믿음으로 이긴다.

그리고 기도한 것은 받은 것으로 여겨라. 기도는 자신의 뜻이 이루어질 때까지 떼쓰는 행위가 아니다. 하느님의 믿음을 내 안에 구체화하는 마음가짐이다. 기도의 마침은 응답을 마냥 기다리는 것에 있지 않고 마음먹은 것을 행동으로 옮기는 일로 드러난다. 우리가 성전을 통해 기도하고 구하는 것이 무엇인가? 용서(희생제물)와 화합(화목제물)이 아니던가? 성전이 사라진 지금 서로가 성전으로서 행할 주된 역할은 서로 용서하는 일이다. 이것이 주기도문의 핵심 사상이다. 우리가 우리에게 죄(빚)진 자를 용서해 준 것과 같이 우리의 죄(빚)를 용서해 주소서.

권세, 그 출처에 대하여

우리에게는 모두 어떤 판단의 잣대가 있다. 무엇에 근거하여 그런 말과 행동, 그리고 선택을 하는가? 성서는 이것을 권위(authority)라고 본다. 예수의 가르침 역시 권위에 근거한다(1:27). 그리고 그것은 '하느님의 믿음'이다. 반면 제사장과 서기관들은 장로들의 전통을 권위로 삼는다. 그 권위를 해석하고 가르치는 이가 서기관이다.

예루살렘 입성 후 예수의 행위는 제사장, 장로, 서기관 등 유대 지도자들의 항변을 받는다. 무슨 권세로 이런 일들을 하는가? 그들은 예수의 행동을 자신들의 권세에 도전하는 것으로 간주한다. 그래서 예수 뒤에 보다 더 큰 힘과 세력이 있는지를 묻고 있다. 지금의 말로 바꾸면, "어디서 나오셨습니까?" 그들은 자신들이 가진 권세의 잣대로 누구의 배경이 더 큰가를 저울질한다. 그런데 예수는 전혀 다른 권세를 말하고 있다. 예수는 그들과는 다른, 자신만의 권세를 가지고 말하고 행동하는데, 그것은 결국 하느님의 권세에 따르는 가르침이다(1:27).

예수의 반응이 재미있다. 요한의 세례가 하늘로서인지 사람에게서 비롯되었는지 되묻는다. 질문 속에 답이 있다. 하늘로부터, 곧 하느님으로부터 나온 권세라면 그것을 지켜야 할 유대 지도자들이 스스로 그 권위에 따르지 않으니 문제시된다. 그렇다고 사람으로부터라고 말하자니, 세례 요한을 따르는 많은 군중을 두려워하기 때문에 그들은 우물쭈물한다. 마치 법정에서 검찰관/변호인이 증인을 상대로 심문하는 장면을 연상케 한다. 증인이 모르겠다고 답변하자 "더 이상 질문이 없습니다"(I have no further questions)라고 심문을 마친다. 증인의 대답 속에 결과가 이미 나왔다. 온 유대 지방과 예루살렘 사람들이 요한의 세례를 받았는데(1:5), 유독 유대 지도자들—대제사장들과 서기관들과 장로들—은 요한의 세례를 인정하지 않고 있기 때문이다. 그들 스스로 하느님으로부터 멀어져 있다는 것을 증거한 셈이다. 이것이 바로 성전체제가 무너져야 하는 이유이다.

생각할 문제

1. '하느님의 믿음'을 통해 나는 무엇을 구하는가?

2. 내가 바라는 교회의 모습은? 교회 내에서 사라져야 하는 모습은?

3. 나는 스스로가 하느님을 내 안에 모시고 사는 성전이라고 믿으며 살고 있는가? 이러한 믿음은 나의 삶에 어떤 영향을 주는가?

제19장

성서 다시 읽기(12:1-17)

우리가 어떤 글을 읽고 이해하고 판단하려면 최소한 두 개의 세계를 자유로이 왕래할 수 있어야 한다. 하나는 글에 담긴 상황(가상 세계)이고 다른 하나는 이 글을 읽는 나의 상황(현실 세계)이다. 글의 배경을 모르면 우리는 쓰여진 글에 모든 권위를 부여하게 되고 저자의 주장을 비판 없이 수용하게 된다. 또 내가 처한 현실을 제대로 인식하지 못할 때에도 마찬가지 결과를 초래한다. 스스로 주체의식이 없기 때문에 다른 사람의 글을 판단할 근거를 갖지 못한 채 남의 의견에 끌려 다니게 된다.

신문을 읽을 때 우리는 기사를 통해 사건을 재구성한다. 만일 독자가 그 사건에 대해 잘 알고 있다면 기사에 대한 이해도는 그만큼 높아진다. 그리고 독자가 어떤 역사관과 가치관을 갖고 있느냐에 따라 기사에 대한 판단이 다를 것이다. 성서의 경우도 마찬가지다. 성서의 역사적 배경과 저자의 시대적 상황을 알면 알수록 그 메시지(의도) 파악이 훨씬 용이하다. 아울러 독자가 자신의 신학과 가치관을 뚜렷하게 갖고 있을 때 성서와 보다 의미 있는 만남을 갖게 된다. 동시대 사건과 이야기를 다루는 신문과 독자의 경우에도 역사관이 다르면 소통과 이해가 어렵다. 하물며 엄청난 시공간의 간격을 갖고 있는 성서 이야기에 관해서는 더 말해 무엇하랴? 단순히 문자적으로 성서를 읽는 것으로는 성서의 메시지를 제대로 이해하기 어려울 뿐만 아니라 성서의 메시지를 왜곡시킬 위험성마저 갖고 있다.

성서를 다시 읽는다고 하는 것은 성서를 남의 이야기가 아닌 내 이야기로 읽는 것을 뜻한다. 성서를 나와 연관시켜 이해하기 위해서는 성서의 세계와 나의 세계에 대한 나름대로의 역사관, 가치관을 갖고 있어야 한다. 똑같은 사건을 경험할지라도 가치관에 따라 그것을 읽는 눈은 달라지기 마련이다. 당연히 이해도 다르다. 성서의 이야기가 내 이야기로 바뀔 때, 성서는 비로소 나와 연관을 맺게 된다. 이것을 전통적인 언어로 말하자면 성서가 살아 있는 말씀으로 내게 다가오는 것이다.

막 12:1-12의 포도원 비유는 이사야 5장에 기초한다. 대부분 성서의 이야기가 그렇듯 옛 전통과 이야기는 새로운 환경에서 새롭게 읽힌다. 독자의 상황이 변하기 때문이다.

포도원 비유 다시 읽기(12:1-12)

이사야 5:1-7은 정성을 들여 포도원을 만들고 좋은 포도 맺기를 기대하는 사람의 애타는 심정을 다루고 있다. 이 노래에서 저자는 "포도원"과 "기뻐하는 나무"를 시적 병행구로 쓰고 있다(사 5:7). 우리는 포도원과 기뻐하시는 나무가 각각 "이스라엘 족속"과 "유다 사람"을 가리킨다고 읽지만, 사실 이 표현은 이스라엘 족속과 유다 사람들의 지배계층을 꼬집어 말하는 것이다. 주목할 것은 "족속"(בֵּית, house)이나 "사람"(אִישׁ, man)이 모두 단수형으로 쓰였다는 사실이다. 여기서 족속은 이스라엘 왕조를 뜻하고 사람은 유다의 왕을 지칭한 말이다. 야훼는 지도자들에게 공의와 정의를 기대했지만, 돌아온 것은 지도자들의 포악과 백성들의 부르짖음이다. 이렇게 이사야 5장의 포도원 비유는 당시 지배체제를 꾸짖고 있다.

북 이스라엘과 남 유다가 각각 왕조를 이루고 지배체제를 공고히 하면서 국가 경제는 산업화 과정에 들어선다. 초기 농경사회에서 농민들은 필요에 따라 각종 곡물을 재배하고 생필품을 물물교환 형식으로 충당했다. 이런 자급자족의 경제활동을 기반으로 하던 농경사회가 점차 발달하면서 국가간 수출입 경제가 가속화된다. 이에 따라 국가는 생산성을 높이기 위해 영농을 대규모화 하는 한편 품종 개발에 힘쓰게 된다. 곧 곡식, 포도, 올리브 등으로 농작물 품종을 획일화하여 대량으로 작물을 재배한 후, 잉여산물을 수출하고 무역을 통해 자신들이 필요한 물품(군수품, 고급 자재, 사치품)을 사들이게 된다. 이런 과정에 소규모 자작농들은 땅을 잃고 지배계급은 더 많은 부를 축적한다.

> 너희가, 더 차지할 곳이 없을 때까지, 집에 집을 더하고, 밭에 밭을 늘려 나가, 땅 가운데서 홀로 살려고 하였으니, 너희에게 재앙이 닥친다! (사 5:8, 표준새번역)

땅과 땅을 연하고, 집에 집을 더하여 늘리는 행위는 더 많은 토지를 취득하고 더 많은 생산 공장을 짓는 것으로 대기업의 탄생을 알린다. 야훼 하느님이 이런 지도자들을 남겨 두겠느냐? 포도원 비유는 그들의 멸망을 선포한다(5:5-6).

마가복음 12:1-12는 당시의 정치 사회적 현실을 비유를 통해 고발한다. 포도원을 농부들에게 세를 주고 타국에 간 사람은 소위 부재지주들(absentee landlord)을 가리킨다. 그들은 토지를 세놓아 부를 축적하고 타지에서 그들만의 향락을 즐긴다. 토지는 제한된 자원이다. 대지주가 많은 자원을 확보하려면 다른 사람의 토지를 취하는 수밖에는 다른 방법이 없다. 산업화 과정에서 대규모 경작이 확대되자 소규모 자작농들은 적은 소출로 인해 경쟁력을 잃게 된다. 그들이 다음 해 농사를 짓기 위해서는 자신들의 땅을 담보로 대출을 받는 길 밖에 없다. 그런데 살인적인 이자는 대출금 상환불능을 가져오고 결국 농민들은 저당 잡힌 토지를 상실하기에 이른다. 한편 서기관들은 지배체제에 속한 일꾼들로서 지배계급의 법적 대리인 역할을 한다. 소규모 자작농들은 자신의 땅을 잃고 이제는 남의 소유가 된 땅에서 소작인 노릇을 한다(막 12:1-12). 그나마 정규직을 가진 소작인은 나은 형편이다. 그들 중 다수는 어느 날 하루아침에 비정규직인 떠돌이 일꾼(마 20:1-16)으로 전락하고 나중에 힘없고 병들어 일을 할 수 없는 처지가 되면 거지 나사로처럼 구걸에 의존하게 된다(눅 16: 19-31). 이런 사회적 구조와 제도적 병폐는 마침내 농민들의 크고 작은 반란과 항쟁을 불러일으킨다.(3장, "하느님 나라와 로마제국" 참조)

포도원 비유는 당시 사회 상황을 그리고 있다. 바리새인들과 서기관들은 지배체제의 종들로 자신들의 임무를 수행하고 있다. 그런데 소작인들이 주인이 보낸 종을 죽인다고 가정하자. 그 결과 화가 난 주인이 와서 농부(소작인)들을 죽이고 다른 소작인을 구한다. 이것이 문자적으로 읽은 비유의 의미이다. 그렇다면 바리새인과 서기관들은 자신들의 억울함을 대변해 준 예수의 말을 듣고 기뻐했어야 마땅하다. 그런데 그들은 예수의 이 비유가 자기들을 가리켜 말하는 줄 알고 그를 잡고자 한다(12:12).

이 비유가 고발하는 것, 숨겨진 대본(hidden transcript)이 무엇일까?

비유 속의 포도원 주인은 로마제국도 아니고 예루살렘 지배계급도 아니다. 그들은 단지 고용인일 뿐 토지의 진짜 주인은 하느님이다(레 25:23). 그런데 하느님의 뜻을 무시하고 예루살렘 지도자들이 제멋대로 주인 행세를 한다. 그리고 하느님이 보낸 선지자들의 말을 멸시하고 그들을 죽이기까지 한다. 이 숨겨진 뜻을 그들이 먼저 알아차렸다. 오늘날 정치적인 눈으로 읽으면, 국회의원이나 정부 고위층들은 나라의 주인이 아니라, 주인이 고용한 사람들이다. 그들은 스스로 주인 행세를 하지만, 실제 국가의 주인은 국민이다. 저자는 비유를 통해 묻는다. 주인이 이 악한 소작인들을 어떻게 할까? (그들이 내린 답이 그들 머리 위에 있다.) 비유가 던지는 메시지는 분명하다. 악한 소작인을 멸한 것처럼 현 지도자들과 이를 지탱하는 지배체제는 무너지고 말 것이다. 그리고 신실한 고용인이 이를 대체한다.

어떻게 읽을 것인가

비유 속 인물들을 남의 이야기로 읽으면, 성서는 나와는 아무런 관련이 없다. 그것은 옛날 옛적 유대 사람들 이야기이고, 로마제국의 식민지 통치 하에서 흔히 일어났던 일들 중 하나일 뿐이다. 성서 이야기를 내 이야기로 만들기 위해서는 나를 성서 속의 인물들과 동일시하는 작업이 요구된다.

비유를 읽을 때 독자들은 어떤 마음이 드는가? 비유를 표면적으로 읽을 때 내 안에 잠재해 있던 정의감이 물밀듯이 일어나서 분한 마음을 갖게 되곤 한다. 그런데 이것은 내가 주인공의 입장에서 읽고 있기 때문이 아닐까? 독자들이 범하기 쉬운 오류는 역사적 배경을 모르는 채 단순히 자신을 피해자와 동일시하고, 악을 행한 나쁜 청지기를 처벌하는 것에 만족하는 것이다. 어쩌면 권선징악의 구조를 가진 이야기를 읽을 때 대부분 사람들이 보이는 반응일 수 있다. 하지만 그렇게 읽을 때 나는 이 이야기로부터 무슨 메시지를 얻을 수 있을까? 나의 삶에 어떤 변화를 가져올까?

비유를 심층적으로 읽어보자. 이 때 우리는 또 다른 교훈을 얻는다. 가해자의 눈으로 성서를 읽게 되기 때문이다. 내가 악한 소작인이 되고 바리새인 역할을 하는 것이다. 내가 실제로 악을 행했을 수도 있고, 아니면 그것을 알고도 내게 직접적으로 피해를 가져오지 않는다는 이유로 수수방관했을 수도 있다. 두 경우 모두 내가 지배체제의 가치관에 억매인 상태에서 나온 결과이다. 나를 피해자가 아닌 가해자로 돌아볼 때 나의 잘못된 행동이 야기한 결과에 대해 책임을 지고 벌을 받는 것은 마땅하다는 것을 받아들이게 될 것이다. 동시에 죄를 회개하고 용서를 구하는 자신을 살피게 될 것이다. 여기서 정의의 법칙과 사랑의 법칙이 우리 안에 잇따라 작용한다. 우리가 성서 이야기를 통해 은혜를 받았다고 말하는 것은 이런 죄인의 회개와 용서를 통해 사랑의 힘을 접하기 때문이다. 바울은 죄가 많은 곳에 은혜가 많다고 말했는데(롬 5:20), 곧 성서를 내 환경에 적용하여 읽고, 내 이야기로 받아들인 결과이다.

본문에서 예수를 잡으려고 한 "저희"는 누구일까? 여기서 그들의 정체를 밝히 말하고 있지는 않지만, 마가복음 11장과 연결해서 읽으면 "대제사장들과 장로들과 서기관들"을 가리킨다는 것을 알 수 있다(11:27). 그들은 예수에게 무슨 권세로 성전에서 그처럼 행하는지 묻는다. 예수는 그들의 질문에 대해 직접 답하지 않고, 오히려 비유로 말한다.

그들이 선지자를 죽이듯 세례 요한을 죽였다는 고발이다. 그런데 그들이 예수의 비유가 자신들을 향해서 말한 것인 줄 눈치 챘다면, 그들 스스로 가해자임을 인정한 셈이니 회개했어야 마땅하다. 그러나 그들은 오히려 예수를 잡고자 하였으니 결과는 뻔하다. 앞에서 성전타파를 통해 메시지를 전했던 예수가 이번에는 비유를 통해 지배체제의 몰락을 선포한다.

예루살렘과 지도체제

이스라엘 왕정의 몰락과 함께 이스라엘의 지도체제는 성전 중심으로 재편되어 권력의 축이 제사장, 장로, 율법학자에게로 이전된다. 복음서에서 이들은 예수를 대적한 인물로 묘사된다(8:31; 11:27; 14:43, 53; 15:1). 이들의 역할을 성서 역사 속에서 간단히 살펴보자.

제사장은 성전을 중심으로 활동한 유대 사회, 종교적 지도층이다. 특별히 바벨론 포로기 이후 예루살렘을 재건하는 과정에서 제사장들은 성전 공동체(Temple community)를 이끌었으며, 아론의 후손은 주로 희생제물과 정결의식을 전담했고(막 1:44), 레위 자손들은 그 외 성전 일을 담당했다.

서기관 혹은 율법학자는 문서에 능한 전문인으로, 지도체제의 대리인으로서 율법 해석을 담당했다. 그들은 자신들만의 그룹이나 계파를 형성하지 않고 "바리새인의 서기관"(막 2:16)이란 표현이 암시하듯 다른 그룹에 섞여 활동했다.

장로들은 출애굽 후 광야 생활을 하는 동안 모세를 도와 이스라엘을 다스릴 지도자들로 임명되었다(민 11:16-30). 미쉬나에 의하면 모세의 가르침이 여호수아와 장로들에게 차례로 이어졌다고 말한다(아봇 1:1).

그 외 바리새인은 기원전 2세기-서기 1세기 팔레스타인에서 활동하던 유대 지도층으로 '바리새'라는 이름의 문자적 의미는 분리주의자라는 뜻이다. 세속주의와 분리하여 그들은 안식일, 정결법, 십일조, 식생활 등 히브리성서와 구전에 열거된 율법을 철저히 지키고자 했다(막 7:1-13). 사두개인들(막 12:18-27) 역시 바리새인과 함께 당시 유대의 정치적 지도층이었다. 그러나 그들은 바리새인들과는 달리 현실 정치에 보다 적극적이었으며 장로들의 구전(oral tradition)을 인정하지 않고, 부활(행 23:8)이나 천사의 존재, 영의 불멸 사상 등을 부인했다.

헤롯당원은 헤롯 안티파스의 정책과 정부를 옹호, 지지하던 무리로, 로마의 정치적 대변인 역할을 하며 갈릴리와 베레아 지역을 통치했다(막 3:6; 12:13-17).

세금 문제(12:13-17)

포도원 비유에 이어 세금에 관한 논쟁이 벌어진다. 예수는 '가이사의 것은 가이사에게 하느님 것은 하느님께' 바치라고 말한다(12:17). 오늘날 일부 그리스도인들은 본문의 뜻을 제대로 파악하지 못한 채 이 본문을 근거로 정치와 종교의 분리를 주장하거나 기껏해야 십일조를 강조하는 정도로 만족한다. 이 이야기의 배경은 유대 지도자들이 예수를 잡을 빌미를 얻고자 시험하는데 예수는 이를 맞받아쳐 오히려 그들의 치부를 드러내는 장면이다.

일단 인두세(人頭稅)는 말 그대로 사람 머릿수에 따라 내는 세금이다. 본문에서 세금을 내는 것이 옳으냐 물을 때 켄소스(κῆνσος, census)라는 단어를 썼는데, 영어의 센서스 즉 인구조사를 뜻하는 말이다. 사람을 국가의 소유물로 볼 때, 인구조사는 일종의 재고조사에 해당한다. 당시 인두세는 데나리온으로 바쳤다. 데나리온은 로마제국의 화폐 단위로 노동자의 하루 임금에 해당하는 가치를 가진다(마 20:2). 예수는 그들에게 데나리온 하나를 보여달라고 하고, 이로부터 예수의 반격이 시작된다.

http://www.wildwinds.com/coins/sear5/s1763.html

데나리온에는 로마 황제의 형상과 함께 글이 새겨져 있다. Ti[berius] Caesar Divi Aug[usti] F[ilius] Augustus, "신(神) 아우구스투스의 아들, 티베리우스 카이저 아우구스투스"(Tiberius Caesar Augustus, son of the Divine Augustus)라는 글과 함께 뒷면에는 Pontif[ex] Maxim[us],

“대제사장”(High Priest)이라고 쓰여 있다. 이 형상과 글은 로마제국의 지배체제를 식민지역에 토착화하고 피지배지역 사람들에게 자연스럽게 복종을 요구하는 의식화 작업에 기여했다.

이 형상과 이 글이 누구의 것이냐? 성전에서 카이저(가이사)의 형상을 지니고 다닌다는 것은 그 자체로 황당한 일이다. 세금을 내고 말고의 문제가 아니라 하느님의 형상과 가치관을 고취해야 할 예루살렘 지도자들이 로마제국의 가치관을—그것도 성전에서—공공연히 몸에 지니고 다닌다고 상상해 보라.

카이저의 것을 카이저에게 주라. 카이저의 것이 무엇인가? 단지 화폐에 새겨진 형상뿐이고 그것은 로마제국의 억압적 존재를 확인시키는 역할 외에는 아무 의미가 없다. 식민지 백성들에게 그것은 없으면 더 좋은 것이다. 그것을 그에게 되돌려 주라(ἀποδίδωμι). 그 형상을 가지고 꺼지라는 말이다. 세금을 바치고 말고 하는 문제가 예수와 무슨 상관이 있나? 유대 지도자들이 예수를 궁지에 몰아넣으려는 의도에서 시작된 질문이었다. 세금을 바치라고 하면 예수가 백성들의 신임을 잃을 것이고, 바치지 말라고 하면 로마제국에 정면 도전하는 셈이니 예수를 정치적 이유로 제거할 명분을 얻게 된다. 그들은 예수를 책잡을 구실을 얻기 위해 질문을 던졌지만, 되돌아온 예수의 답은 지배체제의 근간을 흔드는 말이었다. 카이저 것을 카이저에게 주라는 말을 통해 예수는 오히려 예루살렘 지도자들의 신앙 없는 것을 고발한다. 동전에 카이저 형상과 글이 있다면, 그것을 주인인 카이저에게 되돌려 주어라. 우리는 하느님의 형상을 담고 있다(창 1:27). 그렇다면 우리는 내면에 새겨진 하느님의 글(가치관)을 드러내야 한다. 그런데 유대 지도자들은 하느님의 믿음을 가진 것이 아니라 로마제국의 믿음을 가지고 성전에서 행세하고 있다는 고발이다. 이 이야기는 세금과는 전혀 상관이 없는 신앙과 가치관의 문제를 다루고 있다.

신앙생활을 한다는 것은 새로운 가치관을 가지고 생활하는 것을 의미한다. 예수를 믿는다는 것은 예수의 가치관을 내 것으로 하여 사는 것을 의미한다. 성전에서 로마의 이데올로기를 내어 쫓아야 하는 것처럼 교회에서 세상의 가치관을 몰아내어야 한다. 세상의 것을 얻기 위해 교회생활을 하는 것은 처음부터 잘못된 가치관 설정이다. 종교를 그리고 그리스도교를 근본적으로 오해한 결과이다.

생각할 문제

1. 포도원 비유에서 나는 어떤 역할을 맡았는가? 그 결과 내가 얻는 교훈은 무엇인가?

2. 내 삶 속에서 "가이사의 것"은 무엇인가? 또한 "하나님의 것"은?

3. 나도 혹시 제사장, 장로, 바리새인들처럼 자신에게 유익하다고 믿는 신학/가치관 때문에 나와는 다른 생각을 가진 사람들을 궁지에 몰아넣거나 적대시한 적은 없는가?

제20장

신학 다시 하기: 유대 지도자와의 분쟁 II (12:18-44)

예수와 유대 지도자들 사이에 또 다시 충돌이 일어난다. 앞서 다루었던 분쟁(막 2:1-3:6)이 갈릴리 지역에서 벌어진 것에 반해 막 12:13 이후에 나오는 분쟁의 배경은 예루살렘 성전이다. 여기서 예수는 지배체제 신학과 정면 승부를 벌인다. 둘 사이의 대결은 그들—제사장, 장로, 서기관—이 먼저 묻고 예수가 대답하는 질의응답 형식으로 이루어진다. 이를 당시 지중해 지역의 문화권에서 중시했던 사회적 가치인 '명예와 수치'(honor and shame)라는 관점에서 분석해 보자. 지배세력인 그들이 예수에게 수치를 안기려는 방책으로 던진 모호한 질문의 요지는 이것이다. 네가 (감히) 성경을 아느냐? 예수는 오히려 이렇게 되받아친다. "너희는 성경도 모르고 하느님의 능력도 모른다"(12:24).

부활에 관하여

앞 장에서 세금에 관한 논쟁이 정치적 문제와 직결된다는 점을 살펴보았다. 이어지는 이야기(막 12:18-27)는 유대인 고유의 전통, 특히 종교적 전통에 관한 것인데 사실은 정체성 문제를 다루고 있다.

사두개인은 마가복음 전체를 통틀어 여기에만 등장한다. 이들은 당시 유대인 지도자들 중에서 정치적으로 가장 현실적이고 보수적인 집단이었다. 유대인 역사가 요세푸스에 따르면, 사두개인들은 재물에 관심이 많았던 사람들로 대중의 추종은 받지 못했다고 한다(*Jewish Antiquities*, 13.298). 그들은 로마제국과 밀접한 관계를 갖고 있으면서 지배체제를 적극적으로 옹호하는 자들이었다. 그런데 마가복음은 사두개인들을 소개할 때 그들이 추구하는 것을 언급하기보다는 부정적인 면—곧 그들이 추구하지 않는 것—을 이야기하며 등장시키고 있다. 그들은 부활을 믿지 않았다. 사실 당시 대부분의 유대 종파는 부활을 믿지 않았고 오직 바리새파와 쿰란공동체만 부활사상을 받아들였다. 쿰란공동체와 세례 요한은 종말론적 사상을 공유한 것으로 보이며, 요한을 통해 예수 또한 처음에는 이런 영향 속에서 '하느님 나라'를 선포했을 것이다. 본문은 부활을 믿지 않는 사두개인이 부활을 믿는 예수에게 묻고 있는 장면이다. 겉으로는 성서해석과 관련된 논쟁으로 보인다. 하지만 이 이야기 역시 예수를 책잡고 답변을 못하게 함으로써 그를 따르는 군중들 앞에서 수치를 주려는 의도에서 출발한다.

본문에서 쟁점이 되고 있는 두 가지 주제에 대해 생각해 보자. 부활의 의미는 무엇인가? '산 자의 하느님'이란 말을 어떻게 이해해야 할까? 먼저 부활(復活)을 문자적으로 풀면 '다시 삶'이다. 영어 단어 resurrection은 라틴어 *resurgo* (*re* + *surgo*)에서 온 것으로 '다시 일어남'(rise again)을 뜻한다. 또 헬라어 '아나스타시스'(ἀνάστασις)는 육체적으로 죽었다가 다시 살아나는 것이라기보다 어떤 모양으로든 '똑바로 일어섬'(standing up)이란 의미의 단어이다. 문제는 우리들 대부분은 '부활'을 이야기 할 때 육체가 죽었다가 다시 사는 것을 당연시 한다는 점이다. 부활을 이런 식으로 이해할 때 어떤 문제가 있을까? 이 경우 부활을 통해 얻고자 하는 것은 죽기 이전의 삶으로의 회귀, 곧 현상유지(status quo)이다. 이것이 바로 사두개파가 부활 개념을 반박할 때 염두에 두고 있었던 생각이다. 마치 안티기독교인들이 일부 기독교인들을 비판할 때 비판의 대상이 되는 사람들의 신조를 문자적으로 되풀이 하며 반박하는 것과 같은 이치이다. 자신들 나름대로의 부활 개념과 이해를 갖지 못하기 때문에, 사두개인들은 문자적 의미에서 부활의 비합리성을 반박하는 것이다. 육체의 부활이 죽기 이전의 삶을 연장한다는 생각을 전제하고 보면, 이는 분명 보수주의의 대표적인 예라고 할 수 있다. 보수주의를 주창하는 사두개파의 입장에서 보면 그렇다. 그러나 예수는 이런 생각을 부정한다.

신명기 25:5-10에 나오는 계대결혼(繼代結婚, levirate marriage)이란 남편이 후사 없이 아내보다 먼저 죽을 경우 그의 형제로 하여금 연이어 남편의 의무를 대신하게 하는 제도이다. 본문의 이야기는 어떤 특정한 율법을 논하기보다는 부활을 비꼬기 위해 사두개인들이 지어낸 이야기이다. 일곱 형제가 모두 여인을 취했다. 이럴 경우 여인은 누구의 아내, 누구의 소유가 되는가? 이 질문이 성립하려면, 저 세상, 부활 이후의 삶이 현재의 삶의 연장이라는 것을 전제해야 한다. 물론 결혼제도도 지속되어야 한다. 그런데 예수는 말한다. 다가오는 세상에서의 삶은 그런 제도 하에서 운영되는 삶이 아니다. 그런 제도 자체가 필요 없는 세상이기 때문에 질문에 도입된 모세의 법은 적용되지 않는다는 결론이다.

사두개인은 부활 개념을 비판하면서 저 세상에서의 삶이 현재의 삶의 연속이라고 지레 짐작했다. 오늘날 많은 신자들도 부활을 이렇게 이해하는 듯하다. 현 체제는 그대로 유지하되, 그 안에서 보다 풍족한 혜택을 누리는 것을 내세의 삶으로 기대한다. 대형 스마트 텔레비전, 고급 자동차, 큰 집, 금으로 치장한 도로, 그리고 길가에 달러(dollars)가 주렁주렁 매달린 돈 나무가 늘어선 것을 연상한다. 한 마디로 부활과 천국이 이 세상 경쟁사회의 복사판이고 지배체제의 연장선 속에서 재연된다. 물론 내게 좋은 쪽으로 말이다. 왜냐하면 모든 사람이 똑같이 부자가 되면 나와 남들 사이에 차이가 없고, 거기서 오는 성취감 또한 없기 때문이다. 그래서 부활 개념과 함께 저 아래에는 지옥도 만들어 놓고 속으로 흐뭇해한다.

모세의 율법은 그 자체가 중요한 것이 아니다. 그것이 무엇을 위한 법인지 먼저 물어야 한다. 결혼제도도 이러한 맥락에서 이해해야 한다. 당시 가부장적인 종족보존 사회에서 죽은 사람의 이름과 유산을 지키기 위해 이런 제도가 도입되었다. 보다 현실적으로는 미망인의 생존을 위한 배려였다. 남편이 없는 여인은 당시 사회적으로 매우 취약한 존재였다. 애초에 과부와 고아가 잘 살 수 있는 사회보장 제도가 마련되었다면, 굳이 모세의 법을 들먹여 여인을 보호할 이유가 없었을 것이다. 예수가 말한다. 다가오는 세상, 곧 하느님 나라의 삶은 결혼을 통해 연명하는 삶이 아니다. 제도에 얽매인 삶이 아니다.

산 자의 하느님

하느님은 죽은 자의 하느님이 아니고 산 자의 하느님이다(막 12:27 // 출 3:6). 여기서 산 자를 현재 살아 숨 쉬는 자로 볼 수도 있다. 그러나 본문에서 아브라함, 이삭, 요셉의 하느님을 말할 때, 그들 모두는 이미 죽은 목숨들이다(출 1:5). 혹자는 이렇게 말할 수 있다. 신들의 담당 구역이 각각 다른 당시의 신학적 구도 속에서 죽은 자들을 관장하는 신은 모트(Mot)이고, 산 자들이 있는 구역을 야훼 하느님이 담당했다. 이렇게 지역에 따라 하느님의 능력에 제한이 있다면, 그 하느님은 지역구 하느님으로 제한된다. 죽은 자와 산 자 모두의 하느님이 되어야 비로소 전국구 하느님 역할을 할 수 있을 것이다. 이런 생각 때문인지 몰라도 평행본문인 눅 20:38은 하느님이 왜 산 자의 하느님이 되어야 하는지 그 이유를 설명한다. 모든 피조물이 하느님께 대하여 살기 때문이다(표준새번역 참조). 따라서 '산 자의 하느님'이란 표현에서 산 자란, 그저 숨 쉬는 자가 아니라 "하느님께 대하여 사는 자"(the living in reference to/with respect to God)라는 관계 개념으로 새롭게 이해된다. 결국 하느님 이야기에서 우리들 이야기로 초점이 바뀐다.

모두가 하느님께 살아 있다(πάντες γὰρ αὐτῷ ζῶσιν, for all live to him). 이 말을 풀어보자. 헬라어 여격(Dative)은 단순히 "…에게"라는 일반적인 해석보다 더욱 세밀한 의미를 함축한다. 둘 사이에 우호적이거나 적대적 관계를 설정한다. 마가복음 1장 끝부분에서 예수가 문둥병자에게 한 말, '저희에게 증거하라'는 말은 저희에 반(反)하여 증언하라는 뜻으로 적대감을 함축한 말이다.

마찬가지로 '모두 하느님께 대하여 산다'는 말은 어떤 관계를 염두에 두고 있다. 우리와 하느님과의 관계 속에서 우리는 제멋대로 살지 않는다는 말이다. 바울도 "죄에 대해서는 죽은 자요, 하느님께 대해서는 산 자로 여기라"(롬 6:11)고 말한 바 있다. 하느님은 죽은 자의 하느님이 아니고 산 자의 하느님이다(막 12:27). 여기서 '죽은 자'란 누구를 가리키는 말인가? 마태복음 26장에서 예수가 죽은 후 무덤이 열리고 죽은 자가 예루살렘 거리를 활보했다고 기록하고 있는데, 문자적으로 그런 일은 일어나지 않는다. 이 말은 문을 꼭꼭 걸어 잠그고 방안에 숨어있던 제자들이 그 '무덤'과 같은 어둠의 상황을 열고 뛰쳐나와 예수를 증언한 것을 문학적으로 표현한 것이다. 이렇게 '죽은 자'란 인간의 능력, 무한한 잠재력을 발휘하지 못하고 웅크린 상태를 나타내는 상징적이고 은유적인 표현이다. 자의든 타의든 창조 본연의 모습을 상실한 채 방황하던 상태에서 회복하는 것이 부활이고 다시 일어섬(rise again)이다.

우리들의 삶을 돌아보자. 영적으로 깨어 늘 하느님을 바라보고 사는 삶이 있는가 하면, 제멋대로 에고의 욕심을 따라, 육체의 욕망을 따라 사는 삶도 있다. 이것이 성서 용어로 죽은 자의 모습이다. 마가복음은 우리가 믿는 하느님이 산 자의 하느님이라고 말한다. 죽은 자—인간 본연의 삶을 살지 못하는 사람—의 욕심을 채워주는 그런 하느님이 아니라는 말이다. 당시 부활 개념이 있었고, 성서가 내세를 말하고 있다면, 그런 세상은 현 지배체제의 욕심이 손닿지 않는 거리에 있다.

경천애인

바리새파 내에서 쌍벽을 이루는 힐렐(Hillel)과 샴마이(Shammai)에 관한 재미있는 이야기가 있다. 어느 이방인이 샴마이에게 와서 자신이 한 발로 서 있는 동안 모든 율법(토라)을 자신에게 가르치면 유대인으로 개종하겠다고 말하자, 샴마이는 가지고 있던 연장으로 그를 내쫓는다. 그 이방인이 다시 힐렐을 찾아가 같은 질문을 하자 힐렐이 답한다. "네가 싫어하는 일을 네 이웃에게 하지 말라. 나머지 모든 율법은 이 한 가지 계명에 대한 주석일 뿐이니, 이제 가서 공부하라."(Shabbath 31a)

"모든 계명 중 첫째가 무엇인가?" 서기관이 와서 묻는다. 율법을 한 마디로 요약하면 무엇이라 말할 수 있을까? 유대인이면 누구나 답할 수 있고, 또 답하여야 하는 질문이다. 야훼가 너희 하느님이니, 하느님만 섬기라(신 6:4). 네 하느님이 누구인가? 이 질문은 정체성을 묻는 질문으로 비(非)종교적인 언어로 말하면, 그 사람의 가치관과 관련된 물음이다. 예수는 이 질문에 대해 풀어서 설명한다. 네 이웃을 네 몸처럼 여기라. 하느님과 이웃―둘은 동전의 양면처럼 결국 같은 말이다. 하나가 나는 누구인가(정체성)를 말한다면, 다른 하나는 어떻게 살 것인가(행동 윤리)를 말하고 있다. 한 마디로 말하면, 경천애인(敬天愛人)이다.

서기관은 이것에 대해 제의적 용어를 빌어 자신의 의견을 피력한다. 온전한 제물(레 1:3, 10; 9:2-3; 23:12, 18; 민 28-29장)보다는 온전한 마음, 온전한 지혜, 온전한 힘이 우선이다. 정결법 상의 외형적 온전함이 아닌, 몸과 마음이 갈리지 않은 일관된 삶을 말하고 있다. 온전한 마음이 온전한 삶을 가져온다. 정치, 종교, 경제, 사회, 문화 등 모든 방면에서 일관된 가치관으로 생활하는 그런 온전함이다. 지혜로운 대답이다. 그렇다면 말과 생각뿐 아니라 이제는 그것을 실천할 때이다.

신학 다시하기

지금까지는 유대 지도자들이 예수에게 와서 세금, 부활, 계명 등에 대해 차례로 질문했다(12:14, 18, 28). 그들로부터 더 이상 질문이 없자(12:34), 이제는 예수가 문제를 제기한다(12:35). "어째서 율법학자들은 그리스도가 다윗의 자손이라고 말하느냐?" 전통적인 예루살렘 신학에 따르면, 그리스도는 당연히 다윗의 자손이다. 그런데 예수의 질문(반문)은 그런 이해를 뿌리째 흔들고 있다. 지배신학에 대한 도전이자 성서와 전통에 대한 재해석이다.

시 2:2에서 "여호와와 그의 메시아(그리스도)"를 말할 때, '그의 그리스도'는 다윗 왕을 지칭한다. 제왕시(royal Psalm)로 알려진 시편 110(칠십인역 109편) 역시 그리스도로서의 다윗을 염두에 둔 작품이다.

> 주(여호와)께서 내 주에게 말씀하시기를 내가 네 원수로 네 발등상 되게 하기까지 너는 내 우편에 앉으라 하셨다(막 12:30 // 시 110:1).

히브리성서—그리고 구약성서—에서 첫 번째 '주'(κύριος)는 야훼(יהוה, YHWH)를 말하고, 두 번째 '주'(κύριος)는 다윗을 지칭한다. 이 시편은 누군가가 다윗을 칭송하여 쓴 노래이기 때문이다. 그러나 (마가복음 저자가 생각하는) 예수는 이 시를 다윗이 작성했다고 가정한다. 그렇기 때문에 첫 번째 '주'(κύριος)는 야훼(יהוה, YHWH)를 가리키며, 두 번째 '내 주'(κύριος)가 가리키는 것 역시 다윗 자신이 아닌 다른 대상(그리스도)이다. 다윗이 그리스도를 '내 주'라고 말했으니, 어떻게 그리스도가 다윗의 자손이 될 수 있겠느냐는 논리이다.

예수의 이러한 그리스도 이해는 다윗 신학으로 상징되는 당시 지배신학(가치관)에 대한 정면 도전이다. 그렇다고 예수가 진정한 다윗의 자손이라는 주장은 더더욱 아니다. 이것은 똑같은 체제 하에서 사람만 바뀌는 꼴이기 때문이다. 그리스도에 대한 전혀 다른 신학적 이해가 전제되어야 한다. 베드로가 "당신은 그리스도십니다"라고 고백했을 때 예수가 꾸짖은 이유는 베드로가 현 지배체제와 가치관 속에서 그리스도를 말했기 때문이다. 그 이해는 당시 예루살렘 지배체제 속에서 예수가 높은 자리에 오를 것을 기대했던 제자들과 다르지 않다. 후에 대제사장이 예수에게 '네가 그리스도냐'고 물었을 때, 예수는 '그렇다'고 답한다. 동문서답이자 우문현답이다. 대제사장은 서기관들처럼 다윗의 후손, 곧 왕으로서의 그리스도를 염두에 두고 물었지만, 예수는 하느님의 기름부음을 받은 사람으로서의 그리스도를 말했다. 예수 스스로 자신은 하느님의 일을 하는 사람이라는 인식의 발로이다.

예수는 어떤 그리스도인가? 이 물음은 우리가 추구하는 지도자 상(image)과 무관하지 않다. 혈연, 지연, 학연에 얽힌 통치 체제와 그것이 빚어낸 그리스도(?)가 과연 사람들의 지지를 얻을 수 있을까? "백성들이 즐겁게 듣더라"(12:37)는 본문 표현에서 일반 사람들이 지배체제에 대해 가진 불신과 예수를 향한 희망을 동시에 엿볼 수 있다.

헌금과 종교생활

예수가 성전에서 가르치는 문학적 설정 속에서 두 개의 또 다른 이야기가 연이어 나온다. 이것들 역시 서기관과 긴밀히 연관되어 있다. 서기관들의 종교생활 역시 현 지배체제와 제도권 하에서 이루어진다. 그들은 회당에서 상석을 차지하고 경제적으로 풍족한 가운데 헌금한다. 그들에게 종교생활은 자기만족을 위한 취미생활이기 십상이다.

예수는 헌금함 맞은편에 서서 부자와 가난한 과부가 헌금하는 것을 지켜본다. 예수의 이런 모습은 결코 성전에서 예배하는 사람의 경건한 태도와는 거리가 멀다. 예수의 태도를 묘사한 본문에서 그의 못마땅한 표정이 읽혀진다. 이는 감람산에서 성전을 마주 대하여 성전붕괴를 선언할 때(13:3)의 모습과 유사하다. 여기서 부자는 문맥상 바로 앞 절에서 말한 '과부의 가산을 삼킨' 그 서기관으로 볼 수 있다(12:40-41). 이렇게 넉넉한 가운데 부자는 많이 헌금하지만, 과부에게는 두 렙돈 외에 더 이상 남은 것이 없다. 렙돈이 당시 가장 적은 화폐 단위로 1/128 데나리온의 가치를 가진다. 그렇다면 두 렙돈은 겨우 전화 한 통화 하는 데 쓸 수 있는 액수이다. 그런데 예수는 말한다. 가난한 과부의 헌금이 가장 많다. 물론 비율로만 보면 그럴 수도 있다. 과부는 '모든 소유, 곧 생활비 전부'를 바친 반면에, 부자는 여유 돈을 넣었기 때문이다. 이 본문을 통해 많은 설교자들은 과부의 정성을 본받아야 한다고 외친다. 그런데 마지막 남은 동전 몇 푼 마저 헌금함에 넣는 과부의 신앙을 칭찬한 것으로 보는 것이 합당할까? 아니다. 오히려 과부의 모든 가산을 빼앗고도 나머지 한 푼까지 바치도록 하는 살인적인 성전체제를 비아냥거린 것이다. 이 본문 다음에 성전붕괴 선언이 이어지는 것은 결코 우연이 아니다(13:2).

신앙생활이란 취미 활동이 아니다. 남아도는 한가한 시간을 즐기는 것도 아니고, 불확실한 미래에 대한 두려움으로 보험을 드는 행위도 아니다. 삶과 죽음을 넘나드는 치열한 생존경쟁 속에서 어떤 가치관(믿음)을 가지고 살아가야 하는가를 묻고 선택하는 일이다. 신앙생활과 부활은 늘 함께 간다. 부활신앙은 인생이 끝난 후의 이야기가 아니다. 현생, 지금 여기서의 삶의 변화를 말하고 있다. 부활을 다른 말로 하면 중생이다. 부활도 다시 삶이요, 중생도 다시 삶이기 때문이다. 근본적 변화가 있는 새로운 삶으로서의 부활은 언제 어디서든지 가능하고 누구에게나 열려 있는 삶이다. 한 마디로 부활은 하느님께 대해서 사는 삶이다. 내 욕심을 종교적인 힘을 빌어 초자연적으로 이루는 것이 아니라, 내 뜻과 욕심이 아닌 하느님 뜻대로 사는 삶이 부활신앙의 시작이자 마침이다.

생각할 문제

1. 기존의 신학 혹은 교회의 가르침 중에서 내 실존과 상충되는 것은? 구체적인 예를 들라. 나는 이것을 어떻게 (재)해석하는가?

2. 교회의 헌금이 어떻게 쓰여야 할까?

3. '하느님께 대하여 산다'는 말은 하느님과의 관계 속에서 산다는 말과 같다. 나는 이런 삶을 구체적으로 실현하며 살아가고 있는가?

제21장

종말론의 성서적 이해(13:1-37)

마가복음 13장은 흔히 '소묵시록'(little apocalypse)이라 불린다. 본문에는 분명 전쟁과 전쟁 소문, 지진과 기근 등에 대한 내용이 있다. 그렇지만 이것을 묵시문학의 범주에 포함시킬 수 있는지에 대해서는 여전히 의문부호가 붙는다. 여기에는 묵시문학의 대표적 특징인 어떤 비밀스런 숫자나 상징적인 동물에 대한 언급도 없고, 세상의 지배체제에 대한 체계적인 도식, 꿈과 비전, 그리고 그것을 해석하는 천사도 등장하지 않는다(다니엘, 계시록 비교). 그럼에도 우리가 이 장에서 '종말론'이라는 말을 여전히 쓰는 이유는 이번 기회에 종말론의 성서적 의미를 되새겨 보기 위해서이다. 서문에서 제시한 세 가지 성서 해석 방법론, 즉 역사적 접근, 문학적 이해, 신학적 해석이라는 측면에서 본문을 살펴보기로 한다.

유대전쟁과 성전 붕괴: 역사적 접근

마가복음의 역사적 배경이 되는 유대전쟁(66-73 C.E.)은 1세기 유대사회 전반에 걸쳐 근본적인 변화를 가져왔다. 당시 주류를 형성했던 제사장, 사두개파, 열심당원(젤롯당), 에세네파 등 수많은 유대 종파들은 전쟁 후 대부분 자취를 감추었고 오직 바리새인들과 그리스도인들만 살아남았다. 학자들은 마가복음이 서기 70년 전후에 쓰였을 것이라는 의견에 대부분 동의하는데, 70년은 바로 예루살렘 성전과 함께 예루살렘 지도체제가 멸망한 해이다. 예루살렘 성전붕괴는 유대 역사가 요세푸스가 남긴 『유대 전쟁사』에 자세히 기록되어 있는데, 다음은 리차드 호슬리가 요약한 유대전쟁과 성전파괴 과정이다.

> 팔레스타인에서 수십 년 동안 경제상황이 악화되고, 유대인들과 로마인들 사이에 정치적 긴장이 고조된 후, 기원후 66년 여름 예루살렘에서 대대적인 반란이 일어나 전국으로 번져나갔다. 예루살렘 주민들은 지도적인 대제사장들과 그들의 대저택을 공격했다. 예루살렘 주민들과 기타 사람들은 로마 군대가 그 도시에서 패퇴하도록 만들고, 그 도시의 주요 요새를 방어하도록 남겨진 로마 수비대의 잔여병력을 살해했다. 즉 로마인들을 강제로 몰아냄으로써 팔레스타인은 일시적으로나마 제국의 지배에서 벗어나게 되었다. 67년 여름 로마가 재정복에 나서자 갈릴래아의 여러 곳에서 사람들이 단호하게 저항했다. 그 후 여러 곳에서 벌어진 농민운동들이 예루살렘에서 그 세력을 규합하게 되었는데, 예루살렘은 로마인들에 맞서기 안성맞춤인 요새였기 때문이다. 일단 예루살렘을 거점으로 삼게 되자, 그들은 아직 그 도시를 탈출하지 못한 헤로데 귀족들과 제사장 귀족들을 공격했다. 마침내 로마의 포위에 맞서 서로 협력할 수밖에 없게 되자, 지방 출신의 중요한 네 개 농민 집단이 용감하게 싸웠지만, 마침내 로마인들이 성벽을 돌파하여 그 수비자들을 학살하고 성전을 파괴했다(『예수와 제국』, 69-70).

마가복음 본문에서 '전쟁과 전쟁의 소문,' '민족이 민족을 나라가 나라를 대적'하는 기록들은 모두 유대전쟁을 묘사한 말이다. 또한 당시 로마 식민지하에서 무력항쟁을 일으킨 사람들을 거짓 그리스도들이라 칭하는 것으로 보아 예수—더 정확히 말해, 예수의 입을 통해 말하는 마가공동체—가 열심당원 등 무장단체와는 분명하게 선을 긋고 있었음을 알 수 있다. 예수와 마가공동체는 비폭력 저항을 선호했다(Ched Myers, *Binding the Strong Man*, 331-333, 336-338). 제자들이 공회와 회당에서 매질을 당하고 권력자들과 임금들 앞에 서게 된 것은(13:9) 어떤 이유에서든 그들과 뜻을 같이 하지 않았기 때문이다.

문학적 구성과 이해

마가복음 13장이 종말론에 대해 무엇인가 말하고 있다고 볼 때, 문학적 배경에 예루살렘 성전파괴가 자리잡고 있다는 사실을 간과해서는 안 된다. 갈릴리를 출발한 예수는 마가복음 11장에 이르러 예루살렘에 도착한다. 그의 관심은 오로지 예루살렘 성전뿐이다. 도착 첫날 예수는 단지 성전을 둘러본다(11:11). 이튿날 예수는 다시 성전에 들어가 거기서 매매하는 자들을 내어 쫓고 성전 운영체제를 뒤엎는다(11:15-18). 그 후 예수는 성전에서 대제사장들을 비롯한 예루살렘 지도체제와 일련의 논쟁을 벌인다(11:27-12:37). 과부의 가산을 삼킨 서기관들과 성전체제를 비난하는 것을 끝으로 예수는 성전 밖으로 나온다(12:38-44).

마가복음 13장에서 예수는 성전을 떠나면서 예루살렘 성전의 멸망을 예고한다. 이를 둘러싸고 두 번에 걸쳐 무화과나무 비유가 등장한다. 앞의 무화과나무 비유가 성전을 빗대어 말한 것과 마찬가지로(11:

12-14, 20-25) 나중에 나오는 무화과나무 비유 역시 성전시대의 끝을 예고한다(13:28-29). 이렇게 예수의 긴 종말론적 담화(13:5-37)는 세상의 종말에 대한 공개강좌나 어떤 주제에 대한 조직신학적 성찰이 아니라, 제자들의 구체적인 질문에 기초한 사적인 담화이다(13:4). 이런 일들이 언제 일어나겠습니까? 또 무슨 징조가 있겠습니까?

언제 일어나는가

'이런 일들'이란 무엇을 가리키는 말인가? 문맥상으로 보면, 성전이 무너져 돌 위에 돌 하나 남지 않는 상태를 말하는 것으로 보인다. 특히 우리말 번역처럼 '이런 일'이라고 이해하면 더더욱 그렇다. 그런데 '이런 일들'(ταῦτα, these things, 13:4)은 하나의 사건이 아닌 여러 일련의 사건, 곧 거짓 그리스도들과 거짓 선지자들이 일어나고, 제자들이 핍박을 받으며, '멸망의 가증한 것'이 예루살렘에 자리하는 것을 포괄하는 말이다. 때와 시기를 묻는 제자들의 질문에 예수는 '그것은 이것이다'라는 식으로 꼬집어 대답하지 않는다. 하지만 그는 다음과 같이 분명하게 선언한다. 사람들이 종말이라고 떠들썩하게 말할 법한 상황, 곧 전쟁의 소문이 난무하고 예루살렘 성전붕괴 소식이 들리는 상황이 닥칠 것이다. 하지만 그것이 끝은 아니다—세상의 종말이 아니다. 다만 고난의 시작일 뿐이다(13:7-8).

그 때에 거짓 그리스도들과 거짓 선지자들이 일어나서 표적과 기사로 세상을 동요시킬 것인데 예수는 제자들에게 깨어 있어 세파에 휩쓸리지 말도록 권고한다(13:5-6, 21-22). 마가복음에서 표적(σημεῖον, sign)은 그다지 관심을 끄는 주제가 아니다. 예수는 이미 표적을 구하는 바리새인들의 요청을 거절한 바 있다(8:11-13). 제자들 역시 표적을 구한다. 바리새인들이 예수를 시험할 목적으로 표적을 구했었다면 제자들은 마지막 때 일어날 일에 대한 표적을 알려달라고 요청한다. 하지만 예수는 여전히 부정적인 대답을 내놓는다. 거짓 선지자들은 표적을 보임으로써 사람들의 마음을 사로잡는다. 그것에 현혹되지 말라. 혹세무민(惑世誣民). 그들이 전하는 것은 세상의 가치관, 단지 성공신화일 뿐이다.

마지막 때에 일어날 '이런 일들'이 무엇을 말하든지 간에 초점은 다시 제자들의 삶의 현장에 맞춰진다. 그들이 회당과 공회, 그리고 권력자들 앞에서 고난을 받게 되는 일이다. 여기서 말하는 고난은 근본주의나 세대주의에서 이해하듯 세상의 종말에 오는 대환난(tribulation)을 의미하는 것이 아니다. 공회에 넘겨지고 세상의 권력자들 앞에서 고난을 당하는 것은 이미 예수가 예루살렘에서 자신이 당할 일을 예언하면서 썼던 말이다(8:31; 9:31; 10:33-34). 세례 요한도 같은 운명에 처했다(9:13). 제자들 역시 예수의 삶의 연장선에 서 있기 때문에 예수의 길을 뒤따르게 될 것이다. 마가복음 공동체가 겪었을 유대전쟁은 그들이 앞으로 겪을 고난의 시작이자 그들이 살아내야 할 치열한 삶의 일부분인지도 모른다. 이 모든 것은 예수와 제자들의 길이 세상의 길(가치관)과 마찰을 빚기 때문에 일어나는 현상이다.

고난의 핵심에 '멸망의 가증한 것'이 자리하고 있다. 이 표현은 다니엘서 7장에 나오는 것으로 역사적으로는 시리아 왕 안티오쿠스 4세 에피파네스(175-163 BCE)가 유대인의 종교를 말살할 목적으로 예루살렘 성전에 제우스 신상을 세운 후 그 앞에 제물을 바치고 돼지의 피를 성전에 뿌린 행위를 가리킨다(단 9:27; 11:31; 12:11). "읽는 자는 깨달으라"(13:14)는 말은 독자들에게 이런 뼈아픈 역사를 상기시키고 있다. 하지만 보다 현실적으로 보자면 마가공동체가 이러한 전통적인 표현을 통해 말하고 있는 것은 그들이 최근에 목격한 성전붕괴 사건이다. 로마 제국이 단지 예루살렘 성전을 모독할 뿐 아니라 아예 말살할 목적으로 불을 놓아 성전이 통째로 사라진 사건이다. 그럼에도 불구하고 예수는 이 일이 아직 끝이 아니라 시작이라고 말한다(13:7).

무슨 징조가 있는가

끝이 언제인지 알 수 없다면, 그러한 일들이 일어날 즈음에 있을 징조라도 알 수 없을까? 그 때 일어날 표징으로 두 가지를 말한다. 하나는 온고이지신(溫故而知新)—성서와 전통을 되새기는 것이며, 다른 하나는 비유를 통한 설명이다. 둘 다 세대와 세태를 읽는 눈을 요구한다.

"그 때에 그 환난 후 해가 어두워지며 달이 빛을 내지 않고…"(13:24-25). 마지막 때 일어날 천기의 변화에 대해서는 예언자들도 말한 바 있다(사 13:10; 암 8:9; 욜 2:10). 해와 달이 어두워지고 별이 떨어진다는 것은 하늘의 권능이 흔들린다는 의미로 옛 사람들이 즐겨 썼던 표현이다. 당시 우주관에 따르면 천체는 각각 신들을 뜻했다. 따라서 천체의 기능이 상실된다는 것은 곧 신들의 멸망을 예고하는 것이다. 그리고 그 때에 인자가 구름을 타고 오는 것을 사람들이 목격하게 될 것이다(13:26). 묵시문학, 특히 다니엘서와 관련해 이 말만큼 많은 오해와 편견을 불러온 구절은 없을 것이다. 이것은 다니엘서 7장에서 다니엘이 본 환상에 나오는 표현이다.

> 내가 또 밤 이상(vision) 중에 보았는데 인자 같은 이가 하늘 구름을 타고 와서 옛적부터 항상 계신 자에게 나아와 그 앞에 인도되매

그에게 권세와 영광과 나라를 주고 모든 백성과 나라들과 각 방언 하는 자로 그를 섬기게 하였으니 그 권세는 영원한 권세라 옮기지 아니할 것이요 그 나라는 폐하지 아니할 것이니라(단 7:13-14).

본문을 자세히 들여다보자. 이것은 '인자 같은 이'(one like a human being)가 '옛적부터 항상 계신 이'(the Ancient One)에게 나가는 장면이다. 마치 TV나 영화를 보듯 다니엘은 제삼자의 입장에서 이 장면을 시청하고 있다. 여기서 우리 독자들은 '인자 같은 이'를 인자(예수)로 '옛적부터 항상 계신 이'를 하느님으로 바꾸어 이해할 수 있다. 그렇다면 다니엘은 우리들 자신에 해당한다. 흔히들 '인자가 구름을 타고 온다'는 말을 인자가 우리에게 오는 것이라고 착각하거나 오해하는 경향이 있다. 우리는 다만 다니엘처럼 그 장면을 목격할 뿐이다. 그렇다면 인자가 하느님께로 가서 세상의 권세를 물려받는다는 것이 무슨 의미일까? 이것은 현 체제의 멸망과 함께 새로운 나라의 도래를 알리는 묵시문학적 표현이다. 다니엘이 환상에서 보듯 이것을 우리가 보고 또 증거한다. 물론 환상과 비전, 꿈과 이상(vision)으로 본다는 뜻이다.

마지막 때를 알리는 또 다른 징조는 무화과나무 비유를 통해 설명되어진다(13:28-29). 무화과나무의 잎사귀를 보고 여름이 온 것을 안다. 이것과 인자가 가까이 온 것 사이에 무슨 상관이 있을까? '인자가 오는 것'(coming)은 우리들이 흔히 말하는 재림(再臨, second coming)이 아니다. 다니엘서에서 인자가 하느님에게 와서 그로부터 권능을 물려받는다는 것은 곧 현 지배체제의 종말을 상징한다. 이는 체제전복적인 선언이며 천지개벽을 알리는 말이다. 그렇다면 마지막 때와 여름 사이에는 무슨 관계가 있을까? 암 8:1-3에서, 야훼 하느님은 아모스에게 여름

과일 한 광주리를 보여 주며 이스라엘의 끝이 가까이 왔고 용서치 않겠다고 말한다. 히브리어로 여름은 '카이쯔'(קַיִץ)이고 끝은 '케이쯔'(קֵץ)이다. 동음이의어(同音異義語)—비슷한 발음과 다른 의미—를 통해 메시지를 전하는 저자의 문학적 천재성이 번득인다. 그 때와 그 시는 아무도 모르지만 시대를 읽는 눈을 통해 우리는 세상 돌아가는 것을 예의 주시한다. 세상의 끝을 예측한다. 그러려면 우리는 늘 깨어 있어야 한다(13:32-33).

깨어 있음과 종말론적 삶: 신학적 해석

너희가 보느냐?(13:2). 여기서 '보다'는 단어는 어떤 물체가 시야에 들어오는 것을 인식하는 것을 뜻한다. 그런데 보아도 깨닫지 못한다고 지적할 때(4:12), 이는 단순히 보는 것 이상의 의미를 내포하고 있다. 이것은 알아차림과 깨달음의 문제이다. 마가 13장에는 '보다'(βλέπω)는 단어가 다섯 번 쓰였는데 처음 경우는 제자들이 성전을 그냥 '보고 있음'을 말하지만(13:2), 나머지 네 번은 '주의하라'(watch)는 뜻으로 쓰였다. 단순히 바라보는 것에 그치지 말고 그에 걸맞은 결단과 행동을 하라는 요구이다(13:5, 9, 23, 33). 이와 관련해 '깨어 있으라'(γρηγορέω, be awake)는 말 역시 마음의 눈과 연결되어 있다(13:34, 35, 37).

그렇다면 '깨어 있다'는 말은 무슨 뜻일까? 그 반대 개념은 '자다'이다(13:36; 14:37). 우리는 꿈속에서도 무엇인가를 보고, 일상에서도 많은 것을 본다. 다만 그 보는 것이 우리 마음속에 머물지 못하고 사라지는 이유는 우리가 깨어 있지 못하기 때문이다. 이렇게 '자다'는 말은 의식이 없거나, 깨어 있지 못한 상태를 의미한다.

불자들은 '깨어 있음'을 특히 강조한다. 불교는 내 마음 속에 일어나는 생각과 감정이 오온(五蘊)—색·수·상·행·식(色受想行識 사물, 느낌, 생각, 행위, 의식)—이라고 부르는 다섯 가지 마음 작용에서 비롯된다고 가르친다. 모든 고통이 이런 생각과 감정에 집착하기 때문에 일어난다는 이해이다. 그래서 불교는 고통을 극복하는 수행 방법으로 팔정도(八正道)를 제시하는데, 그 중의 하나가 정념(正念)이다. 우리가 이것을 문자적으로는 얼핏 '바르게 생각하기'라고 짐작하기 쉬운데, 이에 해당하는 말은 정사(正思) 혹은 정사유(正思惟)일 것이다. 정념은 보다 일차적이고 근원적인 단계인 바르게 알아차림, 곧 깨어 있음(mindfulness)으로 이해된다. 어딘가에 집착하고 있는 자신을 알아차리는 것을 뜻한다. 이렇게 깨어 있으려면, 흔들리는 자신과 일정한 거리를 두어야 한다. 본래의 참나(眞我) 자리에서 시공에 갇힌 나(에고, Ego)를 바라보는 자세이다. '참나'는 마가복음의 표현으로 하느님(하늘) 자리에 해당하고, 성령이 내재한 곳이다. 깨어있음이란 하느님과 다이얼을 맞추는 작업을 말한다. 성령이 그 시(時)에 할 말을 준다(13:11). 이것은 아무런 준비도 하지 않고 무작정 기다리는 것이 아니라 오히려 성령 안에서 항상 깨어 있을 때 가능한 이야기이다.

그 때와 그 시는 아무도 모른다(13:32-33). 역설적으로 '그 때'는 시간을 초월한다는 말이다. 시와 때에 매이지 않고, 오늘을 충실하게 살라는 것이 이야기의 초점이다. 종말론적 삶이란 아직 오지 않은 미래를 무작정 기다리는 것이 아니다. 오히려 매일 매 순간을 이 생의 마지막 삶처럼 사는 것을 뜻한다. 지배체제의 편에 서서 승리를 독식하기 위해 애쓸 것인가, 혹은 예수의 뜻을 따라 상생의 삶을 위해 헌신할 것인가? 종말론적 삶이란 어느 체제나 이데올로기, 특정 종교인들의 전유물이 아니다. 누구에게나 열려 있을 뿐만 아니라 언제 어디서나 실현 가능한 이야기이다.

마가복음 13장은 성전붕괴를 단지 로마제국의 희생제물이 아니라, 하느님의 심판의 결과로 본다. 성전이기 때문에 지켜져야 한다는 구태의연한 생각은 거짓 선지자의 신학이고 거짓 그리스도(정치가)의 가치관이다. 예수가 성전에서 목격한 일들(11-12장)은 성전체제의 폐악을 고스란히 드러낸다. 오늘날도 마찬가지이다. 세상의 가치관과 더러운 신학이 기독교 내에 깊숙이 침투해 있다. 이것 역시 재물과 권력을 탐하는 더러운 영의 산물이 아닐까? 이것이 바로 마가복음이 예루살렘 성전붕괴를 통해 우리에게 가르치는 종말론의 성서적 이해이다.

생각할 문제

1. 우리 문화와 종교에 더 이상 그런 '성전'은 존재하지 않는다. 그렇다면 오늘날 성전붕괴 선포에서 "성전"이 뜻하는 바는 무엇인가?
2. 바울은 "너희가 하나님의 성전인 것과 하나님의 성령이 너희 안에 거하시는 것을 알지 못하느뇨"(고전 3:16)라고 말했다. 이를 어떻게 이해해야 할까?
3. 늘 깨어 있기 위해 우리가 할 수 있는 방편들은 무엇인가?

제22장

보물(비밀) 찾기(14:1-52)

예루살렘 성전을 떠나 제자들과 함께 건너편 감람산에 올라가서 성전붕괴를 선언한 것을 마지막으로 예수의 공생애는 사실상 끝이 난다. 예수는 더 이상 군중들과 함께 다니지 않는다. 지배체제 지도자들을 상대로 논쟁을 벌이지도 않는다. 따로 제자들과 만나 비밀스런 가르침을 주는 일도 없다. 이제 예수는 묵묵히 자신의 길을 간다. 예수는 줄곧 자신의 죽음을 예언했지만 제자들은 한결같이 그 뜻을 알아차리지 못했다. 이제 이야기는 예수의 수난, 처형, 부활로 이어진다. 이번 장에서는 예수가 예루살렘 당국에 잡히기까지의 이야기만 다루기로 한다.

본문은 크게 두 개의 이야기로 구성되어 있다. 하나는 여인이 값비싼 향유를 예수의 몸에 붓는 이야기이고, 다른 하나는 예수가 당국에 의해 체포되는 사건이다. 그 과정에 자신의 가치관(믿음)에 충실한 예수와 예수를 배반하는 제자들 모습이 겹쳐져서 보인다. 가룟 유다는 그 중 으뜸으로 예수를 파는 역할을 맡는다. 그리고 이 모든 일은 예루살렘 지배체제의 은밀한 계획과 철저한 감시 하에서 이루어지고 있다.

이 여인을 기억하라(In Memory of Her)

예수가 베다니에 있는 문둥이 시몬의 집에서 식사할 때에 한 여인이 들어와 값비싼 향유를 예수의 머리에 붓는다. 문둥병자와 함께 있다는 사실만으로도 사회적으로 문제가 될 법한데, 이 자리에 낯선 여인까지 등장한다. 이런 상황에서 제자들은 여인의 뜻하지 않은 방문과 돌발적인 행동을 나무라기보다는 여인이 허비한 재물을 아까워한다. 삼백 데나리온이면 일반 노동자의 일 년 연봉에 해당하는 액수이다. 여인은 왜 이런 행동을 서슴없이 감행했을까? 제자들은 이 행위를 낭비로 여겼지만, 예수는 오히려 여인이 자신의 장례를 예비하는 일을 한 것이라고 칭찬한다. 예수는 제자들에게 여러 번 자신의 죽음을 예언했지만(8:31; 9:31; 10:33-34), 그들은 늘 깨닫지 못했다. 오직 이름 없는 여인만이 예수의 때와 시기가 당도했음을 알아차린다. 예수는 말한다. 복음이 선포되는 곳에 여인의 행위도 같이 전하여 이 여인을 기억하라(14:9).

이 여인의 이야기는 모든 복음서가 다루고 있다. 하지만 이야기의 전개방식이 조금씩 다를 뿐 아니라 저자의 의도에 있어서도 차이가 있어 보인다(마 26:6-13; 막 14:3-9; 눅 7:36-50; 요 12:1-8). 대부분의 복음서들은 이 사건을 예루살렘 지도자들이 예수를 제거하려는 계획과 함께 등장시킨다. 그런데 유독 누가복음은 여인의 이야기를 예수의 수난 이야기와 분리시켜 공생애 중간에 삽입한다(7:36-50). 그리고 여인을 기억하라는 명령(막 14:9)은 예수를 기억하라는 명령으로 대체된다(눅 22:19; 고전 11:24-25). 이 차이점을 어떻게 설명할 수 있을까? 바울 서신이 복음서보다 먼저 쓰였다고 보면, 성만찬 제정과 함께 쓰인 문구가 마가복음에 역으로 도입되었다고 이해할 수 있다. 그럴 경우 예수에게 부쳐졌던 찬사—'나를 기억하라'는 문구—를 떼어내 이름 없는 한 여인의 행실에 돌리는 격이 된다. 이것은 매우 이례적인 일로 이에 대한 충분한 변론이 필요할 것이다. 또는 여인을 기억하라는 전승이 예수의 수난 이야기와 관계없이 따로 존재했다고 볼 수도 있다. 즉, 마가복음은 여인의 믿음을 복음의 핵심으로 보고, 이를 전하고자 했다고 본문을 근거로 주장할 수 있다. 무엇이 먼저가 되었든—예수에 대한 기억 명령이든 여인에 대한 기억 명령이든— 교회사를 통해 여인은 기억되기보다는 오히려 잊혀져 갔다.

예수의 죽음을 앞두고 그를 따르는 사람들 가운데 드러난 두 가지 상반된 태도가 눈에 띈다. 이름 없는 여인은 예수의 죽음을 예비하기 위해 자신이 가진 모든 것으로 할 수 있는 일을 하지만, 제자들은 여인이 낭비한 값비싼 향유에 눈을 돌린다. 돈의 위력, 세상의 가치관이 결정적인 선택의 순간에 여실히 드러나고 있다. 마침내 제자들은 예수의 죽음을 동조하거나 방관하게 된다. 유다의 선택 역시 돈 때문이었다(14:10-11).

가난한 자는 항상 있다. 이 말은 종종 가난한 자를 충분히 돕지 못하는 것에 대한 변명으로 왜곡되어 쓰인다. 가난은 임금도 어쩌지 못한다는 말도 있지 않은가? 마치 가난이 있는 것이 당연하다는 인식인데, 예수의 이 말이 과연 가난의 필연성을 옹호하는 이야기일까? 예수는 지금 일반 사람들에게 강연하는 것이 아니라, 여인을 나무라는 몇몇 제자들을 저지하며 그들에게 말하고 있다. 가난은 잘못된 제도의 결과이지 반드시 있어야 하는 것이 아니다. 지배체제 하에서 소수를 위한 정책 때문에 대다수 사람들이 가난에 처하게 된다. 이런 피폐한 상황에서 제자들이 있어야 할 곳, 생활해야 할 자리, 친구로 삼고 더불어 살아야 할 사람들은 권력과 물질을 쥐고 흔드는 힘 있는 사람들이 아니라, 제도의 피해자들인 가난한 자, 억눌린 자들임을 상기시킨다(10:15, 42-45). 문자적으로 "너희가 가난한 자와 함께 한다"(14:7, You always have the poor with you.—NRSV)는 말은 가난한 자를 너희 삶 속에 품고 살아야 한다는 의미이다. 제자들의 선택과 행동을 촉구한 말이다. 예수의 길을 따르는 제자들이라면, 그들은 항상 가난한 자와 운명을 함께 해야 마땅하다는 뜻이다.

최후의 만찬

예수는 "무교절 첫날, 곧 유월절 양 잡는 날"에 제자들과 마지막으로 함께 식사를 한다(막 14:12). 그렇다면 이것이 유월절 만찬이었을까? 요한복음에 의하면 분명히 그렇지 않다. 최후의 만찬, 유다의 배신, 그리고 예수의 수난과 처형(요 18:28, 39; 19:14) 등은 모두 유월절 이전에 일어난다(요 13:1).

유월절(逾越節; the Passover)은 말 그대로 '넘어가다,' '건너가다'는 의미를 담고 있는 절기이다. 이 말은 출애굽 당시 애굽(이집트) 사람의 장자를 치는 하느님의 사자가 이스라엘 백성의 집은 건너뛰었다는 이야기에서 유래한다(출 12:13). 이 날엔 애굽의 노예생활, 즉 당시 지배체제의 속박에서 벗어난 것을 기념하며 규례에 따라 유월절 식사를 하도록 되어 있다. 니산월 14일에 유월절 양을 잡아 준비하며, 실제 음식을 먹는 것은 다음날인 제 15일에 이르러서이다. 유대력의 하루는 저녁때부터 시작되어 다음 날 저녁에 끝나므로, 14일은 해질 때까지이며 해진 이후부터 15일이 시작된다. 예수가 제자 둘을 보내어 유월절을 예비하도록 시킨 것은 이런 관습에서 이해해야 할 것이다. 제자들은 유월절 만찬의 자리에 발효된 음식, 곧 누룩이 남아 있지 않도록 마지막 점검을 했을 것이다(출 12:15, 19). 본문이 '유월절 양 잡는 날' 저녁을 말하고 있으니 얼핏 예수가 유월절 식사를 한 것처럼 보인다. 하지만 마가복음에서 예수는 유월절 예비일, 곧 유월절 전날에 처형된다(15:42).

본문은 왜 유월절 이야기를 하는가? '예수가 과연 유월절 양을 먹었을까'라는 질문과 직접 관련되어 있으면서도 보다 근본적인 물음이다. 예수가 죽은 시기가 유월절과 우연히 일치할 수도 있지만, 다른 복음서들과 마찬가지로 마가복음은 의도적으로 예수의 죽음을 유월절 이전에 배치한다. 당연히 예수는 유월절 식사를 할 기회를 갖지 못했을 것이며, 따라서 예수는 이 이야기 속에서 상징적으로 유월절 양이 된다. 그렇다면 그 의미는 무엇일까?

예수가 유월절 양이었다고 하는 것은 그의 죽음을 구약성서의 출애굽 언약과 관련시켜 이해한다는 의미이다. 또한 이것은 성전 제사제도의 종식을 뜻한다. 그렇다고 예수가 문자적 의미에서 새로운 속죄제물이 되었다는 뜻은 아니다. 그럴 경우 제물만 바뀌었을 뿐 속죄제물에 기초한 성전체제는 그대로 남아 있기 때문이다. 이것은 오늘날 많은 독재정권이나 군사정권 체제가 보여주듯 지도자 몇 사람이 바뀐다고 해서 억압적인 지배체제 자체가 변하는 것은 아니라는 사실과 같은 이치이다. 막 10:45에서 살펴본 대로, 예수는 사람들이 마땅히 살아야 할 길을 보여주었다. 그렇다고 예수가 많은 사람을 위해 의도적으로 피 흘려 죽은 것은 아니다. 사람들은 예수의 삶과 죽음을 통해 인간이 마땅히 살아가야 할 모습을 보았다. 그런 의미에서 예수의 죽음은 결과적으로 많은 사람들에게 유익한 삶이 되었다고 해석된다.

예수의 삶과 가치관이 지배체제와 부딪쳤기 때문에 이것은 필연적으로 그를 죽음으로 몰아갔다. 이것이 피로 맺은 새 언약의 의미이다.

모세와 이스라엘 백성은 애굽의 압제에서 벗어나 하느님과 피의 언약을 맺는다(출 24:8). 마찬가지로 예수는 자신의 삶(살과 피)을 통해 세상 가치관과의 단절을 선언하고, 동시에 새로운 언약의 시작을 알린다(막 14:24). 하느님과 맺는 언약예식은 당시 애굽으로 상징되는 세상의 지배 이데올로기와 가치관으로부터 벗어나 새로운 삶을 추구하는 것을 의미했다. 이것이 열 두 부족 공동체를 통해, 그리고 선지자들의 예언과 가르침 하에서 왕정을 통해 유지되다가 왕정의 멸망과 함께 마침내 성전체제로 넘어왔다. 이렇게 출애굽 대항공동체의 정신을 이어온 것이 성전체제였는데, 세월이 흐르며 성전체제는 또 하나의 지배체제로 전락하고 만 것이다. 이제 성전체제는 더 이상 하느님과 맺은 언약을 수호한다기보다는 오히려 타파해야 할 대상이 되어 버렸다. 예수의 정치적 삶은 성서에 면면히 흐르는 탈지배체제의 연장선에 서 있다.

예수가 제자들과 가진 마지막 만찬은 유월절 예비 식사였다. 그리고 이 만찬은 예수가 두 차례 행했던 군중에게 떡 떼는 사건을 연상시킨다. 떡을 들어, 축사하고(감사하고), 떼어서, 제자들에게 나누어 주는 일련의 제의적인 동작은 잘 짜인 각본을 연출하는 것처럼 보인다(막 6:41; 8:6; 14:22-23). 군중을 먹이는 사건에 비록 잔은 등장하지 않았지만, 후에 제자들에게 '너희가 내가 마시는 잔을 먹을 수 있느냐'고 묻는 말에서 잔은 고난과 죽음을 암시한다(10:38-39). 이 잔이 지나가게 해달라는 겟세마네의 기도에서 우리는 역시 죽음의 그림자를 본다(14:36). 이것은 내 몸이라. 이것은 내 피라. 몸과 피, 떡과 잔은 예수를 뜻하는 은유적인 표현이다. 더 정확히 말해 예수의 삶과 운명을 한 장에 담은 스냅사진이다. 우리가 유월절 예비 식사에 어떤 특별한 의미를 부여해야 한다면, 예수가 제자들과 가진 마지막 만찬으로서, 예수가 평소에 해왔던 일의 결정판이라고 말할 수 있지 않을까? 이렇게 예수는 초지 일관 자신의 길을 묵묵히 간다.

제자들의 운명

예수는 외로이 자신의 길을 가는 반면, 제자들은 모두 예수를 배신한다. 유다는 예수를 팔기로 결심하고 대제사장에게 달려갔으며(14:10), 다른 제자들도 모두 예수를 버리고 도망한다(14:50). 그리고 이 모든 일이 대제사장을 필두로 한 지배체제의 치밀한 계획 속에 은밀히 진행된다. 그들은 이미 예수를 죽이기로 결정했는데(3:6), 이제 남은 일은 그것을 실행에 옮기는 것뿐이다(14:1). 그들은 제자들 사이에 첩자 하나를 심어 놓고 예수를 체포하기에 이른다. 제자들은 승리의 그리스도를 원했고, 힘 있는 자리를 구했다. 그렇기에 그들은 끝까지 예수를 따르겠다고 말했다. 하지만 예수가 잡히자 결국 그를 버리고 모두 도망하고 만다. 이것으로 끝인가?

예수는 자신이 제자들보다 먼저 갈릴리로 갈 것을 약속한다(14: 28). 이와 함께 예수는 제자들에게 갈릴리에서의 삶을 지속하도록 명한다. 갈릴리는 예수가 하느님 나라 운동을 시작한 곳이다. 예루살렘과 비교할 때, 갈릴리는 장소가 아닌 새로운 이념과 가치관의 출발점이다. 자신이 먼저 갈릴리에 가 있을 것이라고 말함으로써 예수는 제자들을 버려두지 않겠다고 약속한 셈이다.

또한 제자들의 운명은 이름 없는 여인과 젊은 청년의 이야기를 통해서도 암시된다. 값비싼 향유를 부은 여인의 이름이 처음부터 안 알려졌던 것일까? 어쩌면 초대교회가 여인들의 활동을 제한하려는 경향을 보이면서(고전 14:34-35) 여인의 공적이 점차 잊혀졌을 수도 있다. 하지만 보다 긍정적으로 생각해 보면, 마가복음의 저자가 의도적으로 여인의 이름을 밝히지 않았을 가능성도 생각해 봄직하다. 그렇게 함으로써 그 믿음이 어느 한 개인의 것으로 치부되고 제한되는 것을 방지하려고 하지 않았을까? 이제 여인의 믿음은 과거의 일이 아니라 현재와 미래에 열려있는 모든 제자들의 삶을 단적으로 그리고 있다. 본문 마지막에 젊은 청년이 벗은 몸으로 도망하는데(14:51-52), 그가 다시 예수의 부활한 장소에 나타난다(16:5). 이 청년의 이름 역시 알려지지 않는다. 마가 공동체 자신들의 이야기를 하고 있기 때문이다.

깨어 있음과 기도

깨어 기도하라. 이미 예수가 앞으로 당할 일을 앞두고 미리 경고한 말이다(13:34, 35, 37). 이제 운명의 시간이 가까이 다가오면서 예수는 다시 제자들에게 깨어 있을 것을 명한다(14:34, 37, 38). 어쩌면 스스로에게 다짐하는 말인지도 모른다. 이 잔을 내게서 옮기소서. 마음은 원이로되, 육신이 약하도다. 그런데 깨어 있어야 할 바로 그 때에 베드로는 잔다(14:37, 40). 예수를 안다고 말해야 할 순간에 그는 예수를 부인한다(14:68, 70, 71). 깨어 있지 못한 결과이다.

깨어있음을 그리스도인들의 일상생활과 연관해 생각하면 기도하는 것에 비유할 수 있다. 우리는 일반적으로 기도를 통해 무엇인가를 구한다고 생각한다. 굳이 틀렸다고 잘라 말할 수는 없지만, 기도가 내 뜻을 이루는 것이라면, 우리는 먼저 물어야 할 것이 있다. 기도를 들어주는 이(하느님)의 입장에서 왜 그 기도를 들어주어야 하나? 기도는 최소한 다음의 세 단계를 포함해야 할 것이다.

구하기(Asking). 기도의 첫 번째 단계는 부르짖음의 단계이다. 어려움과 고통으로부터 도움을 구하는 행위는 인간이 가진 자연스런 생존 본능의 발로이다. 누구든지 언제 어디서나 기도할 수 있다. 예수도 고통 중에 울부짖었다. "이 잔을 내게서 옮기소서"(막 14:36a). 소원을 비는 행위 그 자체로 선악, 옳고 그름을 판단할 일은 아니다. 그런데 기도가 이 초기 단계에만 머물러 있으면 일방통행이 된다. 내 이야기만 하는 것으로 충분한가? 이 질문은 그리스도인의 정체성과 밀접한 관련이 있다. 모든 기도, 소원이 다 하느님이 들어줄 만한 기도일까? 어떤 의미에서 내 기도가 그리스도교에 합당한 기도라고 말할 수 있는가? 여기에는 일정한 판단의 근거, 잣대가 있어야 한다. '예수의 이름으로 기도합니다'라는 말은 기도를 끝맺는 정형화된 인사말이 아니라, 내 기도가 마치 예수가 기도했다고 해도 믿을 만큼 예수의 정신에 부합한다는 뜻이다.

생각하기(Meditating). 기도의 다음 단계는 회개, 곧 생각 바꾸기이다(제2장, '회개' 참조). 어떤 필요와 욕구가 단순한 내 욕심이 아니고 그리스도교의 핵심 혹은 예수의 가르침에 부응하려면, 그것이 성서와 전통과 만나야 한다. 기도의 출발은 내 아픔, 소원을 자연스레 쏟아내는 것으로 시작했지만, 그 후에는 성서와 전통의 가르침에 따라 내 소원이 수정되어야 한다: "그러나 내 뜻대로 마시고 아버지의 뜻대로 하소서"(막 14:36b). 마치 하느님이 진행하는 방송을 듣는다고 가정할 때, 기도란 그 주파수에 맞게 다이얼을 맞추는 작업에 비유할 수 있다. 예수라면 지금 이 자리, 이 상황에서 어떻게 행동할까? 이것을 생각하는 것이 '예수의 이름으로' 기도한다는 말의 참된 의미이다.

행동하기(Transforming). 기도는 말로 끝나는 것도, 생각과 회개(μετάνοια)로 끝나는 것도 아니다. 말과 생각뿐 아니라 그에 걸맞은 선택과 행동이 뒤따라야 한다. 기도의 끝은 찬양이고 이것이 또한 구체적인 삶으로 나타나야 한다. 찬양하는 이유는 기도가 응답되었다고 믿기 때문이다. 응답은 내 소원과 욕구가 충족되었다는 뜻이 아니다. 내 소원과 필요 앞에서, 이제는 내가 그리스도인의 정체성에 따라 어떻게 결정하고 선택하고 살아야 할지를 깨달았기 때문이다. 예수는 겟세마네에서 기도를 한 후 그대로 예루살렘으로 전진한다. 우리는 기도를 통해 변화된 삶을 산다. 그리고 내 삶이 변화되었는지에 대한 최종 판단은 내가 아닌 다른 이들에게 있다. 이 사람은 진정 하느님의 사람이구나(15:39). 이방인 백부장의 말이다.

결론적으로 기도란 현 자연 질서의 변화 혹은 파괴를 구하는 것이 아니라(1단계), 현실을 보는 내 눈과 가치관을 바꾸고(2단계), 새롭게 변화된 삶을 살아가는 것을 뜻한다(3단계). 기도를 통해 하느님이 변하는 것이 결코 아니다. 세상과 환경이 변하는 것도 아니다. 다만 같은 환경 속에서 내가 변하는 것이다. 예수의 기도는 인간의 삶의 모범이다. 우리도 기도를 통해 예외적인 것을 구할 것이 아니라 내가 처한 환경에서 하느님의 뜻을 구해야 하는 것이다. 기도의 마침표는 찬양이다. "이같이 너희 빛을 사람 앞에 비취게 하여 저희로 너희 착한 행실을 보고 하늘에 계신 너희 아버지께 영광을 돌리게 하라"(마 5:16). 다른 이들이 내 삶을 보고, 내 삶 속에 드러난 하느님을 볼 수 있다면, 내 기도는 열매를 맺은 것이다.

생각할 문제

1. 막 14:25, "내가 포도나무에서 난 것을 하느님 나라에서 새것으로 마시는 날까지 결단코 다시 마시지 아니하리라." 여기서 "하느님 나라"가 뜻하는 바는? 새 것이란 무엇을 가리키는가?

2. 나는 어디(상황)까지 예수를 좇을 수 있나? 그렇게 판단하는 기준/근거는 무엇인가?

3. 내 주위에 있는 가난한 자는? (내가 함께 하는 가난한 자는?)

4. 내가 하는 기도를 살펴보자. 내 기도는 지금 어디를/무엇을 향하여 있는가?

제23장

십자가 다시 읽기—정치적 이해 (14:53-15:47)

사도신경은 예수가 본디오 빌라도에게 고난을 받아 십자가에 못박혀 죽으셨다고 고백한다. 교회는 이에 덧붙여서 예수가 나(우리)를 위해 고난을 받고 피 흘려 죽음으로써 내(우리)가 구원을 받았다고 가르친다. 그런데 한 번 곰곰이 생각해 보자. 예수가 고문을 받지 않았거나 혹은 피를 흘리지 않고 죽었다면, 그의 죽음(삶)이 우리에게 구원을 주지 못하는 것일까? 예수가 자연사를 했거나, 요즘의 약물주사나 전기의자처럼 피를 흘리지 않고 짧은 시간에 형 집행이 끝나는 방법으로 사형을 당했다면 어땠을까? 여기서 "피 흘림이 없이는 죄 사함이 없다" (히 9:22)는 구절을 함부로 들이밀지 말자. 히브리서는 마가복음과는 문학적으로 전혀 다른 장르일 뿐 아니라 예수의 죽음을 이해하는 방식에서도 복음서와는 생각을 달리한다.

한 발 양보해서, 죄 사함 혹은 구원을 위해서는 피 흘림이 반드시 필요하다고 가정하자. 그렇다면 왜 예수는 십자가에 못 박혀서 오랜 시간 극심한 고통을 감내해야만 했나? 참수형처럼 최소한의 고통으로 단번에 죽음에 이르게 할 수는 없었을까? 고통과 피 흘림은 구원의 논리와 전혀 상관이 없는 별개의 일이다. 유대 전통에서 코셔(Kosher) 식품

이 등장하는 이유는 인간을 위해 죽는 가축의 고통을 최소화하기 위한 배려 때문이다. 하물며 온 인류를 위해 대속의 죽음을 감당해야 하는 예수에게 왜 이렇게까지 끔찍한 고문을 가해야 하나? 십자가형은 없었으면 더욱 좋았을 옛 시대의 미개한 문화의 유물일 뿐이다. 로마 철학자 키케로(Cicero)는 이렇게 말한 바 있다. "십자가는 역사상 가장 잔인하고 혐오스러운 형벌이므로 로마 시민들의 몸에서 사라져야 할 뿐 아니라, 그들의 생각이나 눈, 귀로부터도 멀어져야 한다." 이를테면 옛날 중국과 한국에서 행해진 능지처참과 같은 참형은 보거나 듣거나 생각하지도 말라는 뜻이다. 사실 십자가 처형은 보는 사람들에게 수치심과 공포심을 유발해 감히 로마제국에 맞서겠다는 생각조차 갖지 못하게 하기 위해 고안된 처형 수단이었다. 사형 자체보다 잔인한 고문과 공포 분위기를 조성하는 것이 목적이었다고 할 수 있다.

이번 장에서는 예수의 십자가 처형이 갖는 정치적 의미와 신학적 의의를 살펴보고자 한다. 예수는 종교재판 후 또 한 번의 재판을 받았다. 그것은 로마의 지배 하에서 종교법으로는 예수를 사형에 처할 수 없었기 때문이다. 팻말에 쓰인 예수의 죄목이 '유대인의 왕'(15:2, 9, 18, 26)이라는 점은 단지 로마인들의 비아냥거림을 넘어 정치적으로 시사하는 바가 크다. 예수는 정치범으로 제거 당했다. 이는 또한 신학적으로 예수의 죽음이 단순한 속죄제물이 아니라, 거대한 지배체제와 이 세상의 가치체제에 대한 치열한 저항이었음을 의미한다.

종교재판

대제사장, 장로, 서기관들은 예루살렘을 대표하는 자체적 통치기관이다(8:31; 11:27; 14:43, 53). 예수는 이미 마가복음 첫머리부터 갈릴리에서 예루살렘 지도자들에 의해 제거 대상으로 지목된 상태였다(3:6). 사실상 사형 판결이 내려진 상태(3:6; 14:1, 64)에서 그들에게 필요했던 것은 단지 이를 집행할 적절한 죄목이었다. 당시 사형을 언도할 권한을 갖지 못했던 산헤드린 공회에게 종교재판은 예수를 일반 법정에 세우기 위한 예심(豫審, preliminary hearing) 역할을 했다.

종교재판에서 두세 명의 증인(민 35:30; 신 17:6; 19:15)을 내세우는 이유는 한 사람의 거짓 증언에 의해 그릇된 판결이 내려지는 것을 미연에 방지하기 위해서이다(출 20:16; 신 5:20). 피고인을 위한 최소한의 법적 보호장치로 마련된 것이다. 법정에서 증인들의 말이 서로 부합하지 않으면, 그 고소는 효력을 잃게 마련이다(신 19:16-19; 수잔나와 두 장로들 이야기. 칠십인역 다니엘서 참조.). 다음의 두 본문을 비교해 보자. 요 2:19-22은 예루살렘 성전붕괴와 예수의 십자가 처형을 신학적으로 밀접하게 연결시킨다. 곧 예수가 자신의 몸(성전)을 3일 만에 일으킬 것이라는 의미로 이야기했다고 해석한다. 그런데 흥미롭게도 마가복음 기자는 이런 주장을 거짓 증인의 말로 돌린다(14:57-58; 15:29).

예루살렘 지도자들이 예수에게 씌운 죄목은 신성모독죄이다(2:7; 3:28-29; 14:64). 유대 전통에 따르면 이런 죄를 지은 사람은 돌에 맞아 죽게 되어 있다(레 24:10-16). 하지만 신성모독죄가 로마제국의 형법상 사형에 해당하지 않기 때문에 예루살렘 공회는 그에 합당한 죄목을 찾아야 했다. 그것이 나중에 '유대인의 왕'으로 유권해석을 가능케 한 '그리스도'라는 용어이다.

대제사장이 묻는다: "네가 찬송 받을 자의 아들 그리스도냐"(14:61). 예수의 대답이 묘하다. 나다!(ἐγώ εἰμι, I am)—이 말은 바다 위를 걸어오는 물체를 보고 유령인가 하여 놀라는 제자들에게 예수가 했던 말이다

(6:50). 또 마지막 때에 거짓 그리스도들이 스스로를 가리켜 하는 말이 다(13:6). 요한복음에 특히 많이(24번) 쓰인 '나다'라는 표현(ἐγώ εἰμι)은 출애굽기에서 하느님이 모세에게 나타나 스스로를 일컬을 때 쓴 말이 다(출 3:14). 이런 맥락에서 보면 예수의 말은 동문서답이다. "네가 그리스도냐?" "나다(I AM)." 즉 '나는 나일 뿐이다'라는 뜻이다. 예수를 책잡으려는 질문에 말려들지 않는 모습이다. "그렇다" 혹은 "내가 그다"(I am he; 요 18:6 참조)! 이런 해석을 어떻게 받아들여야 할까? 질문에 대해 긍정적으로 대답했다고 간주하더라도 두 가지 다른 이해가 가능하다. 고대 헬라어 사본이 의문부호 없이 쓰였기 때문에 이 말을 반문하는 것으로 읽을 수 있다: "내가(Am I)?" "내가 그리스도라고?" 이 경우 예수의 말은 질문에 담김 내용(고소)을 부인하는 것이 된다. 마태복음은 그들이 그렇게 말할 뿐 예수 자신이 한 말은 아니라고 기록한다(마 26:64). 눅 22:67-68에서도 예수는 질문에 대해 직접 응답하지 않는다. 마가복음에서 예수가 한 말, '나다'의 의미는 확실하지 않으나, 최소한 복음서 기자들은 예수의 대답을 긍정적이라기보다는 부정적인 것으로 이해한 듯하다. 또 개역한글의 번역처럼 '그렇다'라고 읽더라도, 그 의미에 대해 다시 생각해 볼 필요가 있다. 어떤 의미에서 예수는 자신을 그리스도라고 말했을까? 이미 우리는 그리스도에 관한 이해에서 베드로의 고백이나 서기관들의 견해가 예수의 그것과 다르다는 점을 살펴보았다. '왕된 그리스도'가 아닌 하느님의 일을 하기 위해 기름부음 받은 사람으로서의 그리스도 모습이다. 예수의 말 속에 담긴 그리스도는 초월적 존재가 아니라 하느님의 일을 하는 참 사람의 모습이다.

'권능자 우편'이란 표현에서 하느님의 이름을 부르기를 꺼리는 유대인 관습을 엿볼 수 있다(14:62; 참조 12:36; 시 110:1). 여기서 하늘 구름과 함께 온다는 표현은 다니엘의 이상(vision)과 연관하여 이해해야 한다(단 7:13; 막 13:26). 하늘 영광과 함께 인자 같은 이가 옛적부터 계신 이 앞으로 나가는 장면을 그린다. 그 이상을 증거하는 대제사장들인 "너희들"(막 14:62)은 앞서 마지막 때에 관한 묵시론적 담화에 언급되었던 "사람들"(막 13:26)과 같은 부류의 인물이다. 이들은 후기 성서전통에서 "그를 찌른 자들"(계 1:7)로 취급된다. 이들 모두는 예수를 핍박한 자들이라는 주장이다. 다니엘의 이상이 후대에 걸쳐 그 시대적 상황에 맞게 새롭게 적용되어 재해석되고 있음을 여실히 보여준다. 여기서 초점은 예수가 혐의를 벗고 대적자들에게 역으로 죄를 되묻는 장면이다. 다나엘의 이상이 암시하는 것처럼, 현 지배체제가 무너지고 새로운 세상이 도래하고 있음을 그리고 있다. 대제사장은 예수에게 그가 그리스도인지를 묻지만, 예수는 그리스도라는 말 대신에 다니엘서에 등장하는 '인자'라는 말을 써서 대답한다. 예수의 대답에서 자신이 그리스도라는 오해의 소지를 남기지 않으려고 애쓴 흔적이 보인다. 또한 예수의 대답이 '그렇다'라고 긍정적으로 답했다고 가정할지라도 그 안에 담긴 그리스도의 의미는 세상의 그리스도와는 전혀 다른 이해이다. 하지만 대제사장과 산헤드린 공회에게는 '그렇다'(나다, I AM) 그 한 마디로 충분하다. 그들은 예수의 대답에서 말꼬리를 잡아 그를 정치범으로 고소할 충분한 빌미를 얻은 셈이다.

형사재판

"네가 유대인의 왕이냐?"(15:2) 이미 말한 대로 신성모독은 로마 형법상 사형에 해당되지 않는다. 그러므로 앞에서 '네가 그리스도냐?'(14:61)는 질문을 통해 이끌어낸 신성모독죄를 사형에 해당되는 죄목으로 둔갑시켜야 한다. 빌라도의 이 질문—유대인의 왕—은 그것을 염두에 둔 것이다. 바로 정치적 의미, 곧 내란죄를 적용하고자 던진 꼼수이다. 종교재판의 경우와 마찬가지로 예수는 빌라도의 질문에 긍정적인 대답을 회피한다. 어차피 자신을 책잡을 빌미를 얻기 위한 질문인 것을 알고 있기 때문이다.

종교재판과 마찬가지로 많은 허위 진술 앞에서 예수는 묵비권을 행사한다. "네가 아무 대답도 없느냐"(14:60; 15:4-5) 또 대답을 하더라도 고소(죄목)를 인정하지는 않는다. "네가 유대인의 왕이냐?" 개역한글은 "네 말이 옳도다"(15:2)라고 번역하는데 참으로 안타까운 대목이다. 만일 이처럼 해석해야 한다면, 이후에 대제사장들이 또 다른 증거를 대려고 여러 가지로 고소할 이유가 없다(15:3). 그 자체로 이미 충분한 반역죄가 성립되기 때문이다. 예수가 한 말은 다분히 부정적인 의미이다: "네가 하는 말이다"(You say so; σὺ λέγεις). 이는 마태복음에서 예수가 대제사장에게 했던 대답과 똑같은 말이다(마 26:64). 곧 네가 하는 말이지 내 말이 아니라는 뜻이다. 마치 군사 독재정권 하에서 무고한 시민을 안기부에 잡아다 놓고 진술서에 서명하라고 위협하는 장면을 연상시킨다.

종교재판의 질문은 "네가 그리스도냐?"였다. 예수의 대답이 무엇이었든지 간에 그것은 서기관들이나 뭇 사람들이 염두에 두었던 의미, 즉 왕권을 가진 자로서의 그리스도는 아니라는 점이다. 예수는 다스리는 것보다는 섬기는 그리스도를 말했다(9:41). 즉, 예수가 생각한 그리스도는 서기관들이 말하는 다윗의 후손으로서, 정치적 권력을 가진 그리스도와는 전혀 다른 이해이다. 그렇지만 예루살렘 종교지도자들은 의도적으로 이것을 정치적 의미로 해석하고 빌라도 법정에 고소한다.

네가 그리스도냐, 네가 유대인의 왕이냐? 기존의 신학과 가치관에서는 같은 표현일 수도 있겠지만, 마가복음 신학에서 이 둘은 별개의 말이다. 예수는 그런 연결고리를 배제한다. 예수의 대답 속에는 이런 뜻이 담겨 있다. 네가 그렇게 말하고 있을 뿐, 나는 그렇게 생각하지 않는다. 혹은 내가 그리스도라고 말한다고 해도, 그 의미는 너희가 생각하는 그런 그리스도와는 근본적으로 다르다. 당연히 예수는 스스로 '유대인의 왕'이라고 생각하지도 말하지도 않았다.

십자가 처형을 받았다는 사실은(15:27) 예수가 정치적 반역자로 법정에 섰다는 것을 의미한다. 예수가 두 명의 강도와 함께 십자가에 달렸다고 말하는데, 여기서 '강도'(λῃστής, bandit)는 요세푸스의 말처럼 반(反)로마 투쟁을 하는 사람들을 지칭한 말이다. 예수 대신에 놓임을 받은 바라바 역시 민란을 일으켜서 내란죄로 잡혔으니 정치적 반역자였음이 분명하다. 물론 지배자들의 눈으로 볼 때 그렇다는 말이다. 바로 이것이 예수의 죽음과 맞물려 기억해야 할 역사적 사실이고 십자가가 주는 뼈아픈 교훈이다.

신학적 의의

제자, 유대 지도자, 군중 그리고 정치가(빌라도)—모두가 예수를 버렸다. 지금까지 마가복음의 줄거리 속에 빠지지 않고 등장했던 제자들이지만, 정작 예수의 마지막 삶의 현장에서 그들은 자취를 감추었다. 몇몇 이방인과 여인들만 남아 있을 뿐이다. 예수를 끝까지 따르겠다고 맹세하던 시몬 베드로는 예수를 부인했고, 구레네 사람 시몬이 예수의 십자가를 지고 따른다. 예수의 좌우에 앉기를 희망했던 야고보와 요한은 도망가 버렸고, 강도 둘이 예수의 좌우에 매달려 최후를 같이 한다. 이렇게 열 두 제자 중에서도 핵심 멤버로서 변화산 체험에 동참했던 베드로, 야고보, 요한은 모두 예수를 등졌고, 그 자리에 전혀 어울릴 것 같지 않은 구레네 사람 시몬과 강도 둘이 대신 들어선다. 구레네 사람 '시몬'이라는 이름이 독자의 마음을 더욱 아프게 한다. 그냥 스쳐 지나가는 사람의 이름을 이처럼 자세히 기록하는 이유가 무엇일까? 마가복음 저자의 문학적 재치가 돋보이는 장면이다. 베드로라 불리는 시몬아, 너 뭐하세요?

십자가 처형은 전혀 반가운 일도 칭송 받을 사건도 아니다. 시편 22편은 고통 중에 구원을 호소하는 개인 탄원시에 속한다. 비통한 마음을 노래한 비가(悲歌)요 애가(哀歌)이다. 시편 22편이 예수의 십자가 처형을 묘사하는 과정에 세 번 인용된다. 예수를 십자가에 못 박은 후에 그의 옷을 나누고(시 22:18; 막 15:24), 지나가는 자들이 머리를 흔들며 조롱하고(시 22:7; 막 15:29), 마침내 예수는 '엘리 엘리 라마 사박다니'를 외친다(시 22:1; 막 15:34). 마지막 구절은 아람어로 쓰였다. 아람어를 모르는 군중들은 예수가 엘리야를 부르는 것으로 오해한다. 그렇다면 이 기록들은 일반 군중들을 위한 말이 아니다. 성서의 전통을 익히 아는 사람들에게 하는 말이다. "인자는 자기에 관하여 성경에 기록되어 있는 대로 떠나가지만"(14:21) 이란 표현에서도 볼 수 있듯이, 성서와 전통 속에서 혹은 그것을 통해 자신에게 닥친 현실을 이해하려는 노력을 보여준다. 시편 22편을 통해 예수―물론 마가공동체―는 자신에게 일어난 일이 결코 버림받은 우연한 사건이 아니라 성서에 쓰인 대로, 곧 하느님의 경륜 안에서 이루어진 것임을 고백한다. 예수의 삶에서 십자가는 실패가 아니라 완성이다.

예수의 죽음이 끝이 아니었다는 것은 십자가 처형 이후 일어나는 일들을 통해 증거된다. 하늘이 어두워지고 성소 휘장이 찢겨진다. 하늘이 어두워지는 것은 마지막 때, 곧 이 세상(통치)의 끝에 일어나는 묵시론적 현상이다(욜 2:10, 31; 3:15; 암 8:9; 막 13:24). 새로운 세상이 도래하는 것을 알리는 징조이다. 예수가 종교재판과 형사재판을 연이어 받고 사형당하는 것으로 일견 지배체제가 승리한 것처럼 보인다. 그러나 재판과 관련된 한 사람이 예수의 의로움을 증거한다. 십자가 처형을 지켜보던 백부장은 예수의 죽음 앞에서 "참으로 하느님의 아들이다"라고 외친다(15:39). 산헤드린 공회원 중 한 사람인 아리마대 요셉은 예수를 장사지낸다(15:43). 십자가에서 처형당한 사람들 가운데에서는 쉽게 찾아볼 수 없는 뜻밖의 호의이다.

예수가 큰 소리를 지르고 운명하자 성소의 휘장이 위로부터 아래로 찢어져 내린다(15:37-38). 당시 예루살렘 성전은 지성소와 성소, 그리고 성막 뜰로 나뉘어져 있었다. 그리고 지성소와 성소(출 26:33), 성소와 성막뜰(출 26:36)은 각각 휘장으로 나뉘어져 있었다. 여기서 성소의 휘장이 둘 중 어느 것을 지칭하든지 휘장이 찢어졌다는 말은 경계선이 없어진 것을 상징한다. 또한 지성소를 가리는 휘장이 찢어지는 것은 하느님의 현현을 의미한다. 예수가 세례를 받고 올라올 때 하늘이 갈라지고(1:10) 그는 '하느님의 아들'이라 칭함을 받은 바 있다. 하늘과 성소는 모두 하느님의 처소로서 경외의 대상이다. 성서 전통에서 하느님의 현현은 하느님의 정의와 공의를 나타내는 것이다. 예수의 십자가 처형과 맞물린 하느님의 임재는 예수가 옳았다는 것을 드러내는 표징이다. 성소휘장이 찢어지는 것으로 대제사장의 고유 영역으로 여겼던 가장 거룩한 지성소에서부터 성전체제의 몰락이 시작되었음을 알린다. 결국 예수의 십자가 처형은 성전체제 몰락의 신호탄이 되었다.

예수는 제자들에게 그들 스스로의 십자가를 지고 자신을 따를 것을 명했다. 십자가는 지배체제에 저항하는 사람에게 던져진 불편한 운명이다. 문자적 의미의 십자가는 없는 편이 더 좋을 것이다. 아무리 미사여구로 포장한다고 해도 고통이 아름다울 수는 없다. 우리가 예수의 죽음을 기릴 때 십자가 형벌 자체에 의미를 둘 것이 아니라, 십자가가 담고 있는 그리스도인의 운명적 저항에 초점을 두어야 할 것이다. 십자가는 지배체제에 저항했던 사람들의 삶을 단적으로 보여준다. 예수의 십자가형은 실패가 아니라 세상의 가치관과 타협하지 않음으로써 맞게 된 운명적 결론이었다. 제자들을 포함한 모든 사람들 눈에 실패로 끝난 것처럼 보였던 예수의 삶이 실상은 새로운 역사의 시작임을 알리는 전주곡이었음을 깨닫게 될 때, 십자가는 끝이 아니라 제자도의 완성이 된다. 예수의 죽음은 새로운 세상의 시작을 알리고 있다. 내가 너희보다 앞서 갈릴리로 가리라. 이제는 제자들이 따를 차례이다.

생각할 문제

1. 예수의 죽음을 목격한 많은 사람들 중 나는 어느 그룹에 속할까? 제자들, 대제사장과 공회원, 군중, 빌라도, 구레네 사람 시몬, 공회원 아리마대 요셉, 마리아와 다른 여자들, 바라바와 강도들, 군병들, … 그렇게 생각하는 이유는?

2. 오늘날 '십자가'는 무엇에 비유할 수 있을까? 내게 주어진 (내가 지는) 십자가를 말해 보라?

제24장

부활과 성서 다시 쓰기(16:1-20)

현존하는 신약성서 사본 가운데 가장 온전하면서도 오래된 헬라어 사본(best manuscripts)으로 서기 4세기경에 쓰여진 것으로 추정되는 시내산 사본(א)과 바티칸 사본(B)을 꼽는다. 이들 필사본에 따르면 마가복음은 16장 8절로 끝난다(Bruce M. Metzger, *A Textual Commentary on the Greek New Testament*, 122-26). 여기에는 그리스도교 신앙의 핵심이라고 할 수 있는 예수의 부활이야기(resurrection account)가 들어있지 않다. 한글 성경과 다른 번역본에 포함된 마가복음 끝부분(막 16:9-20)은 나중에 첨가된 여러 부활이야기들 중에서 가장 긴 본문의 형태를 취한 것이다.

성서학자들은 이 첨가물(?)에 대해 곱지 못한 시선을 보내고 있으며, 대부분의 주석가들이 이 부분에 대한 주석을 회피하는 편이다(Boring, France, Myers). 반면 기존 교회들은 본래 마가복음에 부활이야기가 없었다는 학자들의 주장에 영 심기가 불편하다. 이 둘을 아우르는 어떤 묘책이 없을까?

마가복음의 부활이야기

사도 바울은 어떤 의미에서든지 그리스도의 부활이 자신이 전하는 복음의 핵심이라고 밝히고 있다(고린도전서 15장). 아마도 그리스도 예수의 부활이야기는 마가복음 이전에 이미 초대교회에서 끊임없이 논의되어 어느 정도 정리가 되었을 것이다. 그런데 마가복음은 예수의 부활이나 죽음 이후의 여정에 관해서는 전혀 관심을 보이지 않고, 오히려 제자들의 결단을 촉구하고 있다: '갈릴리로 가라!' 예수가 처형당한 금요일부터 일요일 사이에 무슨 일이 있었던 것일까?

막 16:1-8에 몇 가지 눈에 띄는 사항이 있다. 우선 여인들이 무덤에 와서 돌이 옮겨진 것을 본다. 누가 이 돌을 옮겼을까? 본문에는 이에 대한 아무런 설명이 없다. 또 한 청년이 무덤 안에 있었는데 그는 여인들에게 예수의 말을 상기시키며 이를 제자들에게 전하라고 말한다. 그것은 제자들로 하여금 갈릴리로 갈 것을 촉구하는 메시지이다. 그러나 여인들은 무서워서 아무에게도 아무 말도 하지 못한다.

막 16장 9절에는 또 다른 안식일 이후의 부활이야기가 나온다. 여기서는 제자들의 믿음 없음에 초점을 맞추고 있다(16:11, 13, 14). 예수의 부활 소식을 전하지 않는 여인들의 이야기(16:1-8)와 그 전해진 소식을 믿지 않는 제자들 이야기(16:9-20)는 아무리 봐도 서로 어울리지 않아 보인다. 그런데 어떻게 하면 이 두 개의 이야기를 하나로 엮어서 이해할 수 있을까? 이것이 오늘날 우리에게 던져진 해석학적 문제이자 그리스도인들에게 맡겨진 과제이다.

또 하나 눈에 띄는 사실은 여인들이 마가복음의 시작과 끝을 장식한다는 점이다. 즉 예수가 처음 병을 고친 대상이 시몬의 장모였고 그 여인은 예수를 섬긴다(1:30-31). 마지막에도 모든 제자들이 예수를 버리고 도망간 상태에서 몇몇 여인들은 끝까지 예수의 죽음을 지킨다. 그리고 그들은 다음날 예수의 무덤에 다시 나타난다(15:47; 16:1). 국가전복의 정치범으로 몰려 십자가 처형을 당한 사람의 무덤에 나타난다는 것은 대단히 위험한 발상이다. 제자들조차 예루살렘 당국의 핍박이 두려워 문밖에 나오지 못하는 상황이다. 여인들은 이른 새벽, 아무도 모르게 무덤에 온다. 그들이 할 수 있는 일이라곤 죽은 자의 몸에 향료를 바르는 것 외에는 아무것도 없었다. 갑작스런 죽음을 당한 고인에게 마지막 예(禮)를 갖추고자 했던 것이다.

그런데 여인들은 죽은 예수를 향해 가졌던 마지막 선의를 행동으로 옮기지 못한 채 오히려 새로운 임무를 전달받는다. 너희가 예수를 위해 할 수 있는 일이란 아무것도 없다. 죽은 자를 장사 지내는 데 필요한 향료는 이미 이름 없는 한 여인에 의해 드려졌다(14:3-9). 이제 남은 할 일이란 고인의 뜻을 받드는 일인데, 그것은 예수가 갈릴리에서 시작한 하느님 나라 운동을 지속하는 것이다. 여인들과 제자들이 당시에는 그 뜻을 깨닫지 못했다. 여인들은 무서워서 도망하여 아무에게 아무 말도 하지 못한다(16:8). 마가복음은 이렇게 침묵으로 끝난다. 하지만 여전히 우리 귓가에 맴도는 여운이 있다. 너는 어떻게 하려느냐? 너희도 두려우냐? 결국 마가복음은 오늘날 이 글을 읽는 독자들을 향한 메시지가 된다.

부활과 정의(正義)

마가복음에서 부활의 의미는 정의가 승리한다는 것이다. 성서 중간기(intertestamental period) 이후 성서는 마지막 때와 관련해 의로운 자와 불의한 자가 모두 부활하여 심판을 받는다고 가르친다(단 12:2; 마 25:46; 계 20:13). 하지만 마가복음은 불의한 자의 운명에 대해서는 별로 관심이 없다. 억울하게 희생당한 예수가 하느님의 오른편에 앉아 있다는 선언만으로 충분하다(12:36; 14:62; 16:19). 다시 말해, 예수가 하느님으로부터 옳다고 인정받았다는 확신이다. 그의 죽음—마지막 삶—은 헛되지 않았다. 실패가 아니라 승리이며 또 다른 시작을 의미한다.

무덤 안에서 흰 옷을 입고 오른편에 앉아 있는 청년(νεανίσκος, 16:5)은 누구일까? 그 청년이 예수를 삼인칭으로 묘사하고 있으니 그는 분명 예수 자신은 아니다. 성서전통에서 흰 옷을 입은 자의 모습은 종종 천사와 같은 초월적 존재를 의미하거나(단 7:9; 행 1:10; 계 4:4; 19:14) 혹은 순교자를 상징한다(계 7:9, 13). 또한 흰 옷은 변화산 이야기에서 변모한 예수의 모습을 연상시킨다(9:3). 그렇다면 자신의 옷을 벗어 버리고 도망한 청년(νεανίσκος, 14:51-52)이 순교를 뜻하는 흰 옷을 입고 무덤 가운데에 나타난다는 것은 매우 의미심장하다. 이름 없는 여인의 이야기처럼 이름 없는 한 청년의 이 말없는 행동에서 마가공동체의 모습을 엿보게 된다. 청년의 이름을 밝히지 않는 이유는 아마도 이 순교자적 행위가 한 개인의 영광이나 성공신화가 아니라 앞으로 계속해서 예수의 복음을 살아낼 무수히 많은 제자들을 상징하기 때문일 것이다. 마가복음 저자가 예수를 따르는 참 제자의 모습을 뛰어난 문학적 상상력에 기초해 그려낸 것이다.

누가 우리를 위해 그 커다란 돌을 굴려내 주겠는가? 바위가 무덤 입구를 가리고 있다는 사실을 여인들은 이미 알고 있었다(15:46-47). 그런데도 그것을 옮길 아무런 준비도 갖추지 않은 채 무덤에 갔다는 이야기다. 그들이 눈을 들어 보니 돌이 옮겨져 있었다(ἀποκεκύλισται, has been rolled away). 물론 이 단어의 쓰임새가 '신적 수동태'(divine passive)를 취하기 때문에 혹자는 그 행동의 주체로서 하느님을 거론할 수도 있다. 하지만 저자는 초자연적인 신적인 행위에 대해 아무런 언급이 없다. 여기서 저자의 단어 선택이 특히 우리들의 관심을 끈다. '눈을 들어 보다'(ἀναβλέπω)는 무덤이 언덕 위에 위치해 있었기 때문에 고개를 들어 올려 보았다는 서술적 표현이 아니다. 이 단어는 앞에서 살펴봤던 소경이 눈 뜨는 사건과 관련이 있다(8:24; 10:51-52). 소경이 다시 보게 된 것을 말할 때 이 표현을 써서 제자들이 새로운 안목을 갖게 되었다는 것을 말하고자 했었다. 예수의 무덤을 막고 있던 커다란 돌은 로마제국의 거대한 힘을 상징한다. 바위로 막힌 것과 같은 암담한 현실이지만, 다시 눈을 들어 새로운 안목으로 희망을 본 것이다. 겨자씨만한 믿음이라도 있으면 성전이 놓인 산더러 들리어 바다에 빠지라고 말해도 이루어진다고 했다. 바로 그 '하느님의 믿음'(11:22)으로 세상의 지배체제를 이길 힘을 갖게 된 것이다. 예수를 가둔 커다란 바위가 상징하는 로마제국과 지배체제가 새로운 안목과 믿음 앞에서 새벽안개처럼 사라지게 된다.

'갈릴리로 가라'고 할 때 이것은 특정 지역을 가리킨 것이 아니다. 처음으로 되돌아가라는 뜻이다. 갈릴리는 예수가 공생애를 시작하며 '나를 따라오라'(1:17)고 제자들을 부른 곳이다. 따라서 갈릴리라는 말 속에는 예수의 길을 따라 걸으라는 촉구가 담겨 있다. 예수의 길을 버리고 도망했던 베드로와 제자들을 꼬집어 하는 말이다(16:8).

부활은 죽은 자의 삶을 다시 일으키는 것이다. 여기서 죽은 자란 앞서 산 자—선생(先生)—를 의미한다. 제자들의 전도여행을 통해 퍼진 예수에 관한 소문을 들은 헤롯 안티파스는 자신이 죽인 세례 요한의 능력이 제자들 사이에서 운동한다고 말한다(6:14). 이 표현에서도 볼 수 있듯이 부활이야기는 한 개인의 육체적 죽음과 소생을 말하지 않는다. 오히려 그 삶이 후대에 미치는 영향을 말하고 있다. 부활이야기 속에 담긴 뜻은 그의 삶이 되살아나야 할 만큼 소중하다는 외침이다. 세상의 지배자와 그 지배체제에 의해 처형당했던 예수의 치열한 삶이 최고 법정으로 상징되는 하느님의 우편에 앉음으로써 예수의 삶은 옳았다는 선언이 된다(12:36; 14:62; 16:19).

성서 다시 쓰기

마가복음이 본래 16장 8절로 끝난 것이라고 하면, 그 이후의 이야기는 성서 다시 쓰기에 해당한다. 성서를 다시 쓴다는 생각이 일견 매우 위험한 발상처럼 보인다. 하지만 이러한 신학적 자기반성은 성서 자체에 일관성 있게 나타나 있다. 구약성서에는 두 줄기의 큰 신학적인 흐름이 있다. 아브라함/다윗 전승과 모세/신명기 전승이 바로 그것이다. 아브라함 언약은 하느님이 한 개인과 맺은 영원한 언약이다(창 12:2-3; 15:18; 17: 7, 13, 19). 이 언약은 하느님의 은혜가 그 개인 안에서, 또 그를 통해 성취된다는 믿음에 기초하며 후에 왕권/귀족신학으로 발전한다. 반면 하느님이 모세와 맺은 언약은 출애굽 공동체와 맺은 조건부 계약으로 평민/서민신학으로 나타난다. 학자들은 창세기의 역사성을 의심하기 때문에 출애굽기를 기초로 이스라엘의 역사를 시작하곤 한다. 하지만 오경(토라)에서 창세기(아브라함과 맺은 언약)가 출애굽기(모세와 맺은 언약) 앞에 배치된 것을 염두에 둘 필요가 있다. 출애굽은 지배체제의 압제와 횡포를 증거하고, 지배체제는 그 뿌리를 왕권신학의 정치신학적 가치관인 신의 선택에 두고 있다. 이렇게 구약신학의 대표적인 언약 이야기들은 서로 다른 신학적 입장을 취할 뿐 아니라, 지배신학에 대항하는 예언자적 상상력을 고취시킨다(Walter Brueggemann, *The Prophetic Imagination*).

예언자 전승이라 할지라도 모든 예언자들의 신학이 획일적인 것이 아니고 그 자체 내에서도 커다란 차이를 보인다. 참 예언자와 거짓 예언자 논쟁은 교회사에서 끊임없이 지속된 이단 논쟁에 비유할 수 있다. 대표적인 예가 동시대를 살았던 하나냐와 예레미야가 내놓은 상충된 예언이다(예레미야 28장). 하나냐는 기원전 8세기에 활동했던 이사야의 시온(예루살렘) 신학에 기초하여 바빌로니아 제국의 위협으로부터 이스라엘이 구원될 것을 선포했다. 하지만 예레미야는 시온 신학을 따르는 하나냐의 말을 거짓 예언으로 보았다. 당시 예루살렘 정통신학의 입장에서 판단하면, 예레미야는 이단 신학을 가졌다고 말해야 할 것이다.

똑같은 성서전통이라고 할지라도 시대적 상황에 따라 그 의미가 달리 적용된다. 아브라함과 사라 이야기는 유대인의 정체성 형성에 근간을 이루는 구절이다. 이사야 51:1-2는 바벨론 포로기 당시 피폐한 유대 사람들을 위로하기 위해서 쓰였다. 아브라함과 사라는 혈혈단신으로 고향을 떠났지만, 나중에는 하느님의 은혜로 그 수가 번창하였다. 너희는 숫자도 많으니 더욱 잘되지 않겠느냐는 위로의 말이다. 그런데 똑같은 성서전통이 에스겔 33:24에는 다른 목적으로 쓰였다.

> 사람아, 이스라엘 땅의 저 폐허 더미에 사는 사람들이 이런 말을 하고 있다. '아브라함은 한 개인인데도 이 땅을 차지하였는데, 하물며 수가 많은 우리들이야 더 말해 무엇하겠느냐?' 한다. 또 하나님께서 이 땅을 자기들의 소유로 주었다고 말한다.(표준새번역)

똑같은 믿음(가치관)을 가진 사람들에게 칼과 들짐승과 전염병을 보내 죽게 하겠다고 성서는 말한다(겔 33:27). 에스겔이 예언한 시대적 배경은 예루살렘이 함락되던 시기이다(겔 33:21). 그 당시 아브라함과 사라의 전통을 내세웠던 사람들은 이사야의 신학을 신봉했던 선지자 하나냐처럼 전통을 중시하는 소위 '신앙이 돈독한' 사람들이었다. 그런데 에스겔은 이런 믿음(가치관)을 꾸짖는다. 왜 그럴까? 회개와 용서를 구해야 할 시점에 그들은 무조건적으로 아브라함/사라 전통이 자신들을 구해줄 것이라고 여겼기 때문이다. 에스겔은 예언자적 상상력을 통해 당시의 예루살렘 신학이 거짓 희망이고, 맹목적 신앙이자 잘못된 신학이라고 꼬집어 말한다. 이렇게 똑같은 성서 이야기라도 시대와 환경에 따라 달리 읽히고 새롭게 적용된다.

그러면 왜 성서를 다시 써야 하는가? '신학 다시 하기'의 경우와 마찬가지로 성서가 자신들의 시대적 상황을 충분히 반영하지 못한다고 느끼기 때문이다. 성서는 늘 현재 독자들에게 말해야 한다. 비록 그 내용은 과거의 이야기를 담고 있지만 이것이 남의 이야기가 아닌 자신의 이야기로 받아들여질 때, 비로소 성서는 내게 권위 있는 가르침으로 다가온다.

마가복음이 16:8로 끝난 것에 대해 본래 마가복음의 '적절한' 끝맺음 부분이 상실된 것이라고 주장하는 사람이 있다면, 그것은 그렇게 생각하는 사람의 문제이다. 성서가 본래 어떤 모습을 취했던 간에, 현존하는 상태에서 성서가 독자에게 주는 메시지가 무엇인지를 먼저 살펴보아야 할 것이다. 마가복음이 16:8로 끝났다고 해도 전혀 이상하게 여길 필요는 없다. 16:8절 자체로도 충분히 독자들의 결단을 요구하고 있기 때문이다. "아무에게 아무 말도 하지 못했다"(막 16:8). 성서는 우리에게 도전한다. 과연 이대로 좋은가?

끝나지 않은 부활이야기—The story continues

부활(復活) 신앙은 저 세상에서의 삶을 기다리는 것이 아니다. 또 부활이 예수 개인의 이야기도 아니다. 마가복음은 부활 이후 예수의 행적에 대해 아무런 이야기도 전하지 않는다. 어쩌면 마가복음은 예수의 부활을 당연한 것으로 여겼는지도 모른다. 따라서 그 과정을 설명하기보다는 오히려 남은 제자들의 이야기에 초점을 둔 것으로 보인다. 그들은 아무 말도 하지 않았다. 너는 어떻게 하려느냐? 막 16:8 이후는 이에 대한 각 신앙공동체의 응답이다. 즉 자신들의 이야기를 하고 있는 것이다. 이것이 바로 성서 다시 쓰기이다.

일곱 귀신 들린 막달라 마리아는 마가복음에는 처음 소개되지만(막 16:9), 다른 복음서에는 이미 잘 알려진 이야기이다(눅 8:2; 요 20:18). 또 두 사람이 걸어서 시골로 내려가는 장면은 엠마오의 두 제자를 연상시킨다(눅 24:13-35). 열 한 제자에게 예수가 나타난 이야기 역시 다른 복음서에도 나타난다(마 28:16-20; 눅 24:36-49; 요 20:19-23). 제자들에게 복음을 전하도록 명령한 것이나(16:15) 하늘로 올라가는 모습(16:19) 역시 초대 교회가 공통적으로 전하는 것이다(눅 24:47, 50-51; 행 1:9-11).

다시 처음 질문으로 돌아와 누가 무덤 문을 막고 있던 돌을 옮겼을까? 하느님이 옮겼다고 주장한다면, 그것으로 종지부를 찍게 된다. 더 이상 왈가왈부할 사항이 아니다. 하지만 본문에는 신적인 개입에 대해 아무런 언급이 없다. 현장에는 오직 청년만 있을 뿐이다. 그는 누구인가? 만일 천사 혹은 초월적 존재로 본다면, 그는 마가복음에서 생소한 인물인 까닭에 많은 설명이 필요할 것이다. 그런데 이 사람을 바로 앞에서 겉옷을 버리고 도망했던 청년으로 본다면(14:51), 그가 예수에게 되돌아온 장면이 연출된다. 예수를 가두었던 세상의 힘을 이기고 그 어둠 속으로부터 예수를 끄집어 낸 것이다. 인자가 죽은 자들로부터 살아나지 않는 한, 예수의 이야기를 함부로 하지 말라(9:9). 청년이, 제자들이, 마가공동체가 죽은 자들 가운데서 예수를 살려낸 것이다. 예수의 부활이야기는 마가복음의 끝이 아니라 시작이 되어야 마땅하다. 예수의 부활을 기점으로 제자들이 전하는 예수 이야기가 비로소 시작되기 때문이다.

막 16:9-20은 제자들 자신의 소명과 응답을 적고 있다. 마가복음의 끝에 자신들의 이야기를 넣음으로써 미완성처럼 보이는 마가복음을 완성시킨 것이다. 함께 쓰는 예수 이야기—이를 위해서는 우리도 갈릴리로 가서 예수를 길을 되새겨 보아야 한다. 갈릴리는 예수가 하느님나라 운동을 처음 시작한 곳이다. 문자적으로 이스라엘의 한 변방 지역이 아니라 마가복음을 시작한 장소, 곧 처음부터 다시 읽는 것을 의미한다. 예수가 시간적으로 우리보다 앞서, 혹은 공간적으로 우리들 앞에서 갈릴리로 간다는 말이고(προάγω, 14:28; 16:7), 그럴 때 거기서 예수를 만난다는 뜻이다. 막 16:8 이후에 우리는 우리들 이야기를 이어서 할 수 있어야 한다. 그러기 위해서는 우리가 먼저 예수의 길을 따라 살아야 하지 않을까? 내가 만난 예수 이야기는 무엇인가? 마가복음이 우리들에게 묻는 마지막 질문이자 마가복음이 전하는 복음의 핵심이다. 예수의 부활은 끝이 아니라 시작이다. 이제는 우리들 이야기를 할 때이다.

생각할 문제

1. 마가복음을 읽고 여전히 내게 남는 질문은 무엇인가?

2. 내가 만난 예수 이야기를 해 보자. 그것이 예수의 복음, 정신과 어떻게 부합하는가?

3. 세상 일에 대한 걱정과 염려는 예수를 가두었던 커다란 돌처럼 종종 우리 눈과 마음을 가로 막고 있다. 어떻게 하면 나는 이런 무겁고 암담한 현실 속에서 예수를 보는 안목을 가질 수 있을까?

에필로그

우리 이야기는 지금부터

예수는 누구인가? 예수가 누구인가를 묻는 질문은 멀게는 '하느님' 이해와 맞물려 있고, 가깝게는 그리스도인의 정체성과 관련이 있다. 그리스도인의 정체성 문제에 초점을 두고 이 질문에 답하고자 한다.

오래 전에 어느 목회자 연장교육에 초대 강사로 참여한 적이 있었다. 그 때 다음과 같은 질문으로 강의를 시작했다. "그리스도인이 누구입니까? 무엇을 하는 사람입니까?" 놀랍게도 대부분 참석자들은 그리스도인이 '하느님을 믿는 사람'이라고 답했다. 그래서 다시 물었다. 그러면 하느님을 믿는 사람은 모두 그리스도인입니까?

유대인도 하느님을 믿으니 그리스도인이라고 할 수 있을까? 회교도들도 하느님을 믿고, 또 많은 사람들이 무의식 중에 '아이구, 하느님' 하면서 하느님을 부르는데, 이들도 그리스도인이라고 말할 수 있을까? 그러면 대부분 다음과 같이 응답한다. 그들이 믿는 신은 야훼이고, 알라, 혹은 다른 신을 믿는다고 말한다. 자신들이 믿는 '하나님'만이 진짜 하느님이라고 주장한다. 만일 절대자 하느님의 이름이 있다손 치도, 그것이 우리가 주장하는 '하나님'이 아닐 것은 분명하다. 야훼가 아니고, 알라가 아니라는 논조에서 보면 그렇다는 말이다.

신/하느님을 말할 때, 그것이 존재하는가 아닌가 하는 것은 신의 문제이지 우리들의 문제가 아니다. 우리가 신을 말하는 이유는 그것이 어떤 식으로든 나와 연관이 있기 때문이다. 신을 거론함으로써 우리의 정체성이 정립되고 그에 따라 우리 삶의 방향과 행동이 결정된다.

혹자는 계시 종교를 말하는데, 일단 서구의 이해와 정서가 그렇다고 치고 '신의 뜻'을 누가 가장 확실하게 보여 주는가? 이에 따라 서구의 아브라함 종교인 유대교, 그리스도교, 이슬람교가 갈린다. 역사적으로 가장 오래된 유대교에서는 모세가 하느님을 가장 잘 보여준다고 가르친다. 그리스도교에서는 예수가 하느님을 가장 잘 보여준다고 믿는다. 같은 것을 이슬람교는 모하메드에서 찾는다. 이렇게 볼 때, 그리스도인은 '하느님을 믿는 사람'이라는 무분별한 이해에서 '예수가 하느님을 가장 잘 보여준다고 믿는 사람'이라는 보다 분명한 이해로 다가선다. 예수가 하느님을 가장 잘 보여준다. 이 말을 복음서 용어를 빌어 표현하면, '예수가 그리스도이다'라는 선언이다.

'예수는 누구인가'라는 질문은 예수의 정체성을 묻고 있다. '예수는 어떻게 살았는가'라는 질문은 그의 실천과 행동윤리를 묻는다. 예수는 스스로 하느님의 보냄을 받은 자로 여겼고, '하느님의 믿음'과 가치관을 자신의 삶의 푯대로 삼았다. 그렇다면 예수는 스스로 메시아(그리스도) 인식을 가지고 있었을까?

이 질문에 답하기 앞서, 우선 메시아에 대한 그릇된 이해를 하나 지적할 필요가 있다. 의외로 많은 그리스도인들이 메시아와 구세주를 혼동하거나 혹은 '메시아는 구세주라는 뜻'이라고 오해하고 있다. 구세주는 말 그대로 'The savior of the world'—세상을 구하는 사람이다. 이 말은 당시 로마제국 하에서 로마 황제에게 부쳐졌던 칭호이다. 신약성서에서는 요한복음과 요한서신에만 '구세주'(ὁ σωτὴρ τοῦ κόσμου)라는 말이 등장할 뿐(요 4:42; 요일 4:14) 다른 곳에서는 그냥 '구주'(σωτήρ)라는 말만 쓰였다. 히브리성서에서 백성들이 하느님께 부르짖을 때마다 '구원자'(מוֹשִׁיעַ)를 보내 전쟁의 위협에서 나라와 백성을 구한다(삿 3:9; 삼상 10:19). 이렇게 '구주'(σωτήρ)와 '구원자'(מוֹשִׁיעַ)는 같은 말이다. 메시아가 필요에 따라 구주/구원자 역할을 할 수는 있으나, 그 본래 의미는 정치, 군사 지도자와는 별개이다.

예수는 스스로 메시아(그리스도) 인식을 가지고 있었을까? 만일 유대 왕권 회복에 기초한 '왕된 그리스도'를 염두에 두고 묻는 질문이라면, 대답은 '아니다'라고 잘라 말할 수 있다. 예수는 그런 그리스도 이해를 따르지 않았다(12:35-37). 하지만 본래 메시아의 의미, 곧 하느님의 일을 하기 위해서 '기름 부음을 받은 자'라는 이해에 기초한다면, 예수는 분명 스스로 메시아(그리스도) 의식을 가졌다고 말할 수 있다. 그리스도에게 속한 자라는 이유로 물 한 잔 대접하는 일이 크게 칭찬을 받을 정도라면(9:41), 그런 그리스도는 대중적 인기를 얻지 못했을 것이 뻔하다. 제자들이 꾸중을 들은 이유도 그리고 그들이 예수를 저버린 이유도 바로 '하느님의 일'만 하고 세상의 영광, 재물, 성공을 도외시하는 '그리스도' 예수의 모습을 보았고 그런 그리스도를 받아들이지 않았기 때문이다.

그러면 우리에게 예수는 누구인가? 이 질문이 '예수는 누구인가'라는 질문보다 우리에게는 더욱 현실적이고 절실한 물음이 된다. 예수 이해가 우리들 삶에 직접적인 영향을 미치기 때문이다. 마가복음에 따르면 예수는 랍비요, 선생이다. 예수는 우리에게 사람이 마땅히 살아가야 할 길을 보여주시는 분이다. 예수를 따르는 제자로서 우리는 '예수의 믿음' 곧 '하느님의 믿음'과 가치관을 우리 삶의 잣대로 삼는다. 예수처럼 우리도 하느님의 보냄을 받은 자(그리스도)로서 각자 일관된 삶을 산다. 그래서 그리스도인, 곧 '그리스도에 속한 자'라는 말이다.

처음 질문으로 돌아와, 그리스도인이 무엇을 하는 사람인가? 그리스도인은 '예수가 그리스도'라고 고백하는 사람이다. 그리스도는 하느님의 일을 하기 위해 '기름부음을 받은 자'(메시아)이다. 하느님의 일이 다양한 만큼 그리스도(메시아)의 유형이 많이 있겠지만, 예수가 참 그리스도의 모습을 보여준다. 이 고백이 예수 그리스도, 곧 '예수가 그리스도이다'라는 선언에 담겨 있다. 당시 로마 황제처럼 소위 그리스도라고 불리는 대상/이해에 대한 반감이 은연중 실려 있는 표현이다. 또한 그리스도인은 '그리스도에 속한 자'이다. 마치 음악가(musician)가 음악(music)에 종사하는 사람이듯, 그리스도인(Christian)은 그리스도(Christ)와 관련된 사람이다. 우리 각자는 '하느님의 일'을 위임받은 '그리스도'로서 소명을 다한다. 이것이 우리들의 정체성이자 행동강령이다.

오늘날 굳이 신문 방송을 통하지 않고도 개신교인의 숫자가 급속도로 감소하는 것을 우리는 피부로 느끼고 있다. 여러 가지 이유가 있겠지만, 그 중 한 가지는 아마도 그리스도인들의 말과 생각이 비그리스도인에게 상식적으로 이해가 되지 않기 때문일 것이다. 말이 되지 않음이 문제라면, 이를 말이 되도록 만들면 그뿐이다. 일단 성서를 읽고 그것을 오늘날 우리가 이해할 수 있는 말로 바꿀 수 있다면, 이것이야말로 전도(傳道)를 지상과제로 삼는 그리스도인의 의무이다.

이런 이유로 이 책에서는 우리가 별 생각 없이 쓰는 그리스도인들의 언어를 꼼꼼히 정리하고자 힘썼다. 성서 언어라고 할지라도 후대에 새로운 환경 속에서 재해석되듯이, 그리스도인의 일상 언어 역시 누구나 알아들을 수 있는 말로 다시 써야 한다. 그리스도교의 핵심 가르침을 불자들에게 불교 언어를 써서 전할 수 있어야, 자신의 종교에 능통했다고 할 수 있다. 마찬가지로 불자들 역시 불교의 핵심 가르침을 그리스도인들에게 그들이 알아들을 수 있는 언어로 풀어 설명할 수 있어야, 불교에 능통하다고 말할 수 있다. 소통될 수 없는 말과 사고는 이미 죽은 것이다.

이 책의 출발은 예수를 배우고 따르는 데 필요한 성경공부 교재를 만드는 것이었다. 여기에 마가복음이 기초가 되었다. 따라서 마가공동체의 역사적 상황, 집필 장소와 동기, 바울 서신과의 관계 등 마가복음 연구에 흔히 등장할 법한 주제들에 관한 자세한 논의가 배제되었다. 마가복음 연구에 모두 필요한 과제이지만 이 책의 범위(scope)을 벗어날 뿐만 아니라 이런 정보는 수많은 주석책을 통해 쉽게 접할 수 있기 때문이다. 필자는 마가복음 공동체가 예수의 시대(30년대)를 통해 자신들의 시대(70년대)를 이야기하는 것처럼, 우리 또한 마가복음을 통해 현 시대의 문제를 직시하고 신학 다시 하기를 힘써야 한다는 점에 착안했다. 마가복음을 통해 오늘날 우리들의 신앙생활을 점검해 보고자 한 것이다.

이 책이, 생각하는 그리스도인을 위한 성경공부 교재가 되기를 기대하면서 글을 마친다. 마가복음의 예수 이야기는 끝나지 않은(open-ended) 이야기이다.

우리 이야기는 지금부터 시작이다….

참고문헌

강일상. 『마가복음의 기적이야기』. 대한기독교서회, 2007.

그레고리 라일리. 박원일 역. 『하느님의 강: 그리스도교 신앙의 원류를 찾아서』. 한국기독교연구소, 2005.

리처드 호슬리. 김준우 역. 『예수와 제국: 하느님 나라와 신세계 무질서』. 한국기독교연구소, 2004.

월터 윙크. 한성수 역. 『사탄의 체제와 예수의 비폭력: 지배체제 속의 악령들에 대한 분별과 저항』. 중판. 한국기독교연구소, 2009.

Boring, M. Eugene. *Mark: A Commentary*. Louisville: Westminster John Knox, 2006.

Brueggemann, Water. *The Prophetic Imagination*. Second edition. Minneapolis: Fortress, 2001.

Collins, Adela Yarbro. *Mark: A Commentary*. Minneapolis: Fortress, 2007.

Douglas, Mary. *Purity and Danger: An Analysis of the Concepts of Pollution and Taboo*. London: Routledge & Kegan Paul, 1966.

France, R. T. *The Gospel of Mark: A Commentary on the Greek Text*. Grand Rapids: Eerdmans, 2002.

Horsley, Richard A. and John S. Hanson. *Bandits, Prophets, and Messiahs: Popular Movements in the Time of Jesus*. Minneapolis: Winston, 1985.

Rolf P. Knierim, "Old Testament Form Criticism Reconsidered," *Interpretation* 27 (1973), 435-468.

Lenski, Gerhard E. *Power and Privilege: A Theory of Social Stratification*. New York: McGraw-Hill, 1966.

Malina, Bruce J. and Richard L. Rohrbaugh. *Social-Science Commentary on the Synoptic Gospels*. Minneapolis: Fortress, 2003.

Metzger, Bruce M. *A Textual Commentary on the Greek New Testament*. Third edition. London/New York: United Bible Societies, 1971.

Metzger, Bruce M. *Lexical Aids for Students of New Testament Greek*. Third Edition. Grand Rapids: Baker Books, 1997.

James Muilenburg, "Form Criticism and Beyond," *Journal of Biblical Literature* 88 (1969), 1-18.

Myers, Ched. *Binding the Strong Man: A Political Reading of Mark's Story of Jesus*. Maryknoll, Orbis Books, 1988.

Wrede, William. *The Messianic Secret*. Translated by James C. G. Greig. London: James Clarke, 1971.

Theological Dictionary of the New Testament. Edited by G. Kittel and G. Friedrich. 10 volumes. Grand Rapids: Eerdmans, 1964-74.

Theological Dictionary of the Old Testament. Edited by G. Johannes Botterweck and Helmer Ringgren. 15 volumes. Grand Rapids: Eerdmans, 1974-2006.